# 气体人

# GAS PEOPLE

## 中国气体人物志

BIOGRAPHY OF CHINA'S INDUSTRIAL GASES INNOVATORS

慕容素娟 编著

中国经济出版社
CHINA ECONOMIC PUBLISHING HOUSE
·北京·

图书在版编目（CIP）数据
气体人：中国气体人物志 / 慕容素娟编著.
北京：中国经济出版社，2025. 6. -- ISBN 978-7-5136-8175-9
Ⅰ. K826.16
中国国家版本馆 CIP 数据核字第 2025ZQ9312 号

责任编辑 张 博
责任印制 李 伟
封面设计 任燕飞装帧设计工作室

出版发行 中国经济出版社
印 刷 者 北京富泰印刷有限责任公司
经 销 者 各地新华书店
开 本 710mm × 1000mm 1/16
印 张 16.25
字 数 248 千字
版 次 2025 年 6 月第 1 版
印 次 2025 年 6 月第 1 次
定 价 88.00 元
广告经营许可证 京西工商广字第 8179 号

中国经济出版社 网址 http://epc.sinopec.com/epc/ 社址 北京市东城区安定门外大街 58 号 邮编 100011
本版图书如存在印装质量问题，请与本社销售中心联系调换（联系电话：010-57512564）

# 《气体人：中国气体人物志》
# 编 委 会

# 序　一

中国工业气体在国家政策利好和市场牵引的双重作用下，取得了长足的进步，与气体配套的相关检测、包装、控制技术也取得了不俗的成绩，尤其是困扰我国高科技发展的某些特种气体关键产品的国产化率不断提高，这些成果凝聚了无数中国气体人的艰辛努力！

《气体人：中国气体人物志》一书讲述了中国气体领域 27 位杰出代表的故事，他们虽然年龄、职业有所不同，但理想和责任是一致的！看到他们的事迹介绍，总会感到由衷的亲切。

感谢《气体人：中国气体人物志》作者的付出，为大家提供如此有价值的作品，让我们乃至未来的年轻从业者，能够了解中国工业气体在不同历史时期出现的人和事，从 27 位有代表性的杰出气体人身上汲取营养。

最后，希望中国气体人共同努力，为中国气体行业的健康、稳定发展做出应有的贡献！

孙福楠

2025.4

# 序　二

中国气体行业作为国民经济的基础产业，是一个不断发展、不断进步的产业链，在经济社会的发展中，发挥着举足轻重的作用，为我国的钢铁冶炼、石油化工、电子制造、医疗、食品等众多领域的正常运转，提供不可或缺的支持。在钢铁冶炼过程中，氧气用于强化燃烧，提高生产效率；在电子制造领域，高纯度的特种气体是制造芯片等精密电子元件的关键材料；气体行业还与民生息息相关，在看不见的领域为人们提供便利和舒适的生活条件。

随着中国经济的快速发展和能源结构的调整，天然气在能源消费中的比重不断上升，已成为实现双碳目标的主体能源。液化天然气（LNG）作为天然气的高效储存和运输形式，成为天然气供应的重要组成部分。中国目前已形成了完整的液化天然气产业链。我有幸参与其中，为中国的液化天然气产业的发展贡献了绵薄之力。

《气体人：中国气体人物志》的出版，在中国气体行业中具有非凡的意义。这本书记录了中国气体从业者在不同历史时期和不同领域的奋斗历程，展示了从业者在面对技术难题、市场竞争和资源匮乏等困境时，如何凭借坚定的信念和不懈的努力实现突破和发展。

从行业文化传承的角度来看，这本书里有中国气体行业的历史意义和行业精神。它将前辈们的创业精神、敬业精神和创新精神记录下来，让后来者在前辈奋斗者的精神鼓舞下，继续为行业的发展贡献力量。

在人才培养方面，通过了解这些奋斗者的经历，年轻从业者可以学习他们的工作态度和职业素养，成长为行业更优秀的人才。

从经验交流的角度出发，这本书为行业内的交流提供了丰富的内容。不同企业、不同岗位的从业者们的经验和教训，都在这本书中得以呈现。这些经验交流能够促进企业之间的合作与学习，推动行业整体技术水平和管理水平的提升。企业可借鉴书中其他企业的成功经验，避免重复犯错，实现更好的发展。

本人作为见证中国气体行业从启蒙到产业链欣欣向荣发展的一名“老兵”，深感无比欣慰。期待有更多的气体人成长起来，为中国气体行业的发展贡献更大的力量。

顾安忠

2025.4

# 序　三

众所周知，大气是生命之源，正因为环绕地球有 1000 千米厚的大气层，地球才成为人类生存、繁衍、发展的家园。人类生存和社会发展离不开气体，气体被广泛应用于医疗、化工、能源、金属冶炼、航天航空、军事科技等各个领域，工业气体被誉为“工业的血液”，它如同人体的血液一般渗透于国民经济的每个角落。人类社会发展需要气体品类之多，用途之广，真是难书周全。

气体产业是气体装备制造、气体生产运营、气体产品应用的全产业链。气体产业的发展，对国民经济能够起到战略的先导作用。

回顾我国气体产业的发展历程，以空气分离工业气体产业为例，我国比世界起步晚了 50 年。1953 年杭氧成功制造 $30m^3/h$ 制氧机，经过几代人的努力，如今已能造出 10 万等级的空分装置，无论从容量上还是从数量上都处于世界领先地位。中国空分装备从无到有，从小到大，从弱到强，从跟跑到领跑，目前正朝着绿色数智化空分方向发展，飞速发展的丰硕成果，归根结底归功于国家政策引领支持及中国气体人的努力奋斗。

随着国民经济的发展，对气体产业的新需求不断涌现，中国气体产业面临巨大的挑战。首先是环保领域，废气处理以及二氧化碳的转化和利用，实现“双碳”国家战略目标，中国气体人责无旁贷。其次是高科技及军工对电子气和特气的需求，以氦气为例，经过近几年的努力，我国氦气对外依存度依然高达 85%。国人不会忘记“芯之痛”，绝不允许“气之殇”的发生，氦气的国产化迫在眉睫。最后是能源气，2025 年 1 月 1 日国家正式实施《中华人民共和国能源法》，其中指出：适应能源发展的新形势，突出加快能源绿色低碳发展战略导向，我国除了仍继续发展天然气外，被称为“终极能源”的氢气已进入发展的快车道。

在国家政策的引领下，气体产业的发展前景非常广阔，其产业对新质生产力的需求非常迫切。

为此，我们编辑出版《气体人：中国气体人物志》一书，除了对气体人表示致敬外，本着榜样的力量无穷的理念，期待以气体人之精神赋能于中国气体人的奋斗者，同时感召和聚集更多的气体人才促进我国新质生产力发展，为中华民族伟大复兴发光发热。

古人云开卷有益，我推荐读《气体人：中国气体人物志》这本书。书中讲述了 27 位气体人的人生故事，展示了典型的中国气体人的奋斗历程。书中有老一代气体行业的引领人和开拓者；有新一代攻坚克难的创新者；有带领国企奋战由落后到领先，创成中国名企的领导者；有从小微企业做起，最终使公司成功上市的民营企业家。这些气体人的共同精神是具有自强不息的中国魂。《气体人：中国气体人物志》这本书，可以给人以启迪和鼓舞，增加彼此间的信息交流，开阔视野，提高思维高度和抉择能力，增强攻坚克难的创新勇气，为自己的人生添彩。期待将中华魂之精神在气体行业里传承和发扬。

李化治

2025.4

# 前　言

当手机芯片里比头发丝还细的电路被特殊气体化作的“纳米刻刀”精准雕琢时，当 -183℃的液态氧与氢被火箭发动机点燃喷射出蓝白烈焰时，当医院用 -196℃的液氮冷冻细胞时——这些看似不相关的场景，其实都离不开同一样东西：工业气体。它就像看不见的血液，在生产线、发射场、医院里以及我们的日常生活中默默流动，支撑着现代社会的运转。

20 世纪 70 年代，那时我国的工业气体不过是钢铁、化工巨头的附属品，车间里笨重的钢瓶与锈迹斑斑的管道，构成了产业最初的剪影。改革开放以来，老中青三代气体人突破封锁、自主创新，实现了行业从无到有的跨越式发展。这个曾被戏称为“卖空气”的行业，已悄然转变为覆盖半导体、生物医药、新能源、航空航天等领域的万亿级生态体系。

《气体人：中国气体人物志》这本书记录了老中青三代气体人攻坚克难、实业报国的鲜活故事，系统梳理了中国气体产业独特的发展逻辑与实践智慧。

本书记录的 27 位人物，如同 27 种特殊气体元素：有人像氧气般炽烈，在产业荒漠中点燃第一簇火苗；有人如氦气般稀缺，以十年冷板凳突破一项“不可能”；更多人似氮气般沉默，在漫长岁月里默默积蓄能量，以无与伦比的稳定性托举起整个行业的活性。

面对“双碳”目标和高端制造升级的双重浪潮，中国气体企业正开启从“借势生长”到“造势引领”的跨越。今天的中国气体产业，正以“破壁者”的姿态，在这条曾被“无形之手”掌控的赛道上，刻上属于自己的坐标。这不仅是对技术封锁的突破，更是对产业报国使命的践行。民族复兴的伟大道路上，我们需要更多书中所描绘的开拓者，在各自的领域内继续发扬“工匠精神”，以创新驱动发展，不断探索新技术、新模式，推动整个产业链向着更加绿色、智能的方向迈进。

慕容素娟

2025 年 2 月

# 目　录
# CONTENTS

# 顾安忠

## 中国低温技术引路人

人物小传：顾安忠，上海交通大学机械与动力工程学院教授、液化天然气及清洁能源技术发展中心主任；1939 年 7 月出生于上海市，1962 年毕业于上海交通大学船舶动力系并留校任教；曾任上海交通大学制冷与低温工程研究所副所长、工程热物理研究所副所长、中国制冷学会理事、低温专业委员会委员等多个学术职务；从教 45 年，主持承担 60 余项科研项目，发表论文 250 余篇（SCI/EI 检索 50 篇），出版著作 8 部，获省部级科研奖 4 项；在液化天然气、低温贮运、低温绝热与传热、工业气体应用等领域有鲜明的研究特色，为学科建设做出重大贡献，荣获多项杰出贡献奖。

工业气体被视为工业的“血液”，广泛应用于钢铁冶炼、石油化工、半导体制造以及医疗健康等多个领域。随着现代工业的发展，低温气体的制备、储存与运输技术成为连接资源与应用的关键桥梁。在这样的背景下，低温制冷技术应运而生。

低温制冷技术从无到有、从弱到强，离不开那些在行业早期孜孜以求的开拓者们。现年85岁的顾安忠教授，不仅是工业气体低温工程领域的专家，而且是中国液化天然气（LNG）技术发展的奠基人之一。他从船舶动力专业起步推进低温制冷学科发展，又推动船舶辅机专业、制冷与空调专业的学科创办和建设，最终深耕于工业气体低温制冷技术。特别是在液化天然气领域，他编写了国内第一本全面介绍液化天然气技术发展和应用实例的书籍——《液化天然气技术》，该书被业界称为液化天然气领域的百科全书；他为我国的液化天然气技术领域贡献了大量的技术，并培养了众多人才，共参与撰写了10多本专业著作，指导博士生和硕士生近50名。至今，他还孜孜不倦地投身于低温制冷行业的发展中。

## 哪里需要去哪里，顺应形势留校任教

1939年，顾安忠出生在一个知识分子家庭，那是一个风雨飘摇的年代，世界局势动荡不安。但幸运的是，家庭的庇护如同一座坚固的港湾，让顾安忠自幼年起便能在这份安宁与富足中茁壮成长，他的求学之路也因此坚实与顺畅，从小学到高中，每一步都走得坚定而自信。

转眼间到了1957年，顾安忠怀揣着对知识的无限渴望和对未来的美好憧憬，踏入了上海交通大学的校门。在那个时代，大学生无疑是被社会高度认可与尊敬的“天之骄子”。顾安忠回忆道，入学的那一年，全国高校招生的名额是10.7万人（现在每年是1000多万人）。

当时，船舶专业涵盖船体、船舶动力和船舶电气三大核心部分，顾安忠大学时所学的专业是船舶动力。

临近毕业之际，顾安忠下定决心要到祖国最需要的地方去，也为此做好了一切准备。他说道：“我在中学时代是青年团员，相当于现在的共青团员，深知自己作为一名青年学子的责任与使命。”

此时，学校发布动员：为了响应国家号召，加强国防建设，将成立一些与国防紧密相关的新专业，并急需一些毕业生留校任教。顾安忠顺应时代潮流，听从组织安排，留在学校成为一名教师。

随着我国军用和民用船舶事业的发展，此前的专业分类已经远远无法满足现实需要，于是顾安忠与老教授们并肩作战，一起编写新的教材、设计新的课程，并指导学生实习实践，一步一步地来完善建设船舶动力专业。

在船舶动力专业执教期间，他有意识地与造船厂打交道，不仅进行专业层面的交流，而且还共同参与船厂项目，参与解决实际问题。与他合作过的企业有数十家，遍布上海乃至全国。

这段经历也给他带来了深远的影响，让他在后续的研究和工作中更加注重实际应用。“这是一段非常宝贵的经历，我能从实践中、产业中学到书本中学不到的知识。”顾安忠说道。

## 不做海外“二等公民”，坚定回国实现自我价值

在改革开放之前，中国与世界的交流存在一层隔膜，那时的中国，对于外界的认知大多停留在书本与传闻之中。学者们虽心怀壮志，渴望探索未知的世界，但时代的桎梏，使他们对海外的真实面貌知之甚少。而远涉重洋求学深造，对于绝大多数人来说，几乎是一个遥不可及的梦想。

随着改革开放的春风吹遍神州大地，中国的大门缓缓向世界敞开。对于像顾安忠这样的学者而言，这无疑是一次千载难逢的机遇。他敏锐地捕捉到了时代的脉搏，并于1982年前往美国深造。

1982—1985年，顾安忠在美国伊利诺伊州理工大学和美国燃气技术研究院进修学习

在美国燃气技术研究院，顾安忠仿佛进入了一个全新的世界。这里会聚了全球顶尖的燃气技术科研人才，高水平的科技成果让他目不暇接。实验室里精密的仪器、图书

馆中浩瀚的文献、课堂上教授们深入浅出的讲解……他如饥似渴地吸收着知识的养分。他深知，这次留学的重要使命不仅是个人能力的提升，更要为中国带回先进的技术与理念。因此，顾安忠倍加刻苦钻研，力求在学术上有所建树。

在异国他乡的日子里，尽管他凭借自己的努力取得了一定的成就，但那种“二等公民”的微妙感受始终挥之不去。顾安忠始终保持着清醒的头脑和坚定的信念，即作为外来者，在享受国外生活便利的同时，更需明确自己的身份与责任。他坚持要学成回国，为了实现更大的自我价值，将所学所得贡献给祖国的现代化建设。

1982—1985 年，顾安忠（右一）在美国伊利诺伊州理工大学和美国燃气技术研究院进修学习

1985 年回国前后的反差，也让顾安忠坚信自己没有做错选择。他留学期间所在的研究院院长是一位毕业于中国台湾大学的华人，近 3 年里这位院长没有和他讲过几句话。然而，当顾安忠学成回国后不久，这位院长就主动联系他，通过他与国内产业界建立了诸多合作。对方态度的 180° 转变，让顾安忠感受到自己背后有祖国这一坚强后盾，祖国才是自己事业发展的沃土，更加坚定了他为中国科技事业贡献力量的信念。

海外进修的经历，对于顾安忠而言，不仅是专业知识的充实与提升，更是视野的开阔与理念的更新。20 世纪 60 年代，世界上先进国家的液化天然气已经进入产业化，但中国相关人员才走出国门，而正式开启研究则是 20 世纪 90 年代。因此，他见证了国外液化天然气技术的成熟与产业化，深刻体会到中国在这一领域与世界先进国家水平的差距。这 30 年的差距既是挑战，也是机遇，促使他回国后全身心投入液化天然气技术的本土化研发与应用中。

## 从跟随到领跑，助力国内低温制冷技术产业迎来辉煌

顾安忠的专业转型之路，不仅是个人学术生涯的深刻烙印，更是上海交通大学乃至中国工业气体专业发展史上的一个缩影。

顾安忠和同事们从船舶动力专业中开辟出船舶辅机专业，在该专业创立后不久，空调和冷藏等船舶制冷装置又被单独挖掘出来，演变为制冷与空调专业。随着研究的深入，顾安忠教授和他的团队逐渐意识到低温技术在工业领域的巨大潜力，尤其是液化天然气的储存与运输需要 -160℃的低温环境，这一领域对技术有着严苛的要求，但同时存在广阔的应用前景，这激发了他们无尽的探索欲。

天然气与煤炭、石油并称为世界上三大主要能源资源。其中，煤炭和石油属于高碳能源，在当前全球气候变暖和环境保护的迫切需求下，其发展必将受到制约，未来将逐步退出历史舞台；与之相比，作为清洁能源的天然气，其重要性日益凸显。

在早期，天然气的运输和储存是一个巨大的难题。每立方米的气态天然气被液化后，其体积可缩小约 600 倍，但这个过程需要 -162℃的极低温度才能实现。因此，作为运输液化天然气的重要工具，液化天然气船（LNG 船）的建造难度极高，其战略意义对于任何国家都不可忽视，它与航空母舰、大型邮轮并称为造船工业的“三颗明珠”。过去，液化天然气船这一领域长期被日韩等少数国家主导。

“前几年液化天然气船日本和韩国所占比例超过 40%，中国大概只有不到 20%。”顾安忠提到。

在顾安忠等老一辈科学家的不懈努力下，中国液化天然气技术崭露头角，打破国际技术壁垒，逐步在全球市场中站稳脚跟。如今，中国已经成长为全球最大的液化天然气船建造国

2016 年在澳大利亚珀斯，顾安忠（左）代表中国拿到第十九届液化天然气大会（LNG19）的举办权

之一。“我们在这个领域已经是第一位，世界上很多液化天然气船建造订单是中国拿下的。”顾安忠指出。

这不仅标志着中国在造船技术上实现了重大突破，也带动了整个产业链上游企业的技术升级和积累。沈鼓、陕鼓等企业在压缩机技术上的改进，潜滤泵、卸料臂等关键元件的国产化，以及隔热材料、贮罐钢材等核心材料的自主研发上，都取得了显著成果。目前，国产液化天然气船可以实现70%～80%的国产化技术替代，大幅减少了对外技术的依赖。

2019年顾安忠（中）在中国制冷学会学术年会上荣获中国制冷学会科学技术奖——贡献奖

在顾安忠及产业界人士的共同努力下，中国液化天然气技术逐步实现了从无到有、从弱到强的跨越式发展。

经过三四十年的发展，低温制冷技术的应用趋于多样化。在日常生活中，如在食品保鲜领域，通过降低温度来抑制细菌的生长和繁殖，从而延长食品的保质期，减少营养成分的流失；在体育运动领域，应用低温制冷技术能够保持冬季运动场馆冰面的质量和稳定性，为南方地区的滑冰运动提供了可能；在医疗领域，低温制冷技术则被用于血液、疫苗等生物制品的储存和运输，确保其在适宜的温度下保持活性，为患者的健康提供了有力保障。

此外，低温制冷技术也为数字经济的发展带来了显著影响。数据中心和超级计算机的背后，离不开高效的散热和冷却技术。低温制冷技术能通过降低设备工作温度，提高运算效率和稳定性，减少能耗，满足数字经济对高效、节能和可靠计算环境的迫切需求。

在科技的最前沿领域，低温制冷技术为量子计算机的稳定和精确运行创造了适宜的计算环境，推动人类向信息处理的全新时代迈进；在浩瀚宇宙的探索中，低温制冷技术确保火箭与卫星燃料在极低温度下储存，保证了其稳定性和高效性，为太空探索任务提供了坚实保障；在暗物质研究方面，超低温下，探测器能够减少热噪声干扰，提高灵敏度，从而更准确地捕捉暗物质粒子信号。

当前，低温制冷技术应用的研究不断深入，诸如氢能等新能源、氦气等战略物资气体，都需要在低于 –200℃的环境中运输和储存，从科学和工程的角度都提出了更高的要求，也因此吸引顾安忠和更多的产业人士保持着对新技术、新领域的敏锐洞察与无限热情。

## 薪火相传：著书立说与人才培养两手抓

顾安忠深知，知识的传承与普及同样重要。1982 年回国后不久，他便萌生了编写国内第一本与液化天然气技术相关的书籍的念头。这不仅是为了总结自己的研究成果，更是为了将这份宝贵的知识传递给更多的后来者，为中国的液化天然气事业播下希望的种子。

2024 年 7 月，顾安忠教授（左三）出席《液化天然气技术手册》（第 2 版）的出版论坛大会

当时，顾安忠编写的《液化天然气技术》的出版过程并不顺利。当时国内对液化天然气技术的了解还相对有限，出版社对这本书在市场的接受度持谨慎态度，首印仅印刷了 4000 册。然而，令所有人惊讶的是，这本书一经问世便迅速引起了业界的广泛关注与好评。半年之内，首印便销售一空，后续加印更是多达 10 次。作为一本纯技术类图书，这本书的总销量在短时间内超过了 22000 册。业界把该书称为液化天然气领域的百科全书。

打造了国内液化天然气技术领域专业书籍的奠基之作后，顾安忠教授又推出了涵盖丰富行业数据的《液化天然气技术手册》和一本关于液化天然气设备维护保养与调试的书籍，这三本书后来多次被该领域的同类书籍借鉴引用。

顾安忠向董浩云航运博物馆捐赠的书籍

2024年，顾安忠向董浩云航运博物馆捐赠了多本重要书籍，包括其主编的《液化天然气技术》、《液化天然气运行和操作》和与成德营合著的《中国液化天然气之梦》，以及其参与编写的中国首部《船舶制冷装置》。此次捐赠对博物馆的文献收藏、学科研究及展示起到重要作用，促进了科研精神的传承。

中国第一本《船舶制冷装置》专著

在从事制冷和低温工程教学以及科研工作的40余年里，顾安忠教授参与撰写了10多本著作，其中不仅包含他个人的研究成果，还有与其他学者合作的结晶，这些作品在业界产生了深远的影响，为中国液化天然气领域的发展奠定了坚实的理论基础。

在人才培养方面，顾安忠倾注了大量心血。他明白，只有培养出更多优秀的后继者，才能让这项事业生生不息、薪火相传，因此他将自己的一生都奉献给了教育和科研事业。

起初，顾安忠模仿苏联模式，后来发现该模式专业划分得过细，不利于学生步入社会时适应行业发展，便选择借鉴西方的教育理念，并融入中国自身的教育特色，确保本科可以涉猎到更宽的知识面，将更深的专业研究课题放在研究生阶段。

截至目前，顾安忠已指导博士生20名、硕士生24名，是3名博士后的联系教授。在他的精心培育下，一批又一批的优秀学子脱颖而出，成为低温制冷产业的中坚力量。

“看到第三代、第四代人才脱颖而出，青出于蓝而胜于蓝，这是我最高兴的事情。我希望他们能够继续发扬优良传统，勇于创新、敢于担当，为中国的科技事业贡献自己的智慧和力量。用发展的眼光来看，我们培养出来的人比我们更好，我们更高兴，因为这样我们的产业和专业才能发展得更好。”他欣慰地说道。

退休后的顾安忠并未选择安逸的生活，而是继续活跃在科研与教学的第一线。虽然已 85 岁高龄，但他仍坚持去学校，每天在学校工作至少 2 小时，参与科研项目的推进和探讨，有时还会受邀参加博士生答辩评审。他谈道：“有些博士生答辩课题我还是有能力评判的，不过有些课题是比较现代的，我就力不从心了。看到晚辈们的进步，我觉得很欣慰。”有时，顾安忠还会去外地出差。

在顾安忠的心中，永远装着对事业的热爱与对后辈的期望。他用自己的实际行动诠释了“老骥伏枥，志在千里”的深刻内涵，激励着更多年轻人投身低温制冷技术这一伟大的事业之中。

抚今追昔，顾安忠的内心交织着深沉的感慨与由衷的欣慰。他亲历了自己培育的低温制冷技术产业破土而出、茁壮成长，最终蔚然成林，成为国家经济版图中不可或缺的支柱产业之一。同时，他见证了门下弟子在各自的科研领域绽放光彩，成就斐然，这无疑是对他辛勤耕耘的最高赞誉。更令他满怀憧憬的是，中国科技事业正以创新为笔、智慧为墨，徐徐展开一幅蕴藏着无限可能的壮丽画卷。

“我是一个老兵。”顾安忠说，“能够见证这个行业从启蒙到产业链的建立，我感到无比欣慰。我相信，在未来的 30 年里，低温制冷技术将继续作为支柱产业之一，为国家的发展贡献更大的力量。”

在顾安忠身上，我们看到的是一个科学家对事业的执着追求与无私奉献。他见证了我国低温制冷技术从无到有、由弱到强的辉煌发展历程。而他留给后辈的，不仅是宝贵的科研成果与精神财富，更是一份沉甸甸的责任与使命。

# 李化治

## 六十年栉风沐雨，中国制氧界的开拓者

人物小传：李化治，1943年4月出生于辽宁营口市，曾任北京科技大学热能系副主任、教授。1965年，她从沈阳化工学院毕业后，投身于动力及低温技术空分领域，参与了鞍山钢铁厂（以下简称鞍钢）氧气厂和酒泉钢铁厂（以下简称酒钢）动力厂的空气分离工程建设。1976年，她被调往北京钢铁学院（北京科技大学前身）。个人和合作出版9部低温气体分离及动力方面书籍，累计超过300万字，并编写了5部校内教材。其中，《制氧技术》是她的代表作。

教学方面，她参与创建北京科技大学制氧专业，除了培养本科生和研究生之外，还组织并亲自授课制氧培训班30多期，为冶金、化工、机械、军工培养了2000多名制氧专业骨干人才。

科研方面，发表45篇论文，荣获国家部级一、二、三等奖各一项。此外，李化治还是中国气体协会、中国钢铁协会制氧委员会、中国通用机械

协会气体分离分会等的专家，也是国家政府招标库的资深专家，参与制定中国冶金领域中制氧行业的规范和标准，以解决钢铁企业的“卡脖子”难题。为中国冶金、化工、机械、军工等行业的制氧专业的科研项目的评审、招标和鉴定提供了专业支持。

“氧气是生命的火焰，燃烧着每一个细胞的灵魂。”在自然界中，氧气是孕育生命的源泉，掌握着文明的存续。在工业生产中，气体同样起着举足轻重的作用，作为重要的工业原料，被称为“工业的血液”，广泛应用于钢铁冶炼、化工生产、航空航天、航海等领域。

李化治教授的一生便是与制氧结缘的一生。她是将制氧技术广泛应用于实践的技术专家，更是钢铁领域制氧专业的开拓者之一。李化治参与了鞍钢氧气厂的万立空气分离工程建设、酒钢（三九公司）动力厂空气分离车间的建设工作。在20多年中组织并参与了38期制氧培训班，为国家培养了包括氧气厂厂长、车间主任、技术人员等在内的2000多名急需的气体专业技术人才。从产业一线调到北京钢铁学院后，她参与了制氧专业的创建，其撰写的《制氧技术》和《制氧技术》（第二版）将理论与实际经验充分结合，填补了国内没有专业气体技术书籍的空白，经过几十年行业读者的反馈，该书已经成为气体行业最为推崇的“镇山之作”。

李化治为我国气体行业培养了一批又一批专业人才。她对学生的教导和关爱，让她成为学生的“知心朋友”，也成为学生心中的“教授妈妈”。退休后，李化治依然忙碌在气体领域一线，参与讲座、项目评审鉴定，为行业问题“把脉问诊”，持续发光发热。她说道：“忙了一辈子，忙得很充实，忙得很有价值。能为祖国做点儿事，我很开心。”

## 听从祖国召唤，考入“保密专业”

李化治1943年出生于辽宁省营口市，当时抗战还未胜利，在被日本占领的东北中国人生活艰难。日本人不允许中国人吃粮食，一经发现就会以“经济犯”的“罪名”进行抓捕。老百姓只能吃橡子面，这种食物质地坚硬，难以消化，导致日占区的中国人普遍营养不良。李化治回忆道：“妈妈说，她小的时候，连米汤都喝不着。”

1948 年 11 月，营口获得解放，老百姓生活也好起来了。李化治的父母很重视孩子的教育，父亲告诉孩子们：“虽然我没什么财产能留给你们，但尽量让咱们家能吃饱饭，让你们能上学。只要你们用功读书，学习一身本事，将来就能为国家做贡献。”

就这样，5 岁的李化治穿着妈妈做的花衣服，背着姐姐做的花书包，高高兴兴地上学去了。

李化治有 3 个姐姐和 1 个弟弟，五姐弟的年龄差距大一些，大姐和二姐先后毕业，然后赚钱贴补家用，轮流接力，五姐弟全都上了大学或大专。在那段上学的日子，李化治每天都是笑呵呵的，妈妈说她：“老是这样笑，小心把嘴巴咧大啦。”

她回忆童年的生活时，脸上一直洋溢着笑容，虽然条件艰苦，但她对童年的记忆是“特别高兴，特别幸福”。她说自己是沐浴着新中国的灿烂阳光而成长的。

李化治高中时担任学校的学习委员和文艺委员，她各科成绩都很好，尤其是数学和物理，老师们笑称她“看过书后，好像标点符号都能记住”。她仅用 2 年时间就完成了高中课程，出于对理科的喜爱，填报志愿时，她本想报考清华大学和哈尔滨工业大学。然而此时，国家要研制原子弹，时代的脉搏缓缓跳动到她的身上。学校找到包括李化治在内的优秀学生，推荐他们去读“保密专业”，实际上是去研究放射性化学和高分子化学。李化治认为：“国家和人民需要的专业，就是最好的专业。国家叫我去哪里，我就去哪里。”于是，李化治顺应时代的召唤，被辽宁科技大学（该校位于沈阳，在 1964 年因政策调整取消）[①]03 系录取。

李化治的大学，不是她选择了专业，而是专业选择了她。

1960 年 9 月，带着对知识的渴望和对未来的憧憬，李化治到辽宁科技大学报到。当时大学的求学条件非常艰苦。首先是生活上，20 世纪 60 年

① 编者注：李化治于 1960 年考取的辽宁科技大学，与现在前身为鞍山钢铁学院的辽宁科技大学并非同一所大学。李化治就读的辽宁科技大学已在 1964 年全国高等院校院系调整中取消。

代我国正处在困难时期，学生们食不果腹，大家一起在校园里种一些蔬菜，但种在地里的小萝卜还没长大，就全被饥肠辘辘的学生们采下食用，有时实在太饿了就喝一点儿酱油水充充饥。李化治回忆道："当时，我们轮流做值日生，值日生都得提前去食堂，这样先盛的粥才能勉强捞点儿有料的。"下课后，大家都躺在座位上不出去活动，学生们笑称"这是最低能量原理"。

其次在专业上，教学条件也比较有限。没有系统的专业教材，困难时期只能用黄色的草纸印成自编简易教材，专业的图示也看不清楚。李化治回忆道："当时学校里的教师是来自中国科学院的研究员，虽然知识丰富但不善于表达，讲述的知识又是微观的，学生们难以形成直观印象，学会是相当困难的。"

但是，在老师们认真的态度和钻研精神的感染和鼓舞下，李化治不忘初心，努力克服生活和学习上的困难，在化学方面打下了扎实的理论基础。

## 从鞍钢到酒钢，开启空气分离事业的实践之路

1964 年 10 月 16 日，我国首枚原子弹成功爆炸，这不仅标志着我国在科技领域取得了划时代的成就，也悄然改变了无数青年学子的命运轨迹。在这一历史背景下，国家的战略重心逐渐向其他新兴领域倾斜，以期培养更多元化的专业人才。正是在这样的时代洪流中，辽宁科技大学转型为沈阳化工学院，李化治的学术方向也随之转向了化工专业。这一转变看似偶然，却为她开启了一段与气体科学有着不解之缘的人生旅程，最终成就了她在这一领域的奋斗历程。

1965 年，李化治大学毕业，带着"接受国家培养，就要到国家需要的地方去，党的需要就是我的志愿"的信念，被分配到冶金部，到鞍钢氧气厂实习。鞍山是我国重要的钢铁工业基地，鞍钢在我国大型钢铁企业中占据着重要位置。李化治满怀热情地来到鞍钢氧气厂，希望能运用所学知识有所作为。

然而，她刚一到岗就面临着不小的挑战。鞍钢氧气厂虽然拥有全国最大、最先进的由苏联制造的 5000 立方米制氧机，但厂内缺乏制氧专业技术

人才。大多数老技术员和工程师并非此专业出身，而且厂里专业书籍十分匮乏。当李化治遇到技术问题向老工程师求教时，得到的只有一本陈旧的苏联出版的俄文原版《深度冷冻》教材。

面对这些困难，李化治开始了自学之路。她一边研读这本珍贵但晦涩的俄文教材，一边结合实际工作进行探索。她意识到，仅靠书本上的知识是不够的，必须在实践中学习和解决问题。

李化治回想起往昔，5000 立方米制氧机的复杂操作流程依然历历在目："几百个阀门，几百个仪表，流程图展开来有十几米长，上面的符号对我们来说很陌生。"空分装置高耸，高 50 多米。为了熟悉这庞然大物，她每天跟着师傅，把图纸铺在地上，一个零件一个零件地对照，一个操作点一个操作点地琢磨。三四个月下来，她对设备有了全面的认识，将关键环节铭记于心。这对操作人员的记忆力是极大的考验，也是她职业生涯中难忘的经历。

制氧设备具有较高的危险性，存在爆炸、低温冻伤等风险，因此及时排查和解决故障至关重要。同时，制氧机的流程复杂、系统多，并且要在深低温环境下运行，这使得故障诊断和处理工作异常困难，如同医生问诊，往往只能依靠有限的可见仪表信息进行间接判断，故障看不见、摸不着，对技术人员的专业技能要求极高。

制氧机开停机时是学习的最佳时机，此时可以了解制氧机的流程和五脏六腑。每次开停机一般需要 1 周或 1 个月的时间，是一项非常艰苦的工作。为了快速掌握技术要点，每次开停机，李化治都主动请战参与，积极向有经验的师傅们请教。经过多年的刻苦钻研和积累，李化治深入掌握了制氧机流程上的每一个环节，攻克了空气分离故障诊断分析和处理的技术难题，并为今后撰写著作打下了坚实基础。

李化治与空气分离设备

1964 年，我国启动三线建设，各类工程主要集中在中西部地区，旨在通过发展这些区域的工业、交通、科技和国防能力来促进全国范围内的均衡发展，并为国家的安全提供更坚实的保障。

1970 年，为响应国家号召支援三线建设，李化治从鞍钢出发，参与三九公司（酒泉钢铁公司）的建设，踏上了前往西北戈壁沙漠嘉峪关的征程。嘉峪关的住所简陋，由沙子和泥土堆砌而成，空气中弥漫着尘土的气息。水资源极度匮乏，目力所及皆是茫茫大漠。

尽管条件艰苦，但李化治仍以积极的态度面对这一切。她在宿舍里养了一盆“灯笼花”，每天精心照料，不断地浇水，只为给这片荒凉之地增添一抹生机勃勃的绿色。这盆花不仅是她对美好生活的向往，也成为她克服困难、坚持工作的精神支柱。

在戈壁滩上，食物供应同样紧张，蔬菜和水果极为稀缺。偶尔，当新疆运送氧气的车辆到来时，会捎带一些葡萄干和哈密瓜，这些便成了李化治和同事们难得的水果来源；日常饮食中最常见的就是拉面。有时因工作需要上矿山，在野外吃饭时，只能用工作服挡住风沙，尽量让这顿“沙子拌饭”变得可以接受一些。这样的日子虽然艰难，却也锻炼了她面对困境时坚韧与乐观的心态。

比起生活上的艰辛，李化治感触更深的是专业技术上的挑战。进入三九公司后，她就成了动力厂制氧车间唯一的技术骨干，不仅要肩负起化工专业的重任，就连机械、电气等非本专业的工作也落在了她的肩上。这种全方位的责任考验着她的专业能力与解决问题的智慧，也让她在实践中得到锻炼，并成长为一名技术多面手。在那个资源和技术都相对匮乏的年代，她凭借自己的努力和坚持，解决了一个又一个难题。在酒钢炼铁会战中，空压站必须先启动，为高炉供风。空压站由动力厂制氧车间负责，会战当天，冶金部派了副部长到场指挥，所有人的目光都聚焦在空压站上，期待它打响“第一枪”。

然而，就在这一关键时刻，空压机启动失败。合闸后，空压机因震动而跳闸，机器多次尝试反复合闸后，启动均宣告失败。现场气氛变得十分紧张，所有人焦急万分。李化治也感受到前所未有的压力，面对 6000 伏的强电系统，心中难免有些犹豫，毕竟她不是电气专业出身。但环顾四周，现场只有工人和年轻的工程兵，作为唯一的技术员，在场人员都将希望寄托在她身上。于是，李化治迅速冲进变电室查看。凭借平时积累的知识，她发现是继电器的间隙过大导致的故障。情况紧急，无法等待维修，李化治急中生智，找来木板和木棍，将木板压在继电器上，再用木棍牢牢顶住，空压机成功启动，打响了炼铁会战的“第一枪”。

这次突发事件让李化治深刻认识到，制氧专业需要的是技术全面的综合人才。于是，她下定决心，学习包括电气、机械、工艺、土建、控制等在内的多领域的技术，努力把自己打造成为一名技术多面手，随时准备应对各种技术挑战。

## 办培训班建制氧专业，学生称呼她“教授妈妈”

20 世纪 60 年代末，随着国家对钢铁的需求迅速增加，炼钢工艺也由平炉向转炉进行着工艺大变革。转炉炼钢必须用氧吹炼，多氧多炼钢，所以炼钢急需大量的氧气供应。

当时还没有大型的国产制氧机，1970 年国家下达命令，由中国机械进出口公司负责进口 45 套 3200 立方米以上的制氧机。世界各国的空气分离设备制造商纷纷前来洽谈，李化治参与了与日本制造商的谈判。

然而，进口制氧机到位后，冶金部在各钢铁企业里建立氧气厂，氧气厂的人员组织运行管理却成了新的难题。于是，冶金部决定在北京钢铁学院（现北京科技大学）开办制氧培训班，以解决人才短缺的问题。李化治在制氧领域实践多年，于是被冶金部调到北京钢铁学院组织培训班并任教。从此，她开始了甘肃和北京两地奔波的生活。

从酒泉到北京，李化治需要经历长达 5 天的旅程。火车有两条路线可选：北线经过包头等地，虽然较为荒凉，食物选择也很有限，但速度快一些；南线则需经过郑州再到甘肃，时间更长，人也更多，往往需要在车上度过 3 天 2 夜。到达甘肃兰州后，还需先坐车到酒泉，再到嘉峪关，最后抵达酒泉钢铁厂。

最难忘的是有一年春节从西北回北京的经历。李化治回忆道：“火车站人潮汹涌，根本挤不上火车，最后不得不从车窗爬进车厢，有些人甚至把孩子包在棉被里扔进车厢。”还有一次，她从北京一直站到了兰州，车厢内拥挤不堪，座位底下都躺着人，连蹲下的空间都没有。如果从大西北返回东北老家，整个旅程需要7天时间。

北京钢铁学院机械系制氧专业首届毕业生留影（二排左八）

尽管路途遥远且艰辛，但李化治始终没有退缩。她坚持两头奔波，不怕苦不怕累，像“铁姑娘”一样，为国家钢铁领域的制氧事业贡献着自己的力量。

制氧培训班致力于培养急需的制氧专业人才，根据不同的需求，设置了不同岗位的培训班，包括氧气厂厂长培训班、技术员培训班、高级工培训班、车间主任培训班、制氧工培训班，同时为化工领域、机械加工领域办了制氧培训班。

培训班的所有教材，都是培训教师们自编的。李化治还参考制氧机的说明书，结合自己多年的实践经验编写了制氧机操作运行、流程设计、故障分析诊断方面的教材，她讲解理论知识，注重实践操作，帮助学员们快速掌握制氧运营管理技能，受到了培训班学员们的好评。

每期培训班大约有60人，培训时长为半年，考试合格后，学员们回到各地的氧气厂，直接从事制氧工作或参与氧气厂的建设。20多年间，李化治参与和组织了38期培训班，在组织者和老师的共同努力下，培训班培育了数千名制氧方面的技术和管理人才，解决了国内制氧人才急缺的难题。

中国金属学会冶金设备分会第一届制氧学术委员会成立大会暨制氧厂厂长座谈会（前排右二）

在培训班执教期

间，李化治也从培训班的老师和学生身上学到了很多技术知识。她发现制氧专业还存在许多空白，需要一些全面完整的技术著作，高校也需要培养制氧方面的技术人才。

1975年，北京钢铁学院建立制氧专业，李化治被调到北京钢铁学院任教，开始参与制氧专业的建设。当时，制氧专业缺乏专业书籍和师资力量，李化治在授课之余，积极参与教材编写。在教学中，李化治讲授了低温技术原理及装置、制氧流程、制氧原理和设备、动力设备等7门本科课程，还为硕士研究生讲授低温工程课。

20世纪90年代，经过十几年的教学实践，李化治感到行业发展迅速，需要及时更新知识并将零散的教材进行总结归纳。1996年，她出版了个人撰写的《制氧技术》一书，这本60余万字的著作一经发表，便成为行业的焦点，相关岗位的工作人员几乎人手一本，这本著作也成为她的代表作。2009年，李化治根据专业最新发展对这本著作进行了优化补充，更新后的《制氧技术》（第二版）有80余万字，多次加印，在业内依然供不应求，甚至一度达到“一书难求”的程度。

《制氧技术》是制氧人眼中的“镇山之作”，如此受欢迎，一方面是因为书中内容丰富，在制氧技术方面拥有其他专业书籍所不具备的知识深度和广度；另一方面，则是因为书中凝聚了李化治在基层十几年的实践经验和在学校几十年的教学科研的经验。李化治说：“在制氧行业这几十年，我经历了从设计、安装施工到运行管理、教学科研全过程，这种经历是无价之宝。”而这也正是虽然现在已经有许多制氧相关专业的其他书籍面世，但李化治的《制氧技术》一书的专业地位依然无法被撼动的原因。

北京钢铁学院的制氧专业于1976年开始招生，1977年和1978年又培养了两届学生，后来制氧专业并入热能系，学生到大三后分为热能和低温两个方向。后来，专业的硕士点、博士点相继建立。

在北京钢铁学院30多年的教学生涯中，李化治一直为空气分离科研事业贡献自己的力量，她主持并参与了“流态化系列高效换热器的研究”“PSA法气体分离”“低温法空气分离设备防爆”“制氧机仿真”“宝钢能源中心的节能研究”“唐钢气体公司节能系统研究”等项目，发表论文45篇，获得国家部级一、二、三等奖各一项。先后个人撰写和合作撰写了9部低温气体分离及动力书籍，总计 300 多万字，还出版了 5 部校内教材。这些著作不仅丰富了制氧专业的教学资源，也为行业的发展提供了宝贵的参考。

在育人方面，李化治十分重视学生的实践能力，带领学生参加各类项目，让学生在实践中增长知识、了解行业、锻炼能力。这不仅让学生在学校就能对所学专业有所了解和热爱，而且能更快适应工作节奏，将所学知识应用于实际中。

在与学生的相处中，她认为重要的是互教互学、相知相悦。她不仅传授专业知识，而且教导学生如何做人。无论是在学习上给予指导，还是在生活上提供帮助，她都尽心尽力，成为学生的“知心朋友”。她的学生们都亲切地称呼她“教授妈妈”。

李化治最高兴的事，莫过于看到每一个学生都有好的发展，前途光明。直到现在，还有许多学生想着她、念着她。

“学生们的尊重和关心是我这辈子最大的财富。”她道出内心的满足和幸福。

## 引进吸收国外先进技术，解决国内供气“卡脖子”难题

1988—1989 年，李化治被国家公派去日本神奈川大学机械系进修，在智田传热研究室，参与日方核电项目中相关课题的研究。

除此之外，她还主动前往该校川井利长实验室。川井利长作为日本专家，在业内颇有建树。她在那里进行了为期 2~3 个月的学习交流，专注于变压吸附气体分离研究项目，深入探索这一领域的奥秘与前沿技术。

回国后，李化治迅速带领北京科技大学的研究团队投身科研攻关。经过不懈努力，他们成功研制出每小时 15 立方米的变压吸附制氮机，一举

李化治在日本神奈川大学机械系进修

李化治（前排左四）参加 K/DZZ-2 型航空制氮车设计定型审查会

攻克了北京汽车零件厂汽车零件热处理环节的用气瓶颈。彼时，我国汽车零件与国际先进水平相比，质量存在明显差距，关键症结就在于热处理工艺的欠缺。在汽车零件的生产过程中，热处理工序必须依靠现场制氮来保障，而这一技术短板长期制约着我国汽车零件质量的提升，李化治团队的成果无疑打破了这一困境，为我国汽车零件质量的提升带来了曙光。

1992 年，李化治再次带领团队展开科研攻坚，成功研发出国产变压吸附制氧机，有效地解决了玻璃行业生产浮法玻璃时现场吹氧的技术难题。对此，李化治总结道："变压吸附制氧制氮属于小型灵活且在常温常压下进行的气体分离方法，在国内拥有极为广阔的发展前景。"正因如此，李化治在空气分离领域持续发力，进一步研制小型制氧制氮车，这一举措为空军研制小型制氧制氮车开拓了全新的研究路径与方向。

在此后的 20 年里，国内变压吸附气体分离技术呈现出蓬勃发展的良好态势。在此期间，李化治凭借她在该领域的深入探索与钻研，成功斩获 3 项实用新型专利。李化治作为国内最早引进并推动这一技术起步的先驱者，在整个行业发展进程中起到了极为关键的先行与引领作用。

2002—2004 年，李化治先后三次受到俄罗斯深冷技术公司的邀请，前往俄罗斯开展技术交流活动。李化治谈道："俄罗斯深冷技术公司在北京设立代表处，邀请我出任技术顾问一职。"

李化治（右二）在俄罗斯进行深冷设备考察

回顾 20 世纪 60 年代，国内的大型制氧机多源自苏联，当时李化治所接触的操作手册均为俄文版本。然而，由于历史原因，我国与苏联关系中断。也正因如此，李化治心中始终怀揣着一个梦想，渴望能有合适的契机深入了解苏联在深冷技术方面的深厚底蕴与先进成果，此次俄罗斯方面的邀请恰好为她提供了这样一个宝贵的机会。

现代的空气分离所采用的制冷循环被称为卡皮查循环，卡皮查是俄罗斯科学院的院士，也是俄罗斯深冷技术公司的创立者。当时，我国空气分离正处于高速发展阶段，深入了解俄罗斯深冷技术尤为必要。

赴俄之行，她不仅访问了俄罗斯深冷技术有限公司，还深入俄罗斯喀山压缩机厂、莫斯科低温泵厂以及俄罗斯深冷超低温技术公司进行实地参观，并与俄罗斯深冷领域的专家们开展了极为深入的技术研讨与切磋交流。

在交流中，李化治把国内空气分离和气体方面所取得的成果介绍给俄方，俄方对我国在这一领域取得的成就十分赞许并充满兴趣。李化治赠予了俄方《制氧技术》一书，受到了俄方的好评和赞誉。

回国以后，李化治通过深入研究与分析发现，俄罗斯在低温空气分离综合技术方面和国际先进水平相比，已经呈现出一定的滞后性，其控制系统较为陈旧，先进性不足，但在材质方面具有卓越的特性，设计安全方面还是比较领先的，其配套的核心部件卡皮查膨胀机和稀有气体提取设备处于世界领先地位。故而在技术交流与合作过程中，本着取其精华、去其糟粕的理念，俄罗斯的膨胀机和稀有气体的提取设备应该在国内推广，以解决我国气体行业发展中的难题。

回溯至 2000 年，国内气体行业迫切需要生产内压缩流程的空气分离装置以提供高压氧气。然而，内压缩流程的空气分离装置需要与之相匹配的中压透平膨胀机，但当时国内该机尚处于研发阶段，因此配套中压透平膨胀机的应用成为内压缩流程空气分离装置制造的瓶颈问题。

在当时的技术背景下，虽然可以选择配备美国或德国的膨胀机，但其价格极为高昂，而且制造周期比较长。

对此，李化治提出了解决方案——采用国产膨胀机与俄罗斯膨胀机相互搭配、一用一备的组合，国内自备膨胀机自动控制系统。最终，该方案被采纳，有效地解决了内压缩流程配套的棘手问题。

在稀有气体领域，当时国内市场对稀有气体的需求呈现出迅猛增长的态势。氙气在航天及军事等关键领域有着不可或缺的重要作用，氖气和氦气的需求也日益攀升。彼时，钢铁产量出现一定程度的过剩情况，各个钢铁公司旗下的氧气厂为实现降本增效的目标，纷纷着手对气体厂进行扩产改造，并增设稀有气体提取装置，从而催生了扩建稀有气体提取装置的强烈需求。

当时，国内的钢铁企业多处于亏损状态，稀有气体的扩建成本不仅要低还要上马快，国际上具有设计、制造稀有气体提取装置的厂家只有德国的林德气体公司以及俄罗斯深冷技术公司。然而，林德气体公司的装置价格高，而俄罗斯深冷技术公司的装置则较为笨重，而且耗能高。

李化治研究团队通过稀有气体流程的核算和方案对比，提出“两结合的国产化设计方案”，一些钢铁厂采取该方案后，成功解决了成本和生产的难题。同时，这一方案对稀有气体设备的国产化起到了一定的推动作用。

## 洞察气体行业未来，深思人才培养之道

空分行业发展至今已有 60 余年，李化治在这个行业工作了一辈子，她有幸见证了工业气体发展的整个历程。1950 年，杭州制氧机厂（以下简称杭氧）制造出全国第一台 30 立方米 / 小时制氧机。20 世纪 60 年代，转炉炼钢对氧气的需求越来越大。20 世纪 70 年代，国家进口大型制氧机，促进了空气分离制造业的迅速发展和国产化进程。

经过艰苦奋斗，2018 年，杭氧造出了世界上最大容量的 10 万立方米 / 小时制氧机，李化治参与了这一国之重器在调试过程中的技术问题解决和国家鉴定工作。如今，杭氧已经能生产 12 万立方米 / 小时的现代化制氧机。当前我国正在向空气分离强国迈进，杭氧正在向气体产业的国产化、智能化、绿色化、节能化方向发展，取得的成果值得国人骄傲。

李化治认为，在从“空气分离大国”到“空气分离强国”迈进的过程中，仍有许多待突破的瓶颈。从精度上看，一些技术的计算精度与世界领先水平还有差距，需要科研工作者们不断努力和提高。在智能化方面，气体行业需要智能化制造、控制和管理，不能一味“跟着别人走”，要“领跑”。此外，气体生产过程中安全化操作至关重要，这方面仍需持续发力。

“气体行业是一个多品类的行业。除空气分离以外，还有电子气体、稀有气体、特种气体、能源气体等，其中还有很多依赖进口和我们不能生产的气体。比如，用于芯片领域的氦气，产量低，资源少、提取难。”李化治认为，“虽然仍有差距，但这也代表着气体行业永远有新技术等待人们去发现和研究，这一行业永远是朝阳行业，比如上月球、上火星，都需要各种气体。所以，气体产业永无止境。”

在气体领域人才方面，李化治提及：其一，气体行业所涉范畴极为宽泛，气体人才须具备全面且深厚的知识体系。其二，要想成为杰出的气体行业从业者，吃苦耐劳、勇于实践的精神不可或缺。无论是博士还是博士后，都要与实践紧密相连，高度重视实践环节。其三，要秉持干一行爱一行的信念，对气体行业满怀热忱与挚爱。

李化治与气体行业的选择是相互的，她将自己的一生奉献给了气体事业。有学生问她：“干了一辈子，为何还那么有精神头？”她回答道：“我从未感到厌倦，时刻充盈着满足与欣慰。既为国内气体行业数十年来所取得的斐然成就而倍感自豪，也由衷期望行业内的工作者们不断创新，持续攻克‘卡脖子’难题。”

在李化治心中，她深深地感谢党和国家的培养，也由衷地感谢在这一领域一同奋斗的同志们的帮扶和支持。她了无遗憾、无怨无悔。能够与气体行业结下不解之缘，并为之倾尽终生，于她而言，不仅是一份职责，更是至高无上的荣耀。

# 许登石

## 不认命的“逆袭者”，从农民到企业家引领共同富裕

人物小传：许登石，1954年5月出生，现任南宫市制氧设备有限公司总经理。他原籍河北省邢台市南宫市大屯乡许晒村，1971年至1975年在原籍务农；1975年至1990年先后在原南宫县大潘公社修造站、原南宫县一机厂、原南宫县大潘乡修造站、南宫市锚链厂工作。1991年初创建南宫市制氧设备有限公司并担任总经理至今；2007年至2021年连续担任南宫市第七、八、九届人大代表；2004年至2011年担任南宫市第六、七届政协委员。许登石虽然只有初中文化水平，但是自幼勤奋好学，特别是经过在原南宫县大潘公社修造站、原南宫县一机厂的历练，对机械制造情有独钟。经过10余年潜心钻研，他积累了一定的机加工技术和工业管理技能，于1991年毅然决定白手起家，创建了南宫市制氧设备有限公司。30多年来，公司由小到大，逐年发展，拥有车、铣、铯、磨、钻、焊、钳等机加工设备器具100多台（套），产品销往全国及部分周边国家。

工业气体，这个在日常生活中看似不起眼的存在，实则是现代社会的隐形支柱。在食品包装中，它被用来防止食物氧化，延长保质期；在高科技产业中，它是精密元件生产的清洁伙伴，确保产品质量；在医疗领域，它是维系生命的必需品；在航天航空领域，它又是推动人类探索宇宙的燃料推进剂。工业气体如同一座无形的桥梁，它不仅维系着日常的人间烟火，也是宇宙探索的坚强后盾，连接着生产与生活的方方面面。在我们的生活中，工业气体的存在不可或缺，它在无形中支撑着现代世界的运转。

许登石，一位土生土长的农民创业者，尽管只有初中文化水平，却凭借精湛的车工技艺脱颖而出。他不善言辞，为人忠厚，深知以人为本的重要性，始终与志同道合者携手共进，谋求长远发展。他坚信产品质量是成功的关键，始终以诚信和稳健的经营理念为基础，赢得了客户的信任与支持。

改革开放之初，许登石凭借对制氧设备的深刻理解和敏锐的市场洞察力，创立了南宫市振兴制氧机配件厂（南宫市制氧设备有限公司的前身）。他从这行起步，靠着自己的打拼和那种看准了就干的劲头，还有让人信服的个人品德魅力，硬是把一个小生意做成了大事业，成了当地气体设备行业的领头雁。

30 余年的风雨兼程，许登石的公司从一个小作坊发展成为行业的佼佼者，不断发展壮大。他的产品不仅在国内市场上广受好评，而且跨越国界，远销至周边国家，为当地经济的繁荣做出了显著贡献。

30 余年的发展历程，虽未有惊心动魄的跌宕起伏，也没有戏剧性的传奇，却同样充满了奥秘和启示。

## 不屈服于命运，不甘当一辈子农民

许登石，始于田畴，成于勤奋，年轻时就爱鼓捣机械。那时，正好赶上生产队买了一台柴油机，他成了开柴油机的好手，从此踏上了匠艺之旅。

1975 年春，他经人介绍进入南宫县大潘公社修造站，在那里，他通过车工的锤炼和模具的精磨，逐渐构筑起自己的工匠根基。尽管许登石只是个农民，但他并没有为标签所限，反以一技之长，绘出了属于自己的一片天地。

学徒生涯中，姻缘为他的人生带来了转机。他的岳父当时是邯郸制氧机厂的经营科科长，是他创业路上的引路人。在岳父的指点和帮助下，他找到了自己的创业方向。

岁月流转，从 1975 年到 1988 年，许登石在车工学徒的岗位上度过了 14 个春秋。他不仅勤奋学习，而且精益求精，从手工车床到自动化车床，每一项技术他都力求掌握得炉火纯青。他的技术和能力得到了厂长的高度认可，他自豪地回忆："那时我经常带着承兑汇票到处跑，德州机床厂的几台机床都是经我手买的。"

20 世纪 90 年代初，许登石在南宫市锚链厂负责机械设备业务。在改革开放的春风中，他敏锐地捕捉到了时代的浪潮，决定在大环境中寻找个人的发展机遇。

1991 年，许登石对厂长说："现在外面都开放了，我也想自己干。"于是，他毅然辞去了厂里的工作，踏上了自主创业的道路。

这一决定，驱动了他命运的齿轮。

## 抓住改革开放的大势，从两个人的小作坊起步

1991 年春节过后，许登石怀揣着满腔热血和创业梦想，创立了南宫市振兴制氧机配件厂。他和唯一的徒弟，两人组成了一个"草台班子"，从田间地头走向了竞争激烈的商业战场。

创业之初，面对需要近 3 万元购买车床的资金缺口，许登石手头却只有 2000 多元。在这一关键时刻，家族和亲友成了他的坚强后盾。大家齐心协力，终于筹集到 3 万多元，为公司购置了第一台设备，迈出了创业的第一步。有了这台车床，许登石心里踏实了许多。他负责外出联系业务，而徒弟则在厂里承担起车工的重任。他每月给徒弟开 20 元工资还管饭，这在当时已经算是收入不菲了，在一般工厂里每个月才能拿到十几元。

创业筹集的 3 万多元启动资金，许登石用了不到 3 年时间就全部还清了。

企业发展需要不断增加新的生产设备并提升产能。公司成立半年左右，资金短缺依然是一个让许登石头疼的问题。

为了筹集更多设备资金，许登石看准了一个机会，决定冒险购买一台价值 8 万元的制氧机。当时，他既没有足够的资金，也没有可以抵押的资产，只能依靠亲朋好友的帮助找到银行，经过十几次的尝试后，成功获得了贷款。他迅速支付并提货，然后将制氧机卖给了下家，获得了双倍的回报。

这不仅成功化解了资金危机，也为公司后续的发展奠定了坚实的基础。许登石的这次冒险，展现了他作为企业家的胆识和远见，也体现了他在困难面前不屈不挠、勇于创新的精神。

“我们的业务发展还是挺顺利的，因为这一行比较冷门。”他精准地把握住了市场的冷门机会，涉足制氧机配件行业。这个行业在当时长江以北几乎无人涉足。为邯郸制氧机厂提供配套服务，就像是挖掘到了一座金矿。

他用“一毛钱的本钱，能赚一块钱”来形容当时的利润空间，技术壁垒不仅保障了盈利，也带来了丰厚的回报。许登石的创业之路，从 3 万元的初始投资购买首台车床，到租赁简陋的厂房，每一步都精打细算。

除了行业的冷门优势，岳父的指点和帮助也是他成功的重要因素之一。岳父卖到全国各地的制氧机不计其数，如果有需要氧气瓶、氮气瓶充装设备配件的，岳父就把客户推荐给许登石：“他们既能保证质量，价格还便宜。”岳父的积极引荐，口碑相传，确保许登石有了稳定的客源。

许登石回忆说：“创业第一年，我们的营业收入虽然只有两三万元，但已经可以回本；第二年公司规模扩大到 30 人，引进了两台新车床，营业收入达到了二十几万元。”

通过一步一个脚印，许登石慢慢在业内站稳了脚跟。

## 拿到国家级项目，年营业收入突破 2000 万元

2003 年，“非典”那年，许登石的企业已经有了相当的积累，他决定投入近 1000 万元买下原县化肥厂 15 亩地块，建造自己的厂房和办公大楼。

事实上，工业气体保护设备种类繁多，涵盖氧、氩、氮等多种气体供应，还有天然气、丙烷、液化石油气等能源气体处理。一些技术含量较低的产品如普通探头等在市场上占有一席之地，而许登石的工厂专注于研发

和制造高端自动化、技术含量高的设备，如 LG 供气设备，与市场上技术含量较低的产品形成了对比。

许登石指出："制氧设备配件市场整体处于饱和状态，但工业气体设备市场依然保持稳定，并且前景广阔。在国产替代的大背景下，我国工业气体设备行业正逐步推进国产化。"他表示："目前已有 80% 的产能实现了国产替代。然而，仍有一些关键部件如低温流量计等，国产技术尚不足以完全满足需求，仍需依赖进口。"

许登石认为，低温流量计技术含量极高，对材料的要求极其苛刻，需要保证在低温环境下性能稳定，具有高计量精度。在这方面，我国的材料技术与美国、韩国等国家相比仍有一定差距。

不过，许登石相信："在技术创新和客户需求变化的带动下，总会有一些新的机会等待我们去发掘。"他们逐步攻克高端客户，与西昌卫星发射基地合作，为国家级项目开发专用产品。这不仅展示了许登石公司的技术实力和长期积累的丰富经验，而且还在行业内树立了标杆。

许登石带领团队进一步寻求与其他具有高端技术和资质的企业建立合作关系，共同开发新产品。例如，他计划与北京的一家低温储罐制造商合作，为其提供配套设备，从而拓展业务范围。同时，公司将加强与国内高校和科研机构的合作，利用其研究资源和创新能力，共同推动公司的技术创新和发展。

现在，许登石的公司拥有约 100 名员工，年销售额约为 2000 万元。面对激烈的市场竞争，他强调："即使利润空间受限，我们也要积极争取，继续扩大在需要资质的高端工业气体设备领域的投入。"

## 从企业带头人到行业领袖，带动当地 5000 人就业

许登石深知，人脉即财脉，良好的人际关系是成功的重要因素。他的成功不仅依靠技术和市场，而且得益于在税务、安检、消防等多个领域得到的帮助和支持。他坦言："因为我在社会上遇到很多贵人，所以一路走来非常顺利。"这种人际关系的建立，源于对待他人的真诚与信任，以及互助互利的原则。"咱们对人对事都非常实在，没有虚的假的。"

创业初期，许登石的企业中亲戚子女、朋友子弟和村里人占据了相当大的比例，这种家族和乡亲的参与，不仅增强了企业的凝聚力，也为当地社区的发展注入了活力。

随着时间的推移，不少亲戚和乡亲选择自立门户，开办了自己的工厂，成为南宫市新兴力量的一部分。面对这种变化，许登石展现出豁达的态度，坚信“品质与信誉才是王道”。

进入 21 世纪，南宫市已有十余家企业同台竞技，这些企业多数是由他的旧部创立，包括昔日的同事和技术骨干。许登石的企业规模名列前茅，技术壁垒的存在，让其他竞争者难以轻易逾越，这也促进了业内的相互学习与进步。

许登石强调：“生意归生意，关系没外人，都是我们周边村里的人。”南宫的制氧设备配件企业虽然存在竞争，但大家的关系都非常和睦，他们共同守护着长江以北的市场份额。“我们以质量竞争，讲的是信誉，产品有合理的成本，也有过硬的质量，这是做企业的原则。”他说。

2018 年，南宫市燃气设备协会应运而生，大家推举许登石当了会长。

为了巩固南宫气体行业里各个企业和谐共生的关系，谋求共同发展，他上任后，一直倡导行业自律，坚持高标准，维护产品质量。他首先统一了定价机制，设定合理价格，防止恶性竞争，维护市场秩序。其次，搭建银企交流平台，协助会员获得信贷支持，为行业提供资金保障。

他还组织安全培训，提升从业人员的专业技能，并积极响应上级部门号召，传达政策法规信息。“大家坐在一起讨论问题，本身也增强了行业的凝聚力。”

他一心想帮南宫的企业走向世界，主动带着大家参加各种国际性展会，在展会上把企业的好东西都亮出来，让更多人知道南宫企业。这一来，企业的名气越来越大，订单也越来越多。南宫企业跟东南亚和非洲市场的联系越来越紧密，实实在在地迈出了国门。

许登石在南宫这片热土上播撒希望的种子，成为当地制氧设备配件产业的先驱。在他的影响和带领下，南宫市 40 万名居民中有 5000 余人投身于制氧行业，给一方带来了福祉。

## 靠忠厚和品德，赢得市场信任和深厚友谊

许登石始终坚持质量第一的原则，提供合理的价格，这种经营理念强调了产品的质量和可靠性，以及与客户的长期合作关系。他与设计院合作，严格按照图纸生产，同时非常重视材料的验收，这些都是保证产品质量的关键因素。他表示："客户愿意为高端设备支付更高的价格，因为这些设备能提供更好的性能和服务。"

他的服务理念深深植根于"超出期待"的信念之中。"无论是保修期内还是之外，只要客户需要，我们随时待命，哪怕是拧螺丝这类小事，我们也会派遣专人登门服务，确保每一个细节都得到妥善处理。"

许登石（中间）陪同中国国际气体展组委会专家参观企业

在与客户沟通的过程中，许登石不仅做到及时响应，而且深入了解每位客户的具体情况，提出定制化的解决方案，甚至在客户尚未意识到潜在需求时，便主动提供咨询和帮助。这种前瞻性的服务态度，使其在众多竞争对手中独树一帜，建立了深厚的客户关系网。

老客户的口碑是最好的广告，在体验到卓越的服务后，他们自然成了最佳代言人。例如，其在青海西宁的一个重大项目，正是由老客户力荐促成，合同价值高达数百万元。

在一次次合作中建立起的信任，逐渐演化为深厚的友谊。这份难得的情感，是许登石最为珍视的财富，亦是推动他的企业持续成长的力量源泉。

在用人理念上，许登石强调诚实守信、能力和实际工作成果的重要性。作为公司老板，许登石不善言辞，但这并不妨碍他通过实际行动来领导和

激励员工。他的诚实守信和对员工的关心，是他能够吸引和留住人才的重要原因之一。

许登石团队的高级工程师张工说：“老板一开始来请我，起初我并没有意识到能为他做什么工作，所以就没有答应。但他就认准了我，觉得我能帮到企业，先后三次来请我，我最终被他的这种真诚打动。”

张工还提到一件令他感动的事：“有一次我生病休息了 3 个多月，老板一分不差让员工把薪水送到家里。我想着这 3 个多月也没为公司做任何事情，老板还这样对我，真的很感动。”他还说道，这些年也有几家公司请他去，他都没有走，因为许登石的慧眼识珠和三顾茅庐，他愿意跟随这位真诚对待员工的老板。

张工一直跟了许登石十多年，帮厂里搞定了各种资质和解决了许多技术难题，确保了公司的顺利运营和发展。其中包括压力容器生产许可证、低温管件生产资质等，拥有这两项认证的国内同行业企业屈指可数。

许登石在企业管理和行业发展中的突出表现得到了社会各界的广泛赞誉。他被任命为南宫市企业家联谊会副会长和南宫市燃气设备协会会长，并被评为“爱心企业家”。

许登石的座右铭是以德为先：“做人要厚道，靠谱，诚信。信得过的都是回头客，回头客都是朋友。”

许登石的创业历程富有启发性，它不仅记录了个人的成长和奋斗轨迹，也映射了时代变迁和创业精神。他的故事揭示了成功创业的一些关键要素：敏锐地捕捉并利用改革开放带来的市场机遇，并通过坚持不懈的努力，完成了从农民到企业家的转变。技术与人脉的结合为他的企业发展奠定了坚实基础，也为不断提升产品质量构建了强大的技术壁垒。同时，他通过广泛的人脉资源，建立了牢固的合作网络。他对品质的坚持和对服务的超越，赢得了客户的信任并建立了深厚的友谊。

许登石的经历告诉我们，无论起点如何，只要有梦想、有行动，就有可能创造出属于自己的那份成就。他的故事是那一代人勇敢追梦、奋楫扬帆的真实写照，也是当今时代背景下，勇于突破自我界限、追逐梦想的典范。

# 蒋　明

## 从追赶到并肩，带领杭氧重塑全球气体行业格局

人物小传：蒋明，1961年出生，杭氧集团股份有限公司（以下简称杭氧集团）原董事长，中国通用机械工业协会副会长、气体分离设备分会理事长，我国气体分离设备行业著名企业家和资深专家。1984年从上海同济大学毕业后进入杭氧集团工作，2007—2021年任杭氧集团党委书记、董事长，带领杭氧集团顺利完成改制、搬迁、上市，开拓气体产业，研制大型、特大型空分和低温石化设备等。他从事气体分离行业40余年，主持承担多项国家级、省部级科研项目，获得第十九届全国企业管理创新一等奖（主创人），“特大型空气分离设备关键技术开发及产业化”项目获得中国机械工业科学技术奖特等奖（第一完成人），主编《大气行天下：杭州制氧机集团有限公司百年发展史》、“中国战略性新兴产业研究与发展”丛书中的《气体分离设备》卷。曾获得“全国机械工业劳动模范”“浙江省优秀共产党员”“浙江省功勋企业家”“杰

出杭商”等荣誉称号，曾任杭州市工业经济联合会副会长、杭州市机械行业协会理事长等社会职务。

在杭州繁华都市中，有一家极具行业影响力的公司——杭氧集团，这家公司的前身是一家在1950年就建厂的老牌国企。作为中国气体分离设备制造业的先驱和领军企业，杭氧集团不仅见证了中国空分设备及气体行业的变迁与发展，更在其间起到了决定性的作用。

自1952年接受制造制氧机的任务以来，杭氧集团经过70多年的发展，在中国空分设备行业奠定了坚实的基础。从其成功研制了中国第一台 $30Nm^3/h$（氧）空气分离设备开始，到现在 $110000Nm^3/h$（氧）特大型空分设备的成功投入运行，中国空分设备行业经历了从无到有、由弱到强的发展历程，并在全球范围内实现了大型和特大型空分设备市场占有率的领先。

尤其值得一提的是，杭氧集团在21世纪初开始积极向服务型制造转型，并取得了成功，成为我国制造业向制造服务业转型的典范。杭氧集团在特种气体供应服务方面也取得了突破性进展，特别是在电子大宗气体和超高纯度气体领域，满足了半导体等行业对高品质气体的需求，为中国集成电路等高科技产业的发展提供了坚实支撑。

1961年出生的蒋明，在大学毕业后即投身杭氧集团，开启了他40余年的职业生涯。作为改革开放后首批大学生中的一员，在当时10年人才断层的背景下，他的专业技能使他在职场上锋芒毕露。2007年至2021年，蒋明在担任杭氧集团党委书记、董事长期间，带领企业经历了改制、搬迁、上市及由装备制造转型到服务型制造等一系列重大变革。每个决策都是对未来的一次重大选择，而每一次成功的背后都离不开他的深刻洞察力和坚定决心。

在他的领导下，杭氧集团从传统制造型企业转型为制造服务型企业，并在特大型空气分离设备的研发和气体产业的拓展方面取得了显著成就。

蒋明不仅是企业的舵手，更是一位创新的推动者和文化的传承者。他主持承担了多项国家级、省部级科研项目，并荣获中国机械工业科学技术奖特等奖、全国企业管理创新一等奖。由他主编的《大气行天下：杭州制氧机集团有限公司百年发展史》以及“中国战略性新兴产业研究与发展”

丛书中的《气体分离设备》卷，为中国的空气分离设备和工业气体行业的发展留下了珍贵的资料。

## 恢复高考后的首届大学生，35 岁被任命为公司董事

1979 年，蒋明踏入了上海同济大学的大门，成为工业管理工程专业的学子。那时国家刚刚恢复高考不久，能进入大学深造的机会尤为珍贵。1977 年、1978 年、1979 年三届的学生所面对的大学录取比例极低，考试难度极大，但是他成了当时的佼佼者。

谈起自己的大学时光，蒋明感慨万千。当时，同济大学机械系设有两个专业方向：机械工程和建筑工程。他选择了机械工程专业中的工业企业管理方向。

“在大学期间，我学习了许多机械方面的基础课程，同时学了大量经济管理的知识。大学的学习不仅为我提供了专业知识和技术技能，更重要的是教会了我如何学习、如何思考。”对于那段求学经历，蒋明认为，它不仅是知识积累的过程，更是一段塑造自我、培养独立思考能力的重要时期。

大学毕业后，蒋明进入杭氧集团，被分配到经营计划处，负责经济责任制考核——这相当于今天的指标管理和业绩考核。令人欣喜的是，他大学所学的专业知识与实际工作需求高度契合，这让他工作起来更加得心应手。不过他也提醒自己：“空分设备行业有着其特殊性和复杂性，需要始终保持学习的热情，学会如何将理论与实践相结合，不断适应岗位要求和工作挑战。”

1990 年，蒋明获得赴德国进修的机会，在那里他不仅学习了先进的企业管理理念和技术，还亲身参与了当地企业的实际操作。这段经历开阔了他的视野，也为日后的工作打下了坚实的理论与实践基础。

一年后，蒋明将所学知识带回杭氧集团，并迅速在实际工作中得到了认可。他先是从部门副职做起，不久便升任正职，继续深耕在计划和管理领域。

1996 年，年仅 35 岁的蒋明被任命为公司董事，成为当时杭氧集团最年轻的高层管理者之一。

由于 10 年停摆导致人才断层，杭氧集团 10 年内没有招过大学生，很

多岗位急需有学历、有知识、有能力的人来填补。“面对人才断层，我们这一代人在职业生涯中进步较快，在很大程度上是因为历史给予的机会，我们赶上了这个时代机遇，承担起了承前启后的责任。”蒋明谈道。

## 5 年改制，“群骑闯市场”

随着 1993 年《公司法》的出台，国有企业要按照现代企业管理制度进行公司制改造；此前，国有企业普遍采用计划经济时代的工厂制管理。对于 1950 年建厂，已有 40 多年历史的老企业而言，这意味着杭氧集团要从一个传统的国有企业工厂转变为符合现代公司治理结构的现代化企业。

杭氧集团当时以生产空分设备为主。空分设备是一种高度复杂的成套装置，每套设备包含大约 100 个不同部件，每个部件产品按车间或分厂进行设置。由于产品的复杂性，杭氧集团的组织结构、生产流程和管理机制也相应地变得非常复杂。

1995 年，杭州制氧机厂更名为杭州制氧机集团有限公司，标志着改制工作的正式开始。“改制不仅是名称的变化，更是企业内部治理结构、管理结构和资本结构的一次全面调整。”蒋明指出。

一方面，实行政企分开，政府不再直接干预企业的日常经营决策，而是通过政策和市场规则来引导。杭州市人民政府授权杭氧集团对国有资产进行全面管理和经营，赋予董事会代表股东行使公司治理的权利，杭氧集团全面面向市场。另一方面，杭氧集团开始构建母子公司体系，将原有的分厂和车间改组为独立法人公司；对于那些与整体空分设备紧密结合的产品，如透平压缩机和阀门，杭氧集团设立了控股子公司；而对于关联度较低的产品，则引入民营资本，形成参股公司。

蒋明谈道，从计划经济向市场经济转变的过程充满了挑战。一方面，企业和政府都需要重新适应新的角色。政府习惯了高度参与企业管理，突然放手让企业自主决策，需要一段时间来适应。另一方面，企业内部需要经历观念上的深刻变革，从依赖政府指令转向以市场需求为导向来组织生产。蒋明回忆说：“这是一段充满碰撞和调整的时期，政府和企业都在不断学习如何在这个新环境中运作，需要不断地磨合才能找到新的平衡点。”

经过大约5年的努力，杭氧集团完成了初步的改制任务，从单一的空分设备制造商转型为多元化的产品和服务提供商，原本只为空分设备配套的产品可以直接面向市场进行销售，享有更大的自主权。这不仅拓宽了公司的业务范围，也增强了其抗风险能力。杭氧集团的组织结构也更加灵活高效，形成了一个紧密协作又各自独立运营的母子公司体系。

2000年9月，蒋明（右）为新成立的子公司揭牌

"'群骑闯市场'成为杭氧集团这段时间的真实写照。不单单是空分设备这'一匹马'，还有非常多的'马'可以在市场上参与竞争。这样的结构调整使得杭氧集团能够更好地应对市场竞争，同时为后续的发展打下了坚实的基础。"蒋明指出，改制的过程是持续的，在接下来的时间里，杭氧集团不断进行研究、试验和调整，逐步建立了现代化的企业治理体系。

杭氧集团的改制，不仅是杭氧集团发展的一个关键节点，也是中国国有企业改革的一个缩影，在时代的浪潮中，杭氧集团凭借持续努力和大胆改革创新，从计划经济成功迈向市场经济，完成了根本性的变革。

## 3000人整体搬迁，为智能制造转型奠定基石

位于杭州东新路的老厂区，见证了自杭氧集团成立以来其半个世纪的成长。20世纪50年代建厂的时候，工厂对面就是生活区，绝大部分职工过个马路就进厂上班了。

随着中国制造业的迅猛发展，杭氧集团站在了一个发展的十字路口——搬迁。

“对杭氧集团来说，搬迁既有客观原因，也有主观需求。”蒋总解释道，“一方面，杭氧集团当时的厂房和装备已经不适应我们制造大型和特大型空分设备的要求；另一方面，它变成了城区的一部分，物流运输变得异常困难，这不仅影响了生产效率，也对周边环境造成了压力。”

意识到这些问题后，蒋明和管理层自2006年起便着手研究搬迁的可行性。

然而，要将一个拥有50多年历史的企业搬到距离老厂约28千米外的临安，并非易事。“这是一个非常大的工程，因为它涉及搬迁的同时要进行生产，如何平衡好二者之间的关系呢？”蒋总回忆时说道。此外是员工安置问题。“从杭州搬到临安新厂区，28千米的距离，人员如何合理流动，还要保障3000多名员工顺利且自愿地到新厂工作，这非常重要，因为杭氧集团的技术工人不是一天两天就能培养出来的。”

为此，蒋明和管理层进行了详尽的市场调研和技术评估，参考相关企业搬迁的成功案例或失败的经验教训。同时，深入听取了内部员工的意见和建议。通过召开一系列座谈会、问卷调查等形式，了解员工的真实想法以及可能面临的困难，为后续的搬迁工作奠定了坚实的基础。

于是，杭氧集团制定了一系列科学、合理、周全的方案。首先是员工思想上的沟通。“我们向全体员工详细解释了搬迁的原因及其对企业长远发展的意义，让他们认识到搬迁是为了杭氧集团更好地发展，而杭氧集团有了更好的发展，他们个人也会有更好的发展，可以更好地实现他们的价值。”蒋明表示。

其次是配套的保障措施，初期每天提供58辆大巴车免费接送员工上下班，并给予交通补贴和远郊补贴。后期随着条件改善，越来越多的员工选择自驾前往新厂，确保员工利益不受损失。此外，完善配套设施，在新厂区附近规划建设住宅区及相关生活服务设施，方便职工居住和日常生活。

这些举措为搬迁工作的顺利进行铺平了道路。

搬迁工程从2006年底正式启动，至2008年9月全部完成，历时2年9个月。搬迁完成后，杭氧集团迎来了全新的发展机遇。新工厂占地面积达922亩，调整了生产工艺，配备了最先进的工艺装备，蒋明讲道：“在新厂区面对新的设备，员工有了更好的发挥空间，工作积极性非常高，为杭氧集团的发展注入了新的活力。”

杭氧集团的成功搬迁不仅是企业自身发展史上的一个重要里程碑，更成为杭州市乃至全国范围内工业企业转型升级的一个典范。它展示了如何在保持业务连续性的前提下完成大规模的空间转移，并有效地解决了人员安置这一关键问题。“当时杭州的领导说，如果杭氧集团能够顺利地搬迁成功，并且稳定下来，这对杭州市整个工业搬迁都有一种带动作用。”蒋总说，“杭氧集团搬到那边去以后，机械系统的三家企业也跟着搬到了临安。”

杭氧集团的搬迁不仅是一次地理位置的变化，更是企业战略转型的重要步骤。它不仅推动了杭氧集团自身的成长壮大，也为中国的制造业升级探索出了一条可行的道路。

## 大型空分设备，从追赶到与国际巨头并肩

搬迁到新厂后，大型空分设备战略布局加速推进。其实，在老厂时，蒋明和管理层已开始筹划。

杭氧集团在空分设备大型化和特大型化发展的道路上走过了漫长的历程，每一步都充满了挑战与机遇。杭氧集团经历了 20000Nm$^3$/h（氧）等级、30000Nm$^3$/h（氧）等级、40000Nm$^3$/h（氧）等级，直到 60000Nm$^3$/h（氧）等级，不断推进。

杭氧集团不断向更高的等级迈进，有两个原因：一个是杭氧集团有意识地朝着更大等级空分设备的方向进行研究开发以适应我国重化工时代发展的需求，另一个是被国际公司的竞争压力推动。“国际公司一直在打压逼迫，比如杭氧集团做了 60000Nm$^3$/h（氧）等级的，国际公司就在中国市场推行 70000Nm$^3$/h（氧）等级的空分，然后以此说杭氧集团没有业绩，他们就可以顺利中标拿到项目。等杭氧集团做到 70000Nm$^3$/h（氧）等级后，他们就上 80000Nm$^3$/h（氧）等级的，即使他们在这些等级上的业绩也很少，有的甚至没有业绩，但是他们就拿这个东西来打压我们。”蒋明说道。

面对这样的情况，杭氧集团不得不加快步伐，向更高的等级迈进。然而，实际上这是一个非常艰辛和漫长的过程，需要不停地研发。关于推进的技术难度，蒋明指出：“空分设备的大型化不是简单的放大，整个流程上

有很多的技术条件都要实现相应的大型化。此外，它是一个系统，很多部件要实行与大型化匹配的改进设计和优化设计，或者说要使用新的部件产品，才能满足这种新的要求。”

为了支持研发工作，杭氧集团建立了企业研究院临安试验研究中心的基础试验、各专业公司的专业试验、气体公司应用试验三个层次的研发体系，负责新产品、新技术、新工艺的试验工作。在临安新厂设立了试验基地，专注于基础性研究；在各制造子公司建设试验装置，对关键配套部件进行试制研究，并与国际先进水平进行比较、分析，推动关键部件的国产化；在全国各地的 60 多家气体公司建立了很多试验装置，用于新产品应用测试，新产品运行在公司生产的空分设备中，收集现场运行数据，并反馈到研发中心与设计中心用以改进，从而形成正向循环，为空分设备的改进优化提供全方位的理论、试验研究和现场运行支撑，确保空分设备运行的可靠性和安全性，不断促进空分技术进步，为市场化应用实现示范支撑。

进入气体产业后，杭氧集团能够更快地将新技术应用于实际操作中，发现问题并及时优化调整，使得新产品更加成熟稳定。

为了更好地推进空分设备的发展，同时满足企业发展的需求，杭氧集团同步推进气体业务的投资。“气体业务为我们开发空分设备新的技术和新的配套部件提供了非常好的条件。气体业务对技术和设备制造的支撑非常有效。发现问题能及时调整优化，把新产品在自己的成套设备上应用好，然后把成熟的产品向市场推广。”

2012 年，杭氧集团迎来了一个决定性的转折点。当时，杭氧集团最大空分设备的容量为 60000Nm³/h（氧）。然而，面对用户对更高产能的需求，杭氧集团做出了一个大胆而关键的决策——将原计划投资的一套 60000Nm³/h（氧）等级的空分设备扩大到 80000Nm³/h（氧）等级。这意味着杭氧集团需要承担初期的巨大风险和亏损。蒋明回忆道：“这是一套 80000Nm³/h（氧）等级的空分设备，而客户实际所需的气量是 60000Nm³/h（氧）左右，所以我们当时的情况就像是‘大马拉小车’，设备能力远超需求，导致开始两年我们处于亏损状态。对于杭氧集团来说，我们必须有足够的实力来支撑这一阶段的亏损，必须坚持下去。”

杭氧集团的努力最终得到了回报。两三年后，随着客户对氧气需求的增长，他们对气量的要求也提升到了 80000Nm³/h（氧）。这时，杭氧集团的前瞻性布局正好满足了客户的扩展需求。客户不仅避免了因供气不足而影响生产的困扰，还大大加速了自身的发展进程。为此，客户特别致信感谢杭氧集团，感谢杭氧集团建设了一套 80000Nm³/h（氧）等级的空分设备，使得他们发展所需的气量得到了及时满足，有力地支持了客户公司的快速发展。

2014 年，蒋明（前排左二）在宁煤 100000Nm³/h（氧）等级空分设备现场指导工作

随着杭氧集团技术的不断进步，其与国际竞争对手之间的较量也日益激烈。在一次重要的项目中，国内的客户需要 12 套空分设备，其中 6 套由国际公司提供，另外 6 套由杭氧集团提供。这两批设备将在同一厂区建设、运行。“这次，我们和国际公司真的是同台竞技，”蒋明回忆道，“从研发、开发、生产到最后的安装调试开机，整个过程非常顺利，得到了用户的高度肯定。”运行多年后，杭氧集团的设备不仅表现优异，甚至在某些方面超过了国际竞争对手的产品。

这次同台竞技不仅证明了杭氧集团的技术实力，也是对中国制造的一次重要检验。用户形象地说道：“当年招投标的时候，依照你们的指标，我们本来想给你们 2 套（设备订单），但因为我这是第一次‘吃螃蟹’,‘吃 2 个螃蟹’总够了吧。你们下这么大的决心做这么多工作，一定要做 6 套给我‘吃 6 个螃蟹’。但是现在‘吃了这 6 个螃蟹’觉得还是挺不错的。”

随着这一关键项目的顺利完成，杭氧集团不仅展示了其技术水平已经达到国际先进水平，与国际公司并驾齐驱，还一举打破了过去在大型化设备上总是落后一步的局面。

蒋明表示：“此后，国内用户不再用空分设备的规模等级来为难杭氧集团，而是认为在任何等级上杭氧集团都可以与国际巨头同价竞争。这是市场对国产重大装备最大的认可。无论是哪个等级的空分设备，杭氧集团都能做出来，而且做得非常好，不管是实际性能还是服务质量。”

以这一项目为起点，杭氧集团在大型空分设备领域的发展显著加速。如今，杭氧集团不仅能够制造 100000Nm³/h（氧）等级和 120000Nm³/h（氧）等级的特大型成套空分设备，而且可以在工厂内完成全部整装冷箱的组装，随后直接运往现场，就位安装后可直接使用，大大简化了安装流程，提高了效率。

最新的里程碑项目出现在内蒙古，杭氧集团成套的 6 套 110000Nm³/h（氧）等级的空分设备已经调试完成并投入正常运行，性能指标达到了先进水平。尤为值得一提的是，许多原本需要进口的关键部件，如高压铝制板式换热器、分子筛切换三杆阀等，现在杭氧集团都可以自主进行研发生产，进一步推进了相关设备的国产替代。

## 以空分设备为核心上下拓展，形成全产业链经营模式

早在 1995 年，杭氧集团逐步转变为市场化的经营主体时，就开始思考未来的发展方向。在这一过程中，杭氧集团意识到单纯制造和销售空气分离设备并非长久之计。于是，杭氧集团决定向气体供应领域延伸，不仅出售设备，还通过投资建设气体厂，直接为企业供气。

“我们当时有这样一种理念和意识，即杭氧集团的发展今后要往气体方向走——我们可以用我们的设备来投资企业，为其供气，并像水电一样计价收费。通俗地说就是牵着奶牛卖牛奶。”蒋明回忆道。

随着杭氧集团的投资能力逐渐增强，气体厂的大规模投资条件终于成熟。“在这样的条件下，我们一边做气体投资项目，一边进行工厂搬迁，同时筹备上市，这几件大事几乎在同一时期推进。”蒋明说道。

这些项目的同步推进为杭氧集团的全面发展奠定了坚实基础。特别是 2010 年 6 月 10 日，杭氧集团在深圳证券交易所中小企业板挂牌上市，打通了融资渠道，解决了投资气体厂的资金问题，使杭氧集团能够持续投资建设新的气体厂，形成规模效应，提升市场竞争力。

杭氧集团的核心始终是设备制造——无论是设备的技术研发还是制造能力。“我们以设备制造为核心，向上下游拓展。向下延伸到气体供应，向上则涉足整个工程领域，从气体工厂的设计、建设到设备安装调试，形成

了一条完整的产业链。”蒋明说道。

这种战略布局使杭氧集团不仅能够提供高质量的空气分离设备，还能为用户提供全面的气体解决方案和工程服务。设备的技术、工厂的建设和下游的气体运营相互促进，形成良性循环。

在这种情况下，杭氧集团的发展模式逐渐演变为以空分设备为核心的全产业链经营模式。主要涵盖三个关键环节：一是设备制造，提升设备制造水平，为此杭氧集团在临安建立了新的制造基地，致力于提高技术水平和产品质量。二是气体投资，积极开展气体投资业务，逐步扩大市场占有率。三是融资渠道，通过上市打通融资渠道，支撑设备发展和气体产业的投资需求。

蒋明指出：“我们将这些年的发展经验总结为‘9 个字，3 句话’——重两头（以空分设备为核心，向上下游发展），拓横向（做好空分设备后，关联产业也要有一定的发展），做精品（把我们的空分设备和气体产品都做成精品）。”

经过 20 多年的发展，杭氧集团已经在全国 17 个省市建立了 60 多家气体公司，气体产业的营业收入已经超过 80 多亿元，成为我国气体行业最主要的供应商之一。

## 注重战略性思维，坚持不懈执行

2015 年 8 月，蒋明（前左一）慰问高温下工作的员工

在蒋明担任杭氧集团党委书记、董事长期间，杭氧集团成功完成改制、搬迁和上市，并大力开拓了气体产业，研制了特大型空分设备。从 2006 年工厂搬迁到 2010 年成功上市，仅用 5 年时间，整个过程有序且系统化推进，不仅实现了企业的现代化转型和产能升级，还打通了融资渠道，拓展了产业链布局，提升了技术研发水平，最终达成了

既定的战略目标。这使杭氧集团从传统制造企业华丽转身为现代化、国际化的制造服务型企业，成为中国制造业转型升级的成功典范。

在分享管理心得时，蒋明认为：“企业做重大决策，一定要有系统性和整体性的考虑，抓住几个关键点，然后分步骤实施。”他回顾整个过程总结道：“我们从一个理念出发，通过不断的实践，积累经验教训。当企业发展到一定规模、具备相应能力时，我们将这些经验总结成战略，并制定具体的战术来实施，最终实现战略目标。”

蒋明在气体分离设备和工业气体行业奋斗逾40年，倡导以“团结、创新、共进”为核心价值观的企业文化，主持多项国家级和省部级科研项目，获得第十九届全国企业管理创新一等奖（主创人）及中国机械工业科学技术奖特等奖（第一完成人）。他主编了《大气行天下：杭州制氧机集团有限公司百年发展史》和“中国战略性新兴产业研究与发展”丛书中的《气体分离设备》卷，为杭氧集团及气体分离设备行业发展做出了重大贡献。蒋明先后获得“全国机械工业劳动模范”“浙江省优秀共产党员”“浙江省功勋企业家”“杰出杭商”等荣誉称号，并曾任杭州市工业经济联合会副会长、杭州市机械行业协会理事长等社会职务。

一路走来，蒋明总是将大学时期的系主任翟立林老先生的一句话铭记在心：“像你们这样的人，要把自己培养成一个交响乐队的指挥，无论是拉小提琴，吹长号、小号，还是敲定音鼓，你都比不过乐队的任何一位演奏者，但是你要理解他们、熟悉他们，对他们的认识要比他们对自己的认识还要深，这样才能将乐曲配齐、配好，才能指挥好。”在他逐步走上杭氧集团管理者的岗位时，他不断思考自己要做什么，如何利用好自己的知识结构，以更好地与团队讨论和研究并最终制定相应的决策。

回顾40余年的职业生涯，他感叹道：“我整个职业生涯都是在同一个单位做同一件事，但自己还是感觉做得津津有味，自得其乐，乐在其中。”即便现在退下来了，回头再看这段经历，蒋明依然感到无比满足，语气中充满了对过去工作的热爱。

“做一件事，既要具备战略性思维，又要能够坚持不懈地执行。只要专心致志，就一定能做好。”蒋明分享道。

# 海　霞

## 今生只做一件事，把空分事业进行到底

人物小传：海霞，开封迪尔空分实业有限公司董事长、总裁。海霞在空分行业领域深耕近40年。2004年，与合伙人何保堂成立开封迪尔空分实业有限公司（以下简称迪尔空分）。迪尔空分相继获得国家级、省级荣誉称号近40个，以及“国家专精特新‘小巨人’企业”“国家级年度智能制造优秀场景企业”“河南省高新技术企业”“河南服务型制造示范企业”“河南省大数据产业发展试点示范企业”“河南省优秀民营企业”“河南省科技型中小企业”等荣誉。海霞先后担任河南省人大代表、河南高新技术产业商会副会长、开封女企业家协会副会长等。

河南省是拥有我国空分设备制造企业最多的省份，开封更是有着“国家空气分离特色产业基地”之称。工业气体号称“工业的血液”，而全国工业的蓬勃发展离不开工业气体，空分设备作为工业气体的生产装置，为社

会生产生活正常运转默默发挥着巨大作用。开封曾经是河南省重要的老工业基地，是中国第一台电视、第一台冰箱、第一台收音机的诞生地，但这已是昨日荣光，看着曾经繁华的工业基地不断落寞，无数开封人为之心痛。于是老一辈的空分人，逢山开路，遇水搭桥，坚毅地开拓开封的空分事业并努力让这一事业得到传承，是他们让空分产业依然在这座八朝古都中熠熠生辉，在国内空分行业中璀璨闪耀。

如今的开封是河南新兴装备制造基地，更是全球先进的第 8 代数智空分技术研发地。开创第 8 代数智空分先河的，正是海霞与她的迪尔空分团队。

海霞大学毕业后便投身于空分行业。2004 年，时年 40 岁的她与合伙人何保堂共同创立了迪尔空分。在他们的领导下，公司仅用了两年多时间就实现了从亏损到盈利的转变。2012 年，公司进行了首次业务转型，开始涉足气体投资项目。然而，公司在 2018 年遭遇重大挫折，一个价值 2 亿元的气体投资项目遭受重创。尽管面临困难，但团队从未放弃。他们齐心协力寻找解决方案，并最终在国家 5G 技术快速发展的背景下找到了新的发展方向。从 2019 年起，在海霞和何保堂的带领下，迪尔空分重整旗鼓再次出发，开启了企业数智化转型的创新之旅。其间，企业投资建设了国内首条智能化生产线，实现设备数字化、智能化制造的技术突破；同时，企业组建了自己的行业垂直领域人工智能研发团队，并与西安交通大学、西安邮电大学达成战略合作，共同研发空分领域大数据模型，在行业内率先建成了空分行业大模型、自研智能体蓝岸系统、智能流程控制系统、智能巡检系统等，推动了空分行业的高质量发展。

## 扛起 500 多名下岗员工起步创业，只用两年实现稳定经营

1978 年我国开始改革开放，1978 年 10 月国有企业改革拉开序幕，中国经济发生了翻天覆地的变化。得益于改革开放，我国工业气体行业有了较快的发展。

自小受父亲和成长环境的影响，海霞大学时选择了机械制造及工艺专

业，这是她迈向气体行业的第一步。“我从小在工业制造业家属院长大，把‘振兴中国工业’当作自己一生的奋斗目标，而且父母觉得学一项技术专长傍身比较好。”于是她女承父业，学了工科。毕业后，海霞顺利进入父亲所属企业的设计研究院，埋头做了20年的设计技术人员。

随着国有企业改革持续推进，2004年海霞所在的公司被空分集团剥离出去。整个公司面临被推向社会并解散的险境，其中还有500多名职工，其中很多是即将退休的老员工。职工下岗没有收入，得自己交养老金，甚至连退休都没单位给办理。

当时的公司总经理何保堂在公司工作了近10年，对企业感情深厚，找到海霞一起商量。何保堂提议按照国家、省、市相关政策，进行承债式收购，企业员工一起凑钱将企业收购独立出来，大家同甘苦共患难，相互支撑着走下去。

其实，他们还有另一条路可走，那就是注册一个新公司，轻装上阵。但是他们对老厂子感情独特，海霞的父亲也是当年的创建者之一，这500多人中有很多曾跟她父亲并肩作战，父亲也鼓励她接下企业，来为大家托底。

最终，海霞和何保堂选了最艰难的一条路——全盘接收企业，2004年迪尔空分成立。海霞谈道：“原来企业的员工一个不少，管理团队也一位不换。大家有难同当，齐心协力把企业做起来。”别人创业是从零起步，海霞他们创业则更像是负重爬坡。他们相信，九九八十一难，只要一关一关过，终会有成果。

虽然21世纪初我国气体行业进入高速发展阶段，但空分行业已经从增量市场竞争逐渐转向存量市场竞争。要想在存量市场中占有一席之地，只有充分发挥自身优势，才能获得拼一把的资格。

从一家名不见经传的小企业，到一步步被行业认可，迅速占领市场，海霞和她的团队仅用了两年时间，不仅稳定了经营，还在2007年迎来重大的突破，年营业收入接近10亿元！

2008年，又是企业腾飞之年。她提及：“一家福建民营企业通过市场了解到我们的空分设备，主动上门寻求合作。之后的6年里，双方合作了12套产量为10000～15000Nm³/h（氧）等级的中大型空分设备。”

4年的创业起步期，团队齐心协力克服了种种困难，在市场上占有了一席之地。这段把公司“拉扯大”的经历，让团队将公司视作自己的孩子，感情真挚且热烈。

## 国内首批气体投资企业，转型中遭遇重创

我国工业气体行业发展初期，钢厂和化工企业用气大多是购买空分设备自产自用，多余气体排空，导致资源浪费严重。到了 20 世纪 90 年代后期，在国外出现工业气体供应商经营模式，企业看到国外行业巨头先进的经营模式，开始研究学习。气体投资运营逐渐走入人们视野。迪尔空分也在海霞和何保堂的带领下成为国内首批做气体投资的企业。

2014 年，福建的一家民营企业为回报迪尔空分 6 年以来的诚挚支持，提出让迪尔空分做气体投资业务；并且该企业主动拿出 2000 万元，借给迪尔空分用来做气体投资项目。当时国际上做气体投资的企业营收非常好，海霞他们认为这条路是大势所趋。但是做气体投资需要投入非常大的资金，虽然得到了 2000 万元的资助，但对做出共计 45000Nm³/h 的空分设备而言，所需资金远远不够。迪尔空分团队再三分析其经营模式后，毅然决然排除一切困难，拿出企业家的胆识，果敢踏入气体投资领域，实现了从“养奶牛到卖牛奶”的转变。

最终双方确定做 3 套空分设备，合计产能为 45000Nm³/h。2015 年底，设备投产经营。

谁知仅仅经营了两年多，公司就遭遇了致命危机。2018 年，这家福建民营企业遭遇变故，钢厂被迫停业！

“当时公司搭上了近 2 亿元的资金，投资难以收回，失落情绪席卷了整个公司，好多人知道消息后情绪非常低沉。”关键时刻，海霞告诉自己必须撑住前进，不能被打趴下。“整个团队团结一心，没有一句抱怨和责备，下定决心从头再来。”海霞颇为感动地说道，“同时，政府、银行、其他企业等都向我们伸出了援手。”

接下来，摆在众人面前最大的问题就是前路在何方。就在大家举棋不定时，海霞果断决定：“在哪里摔倒就在哪里爬起来，气体投资，继续做！”

海霞他们之所以敢做出这个大胆的决定，是因为企业自身的实力。就

在他们跟福建民营企业合作气体投资的同时，跟山东一家长期有业务往来的企业签订了一套产能为 15000Nm³/h 的空分设备合同。对方同意迪尔空分在自己的设备中加入液态氩生产，除自己使用一部分外，其他由迪尔空分销售。

“我们当时投资五六百万元，刚好赶上液氩市场好的时机，不到两年便收回成本。”海霞解释道，“重创之后，液氩收入也是支撑我们逐步走出困境的关键力量之一。”

很快，市场就证明海霞的这个决策是对的。在企业起伏的关键时刻，两家业内颇有名气的气体投资企业找上门来。“一家是央企，另一家是民企，投了两套万级的设备。”她回忆道，“随后，山东又有企业给了一套气体投资项目。”

有了这几套气体投资设备保驾护航，公司慢慢恢复如初，甚至隐隐有蒸蒸日上的势头。回顾这段至暗时期，海霞感慨道：“人只要遇事坚强，不轻言放弃，总会有柳暗花明又一村的那一天。”

败也萧何，成也萧何。“气体投资给我们带来那么大的打击，但后来东山再起靠的竟然还是气体投资。”海霞认为这并非偶然，而是行业的必然，“气体投资的经营模式，在国际上已经有近百年的历史，足以证明这是一条非常正确的道路。如果只卖设备，我们很难长远地发展下去，必须进行二次转型。”

## 提出第 8 代数智空分理念，斩获多项国内第一

在空分行业的变革浪潮中，迪尔空分以第 8 代数智空分理念引领潮流。早在 5 年前，当大多数同行还在探索传统技术的优化时，迪尔空分已经敏锐地捕捉到了人工智能（AI）技术在未来空分领域的潜力，并迅速布局。这一战略决策为公司在 AI 垂直应用于空分领域的竞争中赢得了先发优势。

开封素有“国家空气分离特色产业基地”之称，开封的每个空分厂家都能做出一套空分设备。“但问题也显而易见。”海霞指出，“传统空分设备所需运维人员庞大，人工在运行过程中粗放的调控操作会导致能源、人员的大量浪费。”

2010年后，中国空分设备实现了重大突破，设备逐渐向大型化发展，市场以第6代和第7代空分设备为主。海霞及其团队分析认为："在工艺和技术上，第7代空分设备的提升空间已非常有限，几乎达到了行业的瓶颈。未来的发展战略应聚焦于经营模式的革新以及生产和运维管理的数智化。"

基于此洞察，迪尔空分创新性地提出了第8代数智空分理念。他们发现，通过为空分设备配备数智化运行维护系统，可以实现设备数据的智能化监控、预警和判断，从而最大限度地降低运维成本及设备运行风险，并大幅减少对人力资源的配置需求。展望未来，行业的发展必然走向数字化与智能化。

因此，迪尔空分确定了自己的发展方向：自2019年起，提前5年布局人工智能在空分领域的应用，组建自己的研发团队并研发行业大模型。此举为后续数据大模型的训练争取了宝贵的时间。这一前瞻性策略不仅推动了公司的技术进步，也为整个行业的创新发展提供了新的思路。

海霞认为，随着数智化的发展，行业将逐渐摆脱对人工操作的依赖，转向数据分析驱动的新模式。结合公司长久以来积累的自动化技术优势，他们坚信数智化将为空分设备带来质的飞跃。"尽管世界巨头们在空分设备制造上已有百年积淀，但在工艺和设计上的创新空间正变得有限。通过引入大数据进行学习分析，我们的设备将实现前所未有的进步。"

为了实现这一愿景，迪尔空分制定了"两步走"战略：一方面加大气体投资，另一方面推动设备数智化创新，旨在形成设备制造与气体供应的一体化良性互动体系。

2024年海霞荣获中国气体行业杰出女性大奖

多年来的专注研发和持续投入，使迪尔空分在国内数智化领域取得了显著成就。迪尔空分不仅开发出了国内首条智能化生产线、国内首套空分领域的智能运维系统，还率先实现了国内首套机器人、无人机智能巡检系统等先进技术。特别是在节能技术方面，迪尔空分通过大数据分析、机器学习算法与自动化控制系统的深度融合，实现了设备高效精准运行，在能耗控制、气体纯度提升以及生产效率优化等方面达到了国际领先水平。

作为一家民营企业，尽管在加大智能技术领域需要长期持续的投入，但迪尔空分依然坚持推进技术创新。这些努力为公司在全球市场竞争中赢得了宝贵的优势，同时也为中国制造业的智能化升级贡献了一份力量。

目前，迪尔空分在全国范围内投资建设了多个气投项目，构建了一个覆盖中国中东部地区的稳定供应网络，标志着企业从单纯的设备制造商向综合气体服务商的成功转型。其产品和服务已广泛应用于钢铁、冶炼、化工、医疗及新兴产业如芯片制造和新能源等领域。国内外市场上，迪尔空分已完成了 400 多套大中型空分设备的建设，成为空分行业后起勃发的高新技术型企业。

## 要做民族企业，要为国争光，要为社会做贡献，要对得起员工

“海霞对话海霞”——迪尔空分创始人海霞与央视知名主持人海霞深度对话

多年来，迪尔空分相继获得“国家专精特新‘小巨人’企业”“国家级年度智能制造优秀场景企业”“河南省高新技术企业”“河南服务型制造示范企业”“河南省大数据产业发展试点示范”“河南省优秀民营企业”“河南省科技型中小企业”等各项国家级、省级荣誉。

在一次采访中，海霞对央视主持人表示：“做企业要做民族品牌，民族品牌要为国争光，要向世界证明中国民营企业在高端制造领域有能力、有魄力突破困境引领行业发展。”

她感慨地回忆道：“20 世纪 50—60 年代乃至 70 年代初，中国的空分设

备市场几乎完全被国外巨头垄断。直到 2011 年后，我们才逐步追赶上国际水平，真正有能力制造大型空分设备，并与国际巨头竞争。”

面对 2019 年国家大力发展 5G 技术和数字化转型的号召，作为民营企业的迪尔空分面临着资金投入的巨大风险。然而，海霞坚信：“民营企业应在国家需要时勇敢地站出来，为行业、社会和国家贡献自己的力量。创新不仅是商业行为，更是一种善举。如果成功，这将是对国家行业发展的一大贡献。”基于这样的信念，海霞毅然决定投资于数字化创新和智能空分的研发。

在她的带领下，迪尔空分紧跟国家战略步伐，最终实现了国内空分行业的多个“首”：首条智能生产线、首套智能控制系统以及首套机器人和无人机智能巡检系统。这些成就确立了迪尔空分在数智化技术领域的领先地位。

此外，海霞还强调：“国家的发展战略为企业指明了方向，民营企业应坚定前行。作为民族品牌，要有担当、有骨气、有底气，还要有胆气。”如今，中国空分技术已经能够在国际舞台上与国外企业一较高下，在数智化领域实现了弯道超车。

迪尔空分 20 周年庆典

不仅如此，迪尔空分也在为社会贡献着自己的力量。空分工大成立于 1971 年，被誉为我国空分行业的“黄埔军校”。可以说，如果没有空分工大培养的一批又一批学生，就没有空分行业如今的辉煌。为感恩空分工大对空分事业的贡献和对空分行业人才的栽培，海霞和何保堂带领团队，为空分工大成功举办了一场规模达 500 人的校庆活动，赢得了广泛的赞誉，展示了迪尔空分的社会责任感和卓越的组织能力。

2024 年，正值迪尔空分成立 20 周年。管理团队对迪尔空分过去 20 年的辉煌成就进行了回顾与总结，更对公司未来发展寄予厚望，并为工作

5 年、10 年、20 年的老员工定制了具有收藏价值的纪念品，以此表达对他们的感激与尊重。

目前，迪尔空分正在筹备上市。300 余人的团队，核心技术人员占比在 30% 以上，其中不乏归国博士、硕士等高精尖研发人才，另外还拥有加拿大研发团队。

创业 20 余年，迪尔空分从一家被剥离集团的子公司，到重组后绝地反击成为如今的上市后备企业，海霞他们摸索出一套适合的管理方法。“制度管人，而非人管人。我们公司一直在优化改善制度，进行模式创新。一家公司要想持续健康地发展，就必须精细化管理。”公司中层以上人员每人至少要学习三遍丰田精细化管理的相关课程。

作为一家重研发、重创新的企业，迪尔空分格外重视人才：“我们公司喜欢不拘一格用人才，有能力就提拔。”她笑言自己看见人才眼睛都是“绿的”，“不惜一切代价，想办法把人才引进公司”。

海霞说：“我们一直把对人才的包容，以及让他们在自己的岗位上尽其所能地发挥自己的最大能动性和创新性，作为公司的终极追求。”

现在行业中的许多企业处于转型升级期，海霞认为：“企业不但要耐得住寂寞，更要经得起诱惑。一方面要弱化主营业务，另一方面要做创新产品，这意味着企业要放弃自己擅长和成熟的业务，去扩展一条全新的路，这一过程并不容易。”以她自身为例，转型的这 10 年间，公司投建了多个气体投资项目，“在这个过程中，要不断经历失败，再站起来，慢慢摸索才能迎来最终的成功”。

从业 30 余载，她常把一句话挂在嘴边：“不经历风雨一定见不到彩虹，如果没有失败和挫折的经验堆砌，不停接受痛苦的洗礼，就无法成为巨人。”

“我此生只做了一件事——把空分事业进行到底。”海霞谈道。她数十年如一日地爱着空分行业，为其倾注了全部的热情和精力，永不放弃也永不言败。此刻，迪尔空分正布局一盘大棋，厚积薄发、蓄能攒劲，静候未来爆发之时。

# 吴瑞林

## 从国企领导到民营企业家，创业是一种“修行”

人物小传：吴瑞林，河南开元空分集团有限公司董事长，开封空分商会会长。河南巩义人，1963年出生，华中科技大学制冷及低温技术专业毕业后进入开封空分设备厂做车间实习生，1992年获得工程师职称，中国首套（内压缩）15000Nm³/h等级空分装置主任设计师。在河南开封空分设备厂设计处工程师岗位12年之后，被提拔为经营处处长。2000年，创立开封联通空分设备有限公司，并担任董事长。2003年创办河南开元空分集团有限公司，经营范围包括成套空分设备、气体液化设备、化工设备、环保工程设备等，成为古都开封第一家具备成套空分设备制造能力的民营空分企业；其产品覆盖20多个省、自治区、直辖市，并出口到13个国家。

在中国空分行业，吴瑞林用40年的漫长岁月书写了一个拼搏奋斗的人生故事。他从普通车间实习生起步，逐步成长为技术骨干、企业管理者，再到创业者、企业家，每一步都走得扎实而坚定。

1984年，吴瑞林大学毕业，进入开封空分设备厂工作，开始了车间实习生的生活。凭借扎实的技术知识和不懈的努力，他很快成为技术骨干。1996年，他被提拔为经营处处长，开启了管理者的新征程。2000年，他创立了开封联通空分设备有限公司。2003年，创办河南开元空分集团有限公司。2006年，成功签订了第一份海外合同。公司营业收入最高时达到11亿元，团队700多人，在国内外空分设备行业有了一席之地。

吴瑞林认为“做企业是一种修行”。既然是修行，必然经历艰难困苦，才能到达彼岸。他对《金刚经》《心经》等佛教经典十分喜爱，许多语句他都能倒背如流。前人的智慧让他从中汲取能量，无论风雨艰难，他在创业路上始终如一。

## 从车间实习生到经营处处长，带领团队攻克世界性难题

1984年，吴瑞林从大学毕业，进入开封空分设备厂工作。最初，他在板焊车间实习，主要任务是协助车间技术员完成工艺过程卡填写、筒体开孔画线等工作。他虚心向老前辈请教，不断钻研工艺流程，很快就对分馏塔的制作工艺有了深刻的理解。

在车间实习时，由于勤于思考，爱想办法，吴瑞林不断解决诸多实际工作中遇到的问题，得到了车间所有人员的认可。因表现优异，作为开封空分设备厂三位拔尖助理工程师之一，1992年获得工程师职称。

成为工程师后，吴瑞林的主要工作涉及流程计算、换热计算、管道应力计算、压力容器管道计算和图纸设计等。他还承担了对德国林德、日本酸素、美国APCI等国际先进企业的技术消化及转换工作。

在这个过程中，吴瑞林不仅提升了自身的技术水平，还带领团队成功实现了从苏联技术体系向欧美技术体系的转换。其中，天铁15000内压缩流程设计是他职业生涯中的一个重要项目。当时，液氧在较低压力下蒸发时，碳氢化合物在主换热器析出并聚集，容易引起爆炸，这是一个世界性

的难题。

吴瑞林带领团队经过长达半年的模拟论证，设计出了一种全新的流程，成功解决了这一难题。这一技术突破不仅填补了国内空白，还得到了国际同行的高度评价。

1996 年，吴瑞林被提拔为经营处处长，从技术岗位转向了管理岗位。作为经营处处长，吴瑞林的职责包括客户的前期接触、合同谈判与签署、后期执行，以及经营处的人员组织、系统搭建和各方协调等工作。

为了尽快适应新角色，吴瑞林积极与厂领导沟通，不断调整自己的工作思路。他逐渐意识到，作为一名管理者，不仅要自己干好，而且要带领团队一起干好。

通过不断努力，吴瑞林很快赢得了同事们的信任和支持，经营处的工作也变得越来越顺利；他始终保持着那份对工作的热情和对创新的追求。他深知，无论是技术还是管理，核心都是解决问题。不同的是，技术解决的是设备的问题，而管理则是解决人与人之间的问题。

正是这种对问题本质的理解，让他无论在哪个岗位上都能游刃有余。每当有人问起他职业生涯如此顺利的秘诀时，他总是答道：“其实没有什么秘诀，就是多学习、多思考、多实践。遇到问题不要怕，要勇于面对，更要善于解决。”

## 离开体制内选择创业，成为企业的“消防员”

在职场积累了充足的经验之后，2000 年吴瑞林创立了开封联通空分设备有限公司。这个决定在当时并不被大多数人理解，但他内心有一个声音：只有通过创业，才能让自己的人生有更多的选择，站在更高的地方看世界。他选择创业也有一个质朴的想法：希望能改善家里的条件，让家人过上更好的生活。

于是，他做通了家人的思想工作，在得到家人的理解和支持后，他放弃了当时还不错的安稳工作，踏上了创业之路。

创业团队起初主要是家人，而一个租来的、小小的厂房车间就是公司最初的孵化地。吴瑞林回忆说：“当时启动资金有限，我们自筹一部分，大家凑一部分，还贷款一部分。”

创业初期，公司面临着厂房租借、人员流动频繁等问题，但在吴瑞林的带领下，这支队伍凝聚力强、责任感强，有着坚定的信心，靠着信念将很多项目“硬啃”了下来，逐步建立了稳定的业务基础。这支队伍形成了未来河南开元空分集团有限公司的班底，为河南开元空分集团有限公司的成功打下坚实基础。

2003 年，在有了最初的积累后，吴瑞林离开了出租的厂房，带着原班人马创办河南开元空分集团有限公司（以下简称开元空分）。如果说开封联通空分设备有限公司是他创业成果的“幼儿阶段”，开元空分的建立则是他创业生涯的“成人礼”。这一次，他有了更明确的目标和更坚定的信念。

随着国家政策的调整，房地产和钢铁行业迎来了大发展，空分行业也迎来了新的机遇。新公司迅速抓住了这一风口，吸引了更多志同道合的人才加入。

凭借最初的积累，公司逐步扩大生产规模，从小到大，稳健成长。开元空分成立短短 3 年时间，就拿下了 76 个合同，实现了指数级增长。

2005 年，就在公司出现起色时，却遭到突如其来的重创。公司高层因车祸身亡。失去重要伙伴，吴瑞林心痛不已。他承担了全部医疗和赔偿费用，尽全力照顾逝者家属。公司的技术路线突然中断，接下来将如何走，前路茫茫。

然而，创业的打击一个接着一个。2008 年金融危机，开元空分合同额锐减，当年承接合同数比往年同期减少 50%。吴瑞林没有抱怨，努力找出路。最后，在煤化工方面，即焦炉煤气制甲醇项目上探索出一条全新赛道。他提到，危机既是危险又是机会，重要的是如何看待及应对。

如果 2008 年金融危机让开元空分感到前路暗淡的话，那么 2015 年、2016 年的行业危机对开元空分而言则是至暗时刻。这期间，钢铁行业出现亏损，一些客户没有足够的资金支付气体费用。由于交付的特殊性，现金流对于空分行业而言非常关键。以开元空分为例，一套设备从合同签订到投产使用，直至最终收到款项，需要 1 年多。到第二年质保期过后，才能全部收回，生产期间现金收入压力很大。这段时间，吴瑞林的公司在外应收款达 2 亿元以上。客户拖款、银行贷款到期等问题同时摆到了他面前。如果款项不到位，就无法还上银行的贷款，企业就会面临信用体系危机。

吴瑞林多次去拜访客户，苦口婆心地要欠款，最后以减免部分费用和高价收购对方生产的钢铁的方式才得以要回款项，而他们高价买回来的钢铁又要以低于市场价很多的价格才能卖给分销商，这样前后折算，公司损失达几百万元。但为了避免出现现金流危机，只能这样妥协。这次危机造成了行业大洗牌，导致部分空分企业直接退出市场竞争，吴瑞林和公司千方百计才得以跨过这一生死难关。

后来，两位股东接连离开并成立公司单干，所做业务也与公司的重合。每一位核心成员的离开，都会带走一份珍贵的资源和一批精心培养过的业务骨干，不管在情感上还是在业务上，吴瑞林都倍感心痛。

不过，他从没有抱怨过，而是坦然接受现实：“问题的出现既是坏事也是好事，通过解决问题提升自身能力，才能在未来的竞争中立于不败之地。”

吴瑞林（左二）陪同开封市相关领导到公司调研

创业路上的艰辛，让吴瑞林承受着非常人所能承受的压力。长时间的精神压力，让他看起来比同龄人年长许多。当时还是40岁出头的他，被客户误以为他已经60多岁了。

吴瑞林觉得自己就像是一名“消防员”，每日得到的都是“坏消息”，需要他去“救火”“抢险”。这个时期，《金刚经》《心经》等佛经成为他在创业路上冲破风风雨雨、艰难险阻，不断前行的助力。

## 取得发明专利和实用新型专利40多项，海内外市场同步推进

回顾空分行业的发展，吴瑞林分析指出，民营空分行业从2000年开始起步，2000—2004年处于初创阶段，2005—2015年这10年属于增量市场阶段，市场潜力大，行业内企业都能在自己的领域不断开创事业。2016年后，市场已经趋于饱和。

当前，国内空分市场已经到了竞争最激烈的阶段。2016—2026 年这 10 年是存量市场阶段，目前全国市场大概具有 300 亿元左右规模，再大量扩展已经很困难，现存的公司只能依靠自身能力，不断增强自己的优势和特色，才能在存量市场上分一杯羹。到 2027 年，国内市场将更加严峻，甚至进入“垄断”阶段，以大企业为主导，小企业面临被兼并重组的风险。

面对这种局势，吴瑞林认为，企业需要不断提升品牌影响力，在细分领域打造自身优势，突出自身特色。专注某一方面做精细化，取得“不可替代性”，才能成为市场竞争中的“王牌”。

为了达到节能降耗，吴瑞林带领团队在工艺流程设计上进行优化后，实现了空压机操作压力达到 0.415MPa 低压运行，最大限度地考虑客户的运行成本。在化工领域内，实现了内压缩流程 8.5MPa 的高压供氧，满足化工用户各种供氧压力需求。在电子行业，提供的 99.9998% 高纯氧满足了电子级气体纯度要求。在石化行业，与迁安翅翼天然气有限公司签订的焦炉煤气制 LNG 项目，做到了国内含甲烷化、前端净化和为数不多满负荷运行 LNG 装置。在自动化运行方面，实现了一键启动、无人值守功能。

吴瑞林近两年又投入上千万元资金建设板式换热器及塔内填料两个项目，目前都居于国内先进水平。在气体投资方面，开元空分开创了全液化设备投资先河，并设计了储能式空分流程运用其中。

吴瑞林（左一）陪同浙江吴越能源有限公司董事长吴金华一行参观公司车间

目前，开元空分拥有 A1 级压力容器制造许可证和 A2 级压力容器设计许可证和制造许可证，GC1、GC2、GC3 级压力管道设计许可证，ISO 9001，GB/T 28001、GB/T 24001 体系认证，美国 UL 认证，11 项发明专利、实用新型专利 30 多项。

在海外市场布局上，吴瑞林带领团队先后与土耳其、俄罗斯、加拿大、埃塞俄比亚、委内瑞拉等 13 个国家展开了合作。海外业务的拓展不仅为公司带来了新的增长点，也为公司在全球市场上树立了良好的品牌形象。

不过，吴瑞林自嘲公司前期的海外业务是“假出海”，因为主要是通过中间商与海外公司开展合作。接下来，他要打造“真出海”，即“品牌出海”，通过自身品牌的输出，让企业真正在海外市场上占据一席之地。今后，他们会继续在非洲、越南、马来西亚、印度尼西亚等国家拓展市场，充分利用“一带一路”政策优势，增强品牌输出能力，将国外市场做大做强。

海外贸易的成熟也会反哺国内业务，这是一个相辅相成的过程，也凸显了海外业务的重要。在开展海外业务的过程中，吴瑞林特别强调了三点注意事项：一是关注国家政局的稳定性，要做好前期判断，不能盲目投入；二是深入了解合作方所在国的相关法律法规，既能更好地服务海外客户，也能保护公司利益；三是签订合同时要明确付款方式及违约条款，确保后续各项合作井然有序、顺利开展。海外业务既是机遇也是挑战，这些经验教训为公司在国际市场的稳步发展奠定了坚实的基础。

发展海外业务，就免不了解决与国外公司的竞争问题。吴瑞林承认，目前我国气体行业和国外公司仍有一定差距，但每个公司都需要找准自己的客户源。比如 2023 年，林德公司的销售额是 333 亿欧元，这样的大公司只会在大级别的范围里寻找合作伙伴，而开元空分的规模相对较小，就在小规模的范围内打响自己的品牌，突出自身的优势。只要找准自身定位，做出精确的客户画像，就能拥有让自身绽放的市场空间。

在空分行业，虽然国内企业与国外企业仍有一定的差距，但吴瑞林认为，经过几十年的发展，国内企业在逐步赶上，企业越走越好的关键因素在于信念、责任和传承。吴瑞林对此充满信心。他认为，在不断进行技术迭代升级的同时，也要保证核心技术始终走在前列，要随着行业发展更新、创新设计理念，这样才能在市场竞争中获得主动，才不会被市场抛弃。

当前，开元空分已成为古都开封第一家具备空分装备成套制造能力的民营空分企业，其已为钢铁、冶金、石化、建材等行业和部门提供深冷空分设备 400 余套，其中 3 万等级 30 多套，5 万等级 3 套，已覆盖国内 20 多个省、自治区、直辖市，并出口到 13 个国家。

## 无为而治，员工对他“不想欺骗，不忍欺骗”

创业初期，吴瑞林的主要目的是想给家人更好的生活；当下，他考虑更多的是跟着自己闯荡的兄弟们有安身立命的根本。

在公司管理上，吴瑞林始终采取人性化管理，强调给员工足够的空间、足够的宽容和足够的信任。员工对他“不想欺骗，不忍欺骗”，更加诚实努力地对待工作。

一次，员工在竞标中失利，吴瑞林既没有责怪，也没有处罚，他安抚道：“一切都是最好的安排。只要吸取这次经验教训，未来一定有发挥的地方。”这让员工受到莫大的感动和鼓舞，之后以更大的热情和积极性投身到工作中。

除了工作上的信任和点拨之外，吴瑞林也十分关心员工的生活和健康。如果了解到有员工生病，或者是遇到无法解决的问题，他都会尽最大的力量，出钱、出力、找朋友、托关系，帮员工解决难题。

对待客户也是如此，吴瑞林常说：“没有诚信，开元空分走不到今天。”迁安市九江线材公司从2006年开始与他们合作，到现在已近20年。他们为迁安市九江线材公司提供了18套设备，该公司总经理李申这样说，订开元空分的设备放心，用着舒心，出现异常省心。

不过，吴瑞林的管理理念却受到了他的儿子，开元空分现任总经理吴昊的质疑。他的儿子本科和研究生都在国外就读，拥有全球化视野，倾向于西方标准化的管理模式。对此，他感到既欣慰又无奈，欣慰于儿子能看到并弥补自己的不足，这是儿子不断成长、富有创造力的表现，但自己基于从业多年累积的经验而形成的管理理念，又不是三言两语就能让儿子理解的。他只能两种理念并行，让儿子在具体的管理工作中继续磨砺。

令人庆幸的是，他的儿子在经过几年的磨炼后，通过对具体问题的解决处理，更加了解本土的国情，日益感受到了父亲多年来的不易和良苦用心，做事更加接地气，二人的管理理念日益融合，不断建立共识，共建人文主义的企业文化。

开元空分与盈德气体集团关于 14000Nm³/h 富氧空分合作协议的签署仪式

吴瑞林经常说：“我们公司有400多名员工，背后就是400多个家庭，不能让任何一个家庭掉队。”汶川地震、青海玉树地震、郑州水灾、职工重病等，在最危急的时刻，吴瑞林带领开元空分总是在第一时间出现。

20年间，吴瑞林从一名国企领导干部转型成为一位有担当的企业家。开元空分已成为开封空分界的一面旗帜。吴瑞林在业界备受尊敬，被选为开封空分商会会长，与开封空分界一路并肩前行。

回顾40年的职业生涯，吴瑞林说，创业是种修行，让人痛并快乐着。一路上，他经历了无数的艰辛与挑战，吃尽了苦头，受尽了磨难。如果人生可以重来，他说自己可能会选择一条更平稳的道路，继续在设计领域深耕，成为一名技术带头人，在另一个领域打造属于自己的事业。

然而，时代的浪潮和机缘巧合将他推向了创业之路，这或许就是他的命运！这条道路将他个人的命运与中国空分行业的发展紧密相连，他的成长轨迹与中国空分行业的崛起相互辉映。

尽管创业之路充满了坎坷，但吴瑞林依然感到非常幸运：“我从业的40年，正是国家大发展的40年。从一穷二白到百废俱兴，再到建设成为一个现代化的国家，我有幸见证了这一切。在这个过程中，我有幸赶上了国家发展带来的重大机遇，取得了一些成绩。今后，我将尽自己之所能，回馈社会，回报国家。”

# 周卫东

## 从军人到企业家的使命传承，突破装备制造“卡脖子”技术

人物小传：周卫东，简阳市川力机械制造有限责任公司（以下简称川力机械）董事长，1983 年至 1987 年在中国人民解放军第 15 军（参加过上甘岭战役、黄继光同志生前所在连队）45 师某班担任班长，退伍后进入简阳市电力公司，先后担任团委书记、机关支部书记。2002 年，响应国家创新创业的号召，创建川力机械。当前，该公司已发展成为成都市规模以上企业、国家高新技术企业、四川省专精特新中小企业等。作为一名退伍军人，周卫东心系社会公益事业，在个人收入并不高的情况下，资助了两名困难学生完成学业。新冠疫情期间，他带领川力机械为武汉市火神山医院、雷神山医院等医疗机构赶制氧用阀门。其先后获得了“成都市最美退役军人”“成都市五一劳动奖章”等多项荣誉。

在我们日常生活中，阀门无处不在，从家庭水龙头到工业管道系统，它们都起着控制流体流动的重要作用。然而，在处理和储存液化天然气、液氧、液氮等低温介质时，普通阀门往往无法胜任。这时，专门设计用于极端低温环境的低温阀门便成为关键组件。这些阀门工作的温度范围通常为 -196~200℃，其设计充分考虑了极端低温环境下的特殊需求。

低温阀门广泛应用于空气分离设备（空分设备）、液化天然气、医疗行业及航空航天等领域。

10 年前，中国的低温阀门行业还处于相对落后的阶段，技术水平和产品质量与国际先进水平存在较大差距。然而，近年来，随着国家对高端制造业的重视和企业自身的不懈努力，国内低温阀门领域迎来了迅猛的发展。如今，中国不仅在快速追赶德国、意大利、日本等传统制造强国，甚至在某些关键技术上实现了超越。

周卫东，正是中国低温阀门领域的行业先锋，他曾在中国人民解放军第 15 军 45 师担任某班班长，这支部队曾走出特级英雄黄继光，1983 年至 1987 年，4 年的军旅生涯锤炼了他坚忍不拔的精神。退伍后，周卫东进入简阳市电力公司，先后担任团委书记、机关支部书记。2002 年，响应国家创新创业的号召，周卫东创办川力机械。在他的带领下，川力机械逐步发展成为成都市规模以上企业、国家高新技术企业、四川省专精特新中小企业。

2022 年，“朱雀二号”遥二运载火箭在我国酒泉卫星发射中心发射成功，这是全球首款成功入轨飞行的液氧甲烷火箭。其中，火箭发射工位保障所需的滤芯等产品正是由川力机械研发的。这项技术的研发成功，结束了国外对该领域滤芯核心结构长达 5 年的技术封锁，标志着我国在该领域的自主创新能力迈上了新台阶。

随着商业航空、新能源汽车、氢能等新兴热门应用的涌现，对低温阀门的需求持续增长，周卫东又迎来了创业 20 年之后的又一波产业浪潮。2025 年，受大环境影响，市场疲软，川力机械开源节流，目前仍加班加点地生产，保证按时为客户交货。

## 19 岁当空降兵，4 年军旅生涯奠定人生底色

1983 年，周卫东的人生迎来了一个转折点。在一次篮球比赛上，部队的人注意到了这个近一米八的年轻人，并问他是否愿意当兵。就这样，19 岁的周卫东开始了自己的军旅生涯。

“我加入的是黄继光生前所在的部队。”周卫东自豪地谈道。这支部队曾经是中国人民志愿军第 15 军 45 师，参加过著名的上甘岭战役。“空降兵服役期是 4 年，这是中国唯一的空降部队。”在这 4 年里，他跳伞多达 40 次，只是跳伞前的体能准备阶段，他们就需要围着小型机场跑一圈，有七八千米。

周卫东（左一）与战友在战机前合影

这种高强度的训练不仅增强了他的体力，也磨炼了他的意志，还培养了他做人的良好品质，包括自律自控：“我做事情一般要么不做，要做就做到最好。”正是这种严谨的态度，让他在后来的职业生涯中受益匪浅。

退伍后，周卫东被分到供电所上班，基于在部队时负责新闻报道写作打下的功底，工作后的他写了一篇在当地影响很大的报道，他也因此被调到电力公司，其间又写了很多文章，相继发表在《中国电力报》、《西南电力报》和《四川日报》等多家媒体上。由于表现出色，他先后担任团委书记、机关支部书记等职务。

尽管收入并不高，但周卫东始终认为帮助他人是一种责任，他用稿费、公司奖励以及自己的工资节余资助了两名贫困学生（其中一位现在在军工厂上班）。

这种责任感和助人为乐的精神，成了他日后创业路上的重要支撑。

2002 年，国家提倡创新创业，周卫东与另外两个朋友一起创办了川力机械。川力，寓意着三个人的力量。

最早，他们是做一家铜材厂在成都的总代理。“后来，另一位创始人刘总对我说：‘你有那么好的人缘关系，有那么好的基础，我们干脆一起办个厂。’”周卫东提及。

当时，他们每人出资 12 万元，共计 36 万元作为启动资金，但很快发现流动资金不够了。周卫东主动拿出 40 万元补充流动资金。

20 世纪 80—90 年代，会开车的人不多。他们去跑业务，周卫东前前后后一个人开车，从简阳开到宜宾，又从宜宾开到重庆，从重庆又开到成都，办一次事情，需要一个人开车接近 1000 千米。

虽然创业之路充满艰辛，但是周卫东从未犹豫过。他说：“如果做，我肯定要把它做好，拼着命去做。”

就这样，川力机械办了起来。

## 背着阀门找客户，靠品质和服务赢得市场

川力机械在 2000 年成立之初，便确立了致力于制造最优质阀门产品的目标。“刚开始很艰难，我们的产品没有自己的品牌，在推销的时候，我们是背着阀门去找客户。”周卫东回忆道。

与兰州一家公司的合作是一个重要的突破点。“它是甘肃省的省属企业，如果这家工厂用了我们的产品，那么进入其他企业就没有什么问题了。”通过一位四川老乡的引荐，周卫东和他的团队得以将产品展示给厂里的高层。他们记得非常清楚，产品被带到会议室，阀芯和阀盖逐一被拆开检查，并进行了试用。最终，周卫东与对方签了一份风险极大的合同：对方要先试用，如果中间出现质量问题，那么将无须支付款项；如果没问题，则继续合作。

尽管面临巨大风险，但有着很强军人作风的周卫东还是毫不犹豫地签下了合同：“我对我们的产品非常有信心；如果真是质量不行，收不到钱，我也心甘情愿。”幸运的是，第一套阀门表现出色，这次成功的合作不仅为川力机械带来了信心，也为后续合作铺平了道路，至今双方仍在持续合作。

还有一次，他们前往重庆的一家企业推广产品。巧合的是，该企业当时使用的罐子出现了质量问题，而这些罐子来自另一家供应商。得知这一情况后，川力机械立即向该企业推荐了自己的阀门产品，并表示愿意提供样品进行测试。“你们的产品如果可以的话，我们就用你们的。”企业负责人说道。

于是，周卫东一行人从随行携带的产品中选取了一款进行现场测试。经过细致的检验和实际操作，阀门表现出色，完全符合甚至超出了客户的预期。这次成功的试用体验不仅赢得了这家企业的信任，还开启了双方长期且稳定的合作关系。

能在客户合作中如此顺利地打开局面，源于川力机械的高标准用材。为了确保每一款阀门都能达到最高标准，周卫东坚持使用大厂的原材料：“我们用的是沈阳的铜材，不锈钢是宝钢和抚钢的，铝材用的是重庆的西南铝。”

此外，他们选用的许多关键部件，比如“三氟”，都是来自国外的供应商。为了找到最合适的“三氟”进货渠道，周卫东曾亲自前往德国。经过不懈努力，他们最终找到了理想的合作伙伴。

阀门在设备中是作为配套性产品使用的，交付给客户后，如果客户系统吹扫不干净或管道出现质量问题，就会出现推诿的情况。针对这一情况，周卫东遵循一个原则：“先解决问题，再讨论责任归属。”尽管 90% 的问题非阀门质量问题，但始于客户需求，忠于客户满意的服务精神一直是川力的理念。

川力机械参与中国科学院国家重大航天项目低温阀门验收交付签字仪式

为了改善这种局面，他们通过提前进行技术交流，确保双方对需求有清晰的理解，从而避免后续可能出现的问题。例如，川力机械与西安的一家商业航天公司的合作案例尤为典型。当时客户有意采用截止阀而非球阀。虽然对于川力机械而言，球阀利润更高，但他们从客户需求的角度出发，选择了最适合客户的解决方案。这种以客户需求为导向的方法不仅解决了实际问题，还增强了客户的信任感。

为了满足高标准的需求，川力机械不仅注重产品质量，还提供了全面的售后服务。“我们会派人到酒泉卫星发射中心进行设备维护，确保运行无误。无论是军工厂还是众多商业航天公司，我们都提供现场支持和服务。”

“只有认认真真做产品才有销路。”周卫东坚定地表示，“依赖低价竞争无疑是条死胡同。我们必须依靠高质量的产品和优质的服务来赢得市场。”

## 打破国外技术封锁，2025 年上半年订单已排满

阀门的应用非常广泛，需求量也非常大。特别是在新能源汽车领域，气体阀门的需求日益增加。“我们已经在向这个方向发展，开发适用于氢燃料电池汽车的高性能阀门。”川力机械创始人周卫东说。例如，在 2018 年冬奥会期间，张家港的三个加氢站所使用的阀门全部由川力机械提供。此外，一家大型汽车制造厂正在开发氢能源重型卡车，三台车中有两台使用的是川力机械的阀门，一台使用的是德国的阀门。经过 3 年的实际运行测试，川力机械的产品表现与德国产品几乎没有差距，但价格低了好几成。

“如果那家汽车厂的中型汽车下线并投入运行，我们的订单量将会大幅增加。”周卫东充满信心地说道。

2022 年，中国商业航天领域迎来了一项重大突破——“朱雀二号”遥二运载火箭成功发射。该火箭使用了川力机械自主研发的滤芯技术，这项技术打破了国外长达 5 年的技术封锁。面对国外的技术封锁，周卫东和他的团队决定自主研发滤芯技术，经过反复推敲和实验，通过半年的研发攻关，最终实现了技术突破。

“现在，川力产品质量不比国外的产品质量差，但是价格却远低于国外产品价格。”周卫东自豪地说。近年来，随着商业航天的逐步推进，对滤芯的质量要求非常高，并且在关键部件上优先使用国产产品以替代进口。当前，川力机械相继与国内几家航天公司建立合作关系。“商业航天领域对产品的要求非常高，每一个产品都需要到我们公司来验货，确保符合标准后才会发货。”周卫东指出。

与此同时，川力机械也在积极拓展国际市场，产品已出口到俄罗斯、伊朗、越南、泰国、马来西亚等地，甚至即将进入韩国市场。为了进一步提升产品质量和市场竞争力，川力机械正在办理相关认证。周卫东强调：“一旦这些证书拿到手，未来我们的市场会更大。”

重庆气协秘书长带客户来厂考察（右一为周卫东）

通过在细分领域精耕细作，川力机械在多个高精尖项目中取得了突破。例如，与李政道研究所合作，为四川锦屏电站开发用于暗物质研究的氙气阀门。氙气的价格比黄金还要高，一小罐的氙气价值超过1亿元。通过与上海交大合作，川力机械成功进入这一高端领域。

关于今后的发展策略，周卫东总结道：“我们就专注阀门，专注低温高压阀门。”

## “没有白活一生”，愿意继续挑起重担前行

华中科技大学电信学院国际硕士班到厂交流

在周卫东的带领下，川力机械已成为一家员工达160多人、营业收入达1亿多元的企业，并成为成都市规模以上企业、国家高新技术企业、四川省专精特新中小企业。

作为一名退伍军人，周卫东心系社会公益事业。在他刚退伍参加工作时，尽管个人收入并不高，依然资助了两名困难学生完成学业。在新冠疫情期间，他带领川力机械为武汉市火神山医院、雷神山医院等医疗机构赶制氧用阀门，确保了救治新冠病人的关键设备供应，展现了强烈的社会责任感和使命感。他先后获得“成都市最美退役军人”“成都市五一

劳动奖章”等多项荣誉。

“我感觉自己没有白活一生，没有辜负 4 年的军旅生涯。”周卫东自豪地表示。正是当兵的经历为他的人生打下了坚实的基础，并塑造了他军人的品质，这种品质也决定了川力机械要做高端、高品质的产品。

作为一名退伍军人，周卫东将军人的品格融入他的事业中，并转化为企业文化的一部分。

企业上下班用的是冲锋号，连一些军工单位的合作方到他们公司时，都感觉得到川力机械的军人作风。

周卫东经常对员工说：“工作不仅仅是为了挣钱，而是应该把它当作一份事业来做。”川力机械为员工提供了一个平台，不仅让员工有机会走进卫星发射中心，还让员工接触到中国许多大型军工企业。没有这个平台和供货关系，谁也不可能走进这些企业。他希望公司能为员工提供成长、积累和沉淀的机会，帮助他们在职业生涯中不断进步。“我希望大家都有一个好的归宿，有一个好的事业。”周卫东满怀希望地说道。

尽管 1964 年出生的周卫东如今已 60 岁出头，完全可以享受退休生活，但他并没有选择停下来。随着业务的日益繁忙，有时与客户交流后，回到家已是深夜。爱人和女儿曾劝他不要这么拼，但周卫东将责任转化为更加强烈的使命感。

“我愿意继续挑着重担，带着大家一起前行。”他坚定地说道，“带领我们的团队更加努力工作，做出更好的成绩。”这不仅是对未来的展望，更是对每一位员工的承诺。

# 吴会荣

## “边修路边前行”，开启中国制氮分子筛新时代

人物小传：吴会荣，湖州强大分子筛科技有限公司董事长。他曾跟随上海化工研究院刘成银教授，投身我国第一代煤基制氮碳分子筛的研发工作，并成功开发出第一代产品。之后，他主导研发了第一代树脂基制氮碳分子筛 CMS-175，实现该技术的产业化生产。创业以来，他斩获 30 余项专利，其中发明专利 12 项。他还担任中国化工网特聘专家，参与起草碳分子筛行业标准，任全国肥料和土壤调理剂标准化技术委员会分子筛分技术委员会委员，起草浙江制造团体标准，是中国化学会第三十一届理事会分子筛专业委员会委员。

氮气作为空气中最稳定、最安全的成分之一，是工业领域不可或缺的“安全卫士”。在煤矿开采中，氮气通过井下制氮机有效监测并稀释瓦斯浓

度，可大幅降低爆炸风险，守护矿工安全；在啤酒生产过程中，氮气替代二氧化碳用于保鲜，可防止氧气引发发酵，确保啤酒瓶的安全稳定性。

自投身氮气研究以来，吴会荣一直专注提升氮气应用技术，尤其是在制氮分子筛这一细分领域。1994 年，他跟随上海化工研究院的刘成银教授，开启我国第一代煤基制氮碳分子筛的研发与生产之旅，并成功推出第一代碳分子筛产品。1997 年，吴会荣研发出第一代树脂基制氮碳分子筛 CMS-175，实现新型碳分子筛的产业化生产，使氮气价格从每吨 36 万元降至 7 万元到 8 万元。2002 年，吴会荣创立湖州强马分子筛有限公司，成为国内首家专注制氮分子筛领域的民营企业。

创业路上，“边修路边前行”是吴会荣及其团队的真实写照。他带领团队不断探索最优原料组合，自主设计制造设备，获得多项专利，成功打入国际市场，甚至让曾经领先的德国制氮分子筛逐渐退出历史舞台。随着企业发展壮大，他始终不忘反哺家乡。如今，他已培养出优秀接班人，完成三代人的奋斗接力，让自主创新精神得到传承。

## 追随良师，打破国外技术垄断

1965 年，吴会荣出生在浙江省湖州市，这片土地赋予了他坚韧不拔的精神。1985 年大学毕业后，他在家乡和孚镇新获化工厂担任技术员。当时工厂技术有限，促使他频繁外出学习新技术，这既开阔了他的眼界，也为日后创业埋下伏笔。

那时，中国的气体行业中制氮吸附材料几乎完全依赖进口，从德国进口的一吨碳分子筛价格高达 36 万元。对于外汇紧张的中国而言，高价购买国外碳分子筛绝非长久之计，吴会荣深刻意识到自主研发的重要性。1994 年，他与父亲踏上创业之旅，决心打破国外技术垄断。

创业之初，吴会荣就遇到资金和技术上的双重难题。为筹集启动资金，他四处奔波，向同事和朋友讲述产品前景，并以个人信誉作保，最终筹得部分研发费用，他笑称将“全部身家性命”都押在了这次冒险上。

然而，产品前期开发并不顺利，大半年过去，进展缓慢，未达商品化标准。面对困境，吴会荣反思后发现，自身虽实操经验丰富，但在理论研究和专业技术专长方面存在不足，这可能是前期失败的关键原因。经多方打听，他得知上海化工研究院有一位退休教授刘成银，刘教授技术理论顶尖，是国内第一位研究制氮分子筛的专家，曾任上海化工研究院直属企业技术专家，实践经验丰富。“这不正是我一直寻找的专业指导老师吗？”于是吴会荣决定前往上海寻求刘老师的帮助。

上海之行改变了他的一生，不仅促成产品研发上市，还让他与刘成银老先生结下了长达20多年的深厚友谊。当时，吴会荣到达上海化工研究院传达室，表达了想见刘成银老师的意愿。得知刘老师已退休，他心中一沉，以为此行将无功而返。幸运的是，一位稍年长的工作人员提供了刘老师订报纸时留下的联系方式。吴会荣立即拨通电话，刘成银老师温和慈祥的声音从电话中传来，刘老师告知他自己的家庭地址并邀请他前往交流。在上海华山路的一个小院子里，吴会荣遇到了改变他一生的导师——刘成银。刘老师肯定了他的研发方向，表示愿意提供支持。

吴会荣至今难忘，刘老师毫不犹豫地起身与他一同乘坐大巴返回湖州。到达工厂后，刘老师亲自检查每个操作环节，验证技术的可行性，仅一天就找出诸多操作不当之处。第二天，刘老师再次到厂，确保所有操作按正确流程进行。最终，经刘成银老师指导，第一批产品达到每小时50升以上的生产能力，优化后更是达到每小时73升，与国际水平不相上下。

吴会荣就这样与刘成银老师共同开发出第一代碳分子筛产品。1997年，他们共同研发的第一代碳分子筛产品CMS-175问世，不仅打破了国外产品垄断，还将碳分子筛价格降至每吨7万元到8万元，极大地降低了国内各行业的使用成本。他的企业也因此成为中国制氮分子筛领域的开拓者。

此后多年，刘成银老师始终关注强大公司的产品发展。作为我国早期的大学生，刘老师退休后仍潜心产品研发。每年多次到厂授课，为技术人员传授理论经验，深入研发一线指导操作，改进不合理工艺。刘老师不仅是企业的技术顾问，更是企业发展的引路人，在他的帮助下，吴会荣将产品质量不断提升，实现多次升级迭代。作为学者，刘老师的满腔学识得以落地，与吴会荣的合作实现了他“理论转化为实践、梦想转化为现实”的理想。

## “边修路边前行”，改变全球制氮格局

2002年，国家鼓励工厂改制为公司，吴会荣借此契机成立了湖州强马

分子筛有限公司。“强马”寓意将产品做“强”做“大”，像骏马般勇往直前。当时国内对高质量制氮产品需求迫切，湖州强马分子筛有限公司的产品一经推出便获得市场认可，一些厂家甚至派人守在公司门口抢购。吴会荣当时并未设销售部门，产品仅凭高质量作为保障，出厂后短时间内便被抢购一空。

2012 年日本商社相关代表莅临公司考察，右二为吴会荣

创业之路对国内首家制氮领域民营企业而言并非坦途，无现成经验可借鉴，吴会荣和团队只能边生产边研发，“边修路边前行”，每一次技术突破都历经无数次失败，但他从未放弃。

为找到最优原料组合，他从煤到椰壳炭，再到树脂材料不断试验；每次产品更新，都需更换全部原料和设备，只为让新产品更好地满足市场需求。面对制造设备缺乏的问题，吴会荣带领技术人员自主设计图纸，联系厂家定制，确保各环节符合高标准。这种自主创新精神使他在多个领域获得众多专利，产品不仅在国内占据重要地位，还在国际市场崭露头角。早在 2007 年，吴会荣就将产品销往德国，并在欧洲设总代理，让许多曾经在制氮技术领域领先的国家逐渐退出国际市场。

2016 年，依据浙江省政策，规模以上单位需进驻园区，国家为吴会荣提供了一块土地作为厂房选址，省招商办领导也肯定道：“你们做的这个产品非常好，很有发展前景。”有了国家的支持与肯定，他信心倍增，于次年将公司更名为湖州强大分子筛科技有限公司，推动公司产品迈向新高度。

作为国内第一家制氮吸附材料的民营企业，吴会荣团队在无经验可借鉴的情况下，于一次次失败中边生产边研发，“边修路边前行”。因国内相关专业研究人员少，他便成为研发主力，遇到技术阻碍时废寝忘食地寻找突破方法，无时无刻不在思索。

在原料投入方面，吴会荣经过无数次实验研究，从以煤为基料到以其他材料为基料，最终确定最优的树脂材料。每次产品更新，都需更换原料和设备以适应研发。其间，外部支持寥寥，全靠公司自身资金积累，以原有产品收益支撑高端产品研发。在制造设备上，国内外均无现成的成套设备，吴会荣带领技术人员自行绘制图纸，与厂家沟通制作，自主创新贯穿产品制造全过程，在多个领域取得诸多专利。

创业多年，吴会荣以赶超国外产品为目标，从低端产品起步，向高端产品进军，不断提升产品质量，至今仍持续进行技术研发。吴会荣的制氮、制氧产品广泛应用于啤酒、瓦斯防爆、航母食品保鲜、医院供氧、金属冶炼、油田开发、电子焊接等生产生活诸多方面。

由于产品质量高，虽然公司未设销售部门，但产品出厂即被抢购。这些产品不仅成为国外产品的优质替代品，极大地降低了国内各行业的购入成本，还大幅提高了生产安全系数。吴会荣称其为“小产品”，但它们为国家做出了“大贡献”。

在制氮领域，吴会荣表示国内仍处于赶超阶段。目前，制氮量已从最初每小时 50 升提升至 400 升，超越国外每小时 300 升的水平，且能耗相差不大。从价格看，与国外产品价格相比，公司的产品始终保持价格优势，产品国内售价仅为 20 世纪 80 年代国外产品价格的三分之一，为国家和行业节省了大量资金。制氮技术曾经领先的德国和日本，在吴会荣团队产品的冲击下，前者产品由于产品性价比的下降，已退出国际市场。2007 年，吴会荣将公司产品销售至德国并获得欧洲总代理权限，在欧洲销量可观。

吴会荣创业成功，既源于自身坚定的信心与恒心，也因研发产品利国利民。他感叹“天助自助者”，各方面因素推动着他不断前进。目前，湖州强大分子筛科技有限公司员工规模近 80 人，年产值近 1 亿元，公司参与国家行业标准制定，作为国家重点发展的专精特新公司持续奋进。

未来，吴会荣仍将在制氮领域发力，拓展制氮碳分子筛的深度和广度，在甲烷提纯、氟利昂提纯、氧气提纯等更多领域研究创新，制造出更多具有“大价值”的自主研发产品。

## 反哺家乡培育后人，完成三代奋斗接力

“绿水青山就是金山银山”，习近平总书记在湖州考察时提出的这一理念，让吴会荣深有感触。他作为土生土长的湖州人，60年来从未离开过这片孕育其坚韧精神的土地。在创业奋斗的30年里，他不忘家乡养育之恩，为村民提供就业岗位、增加收入，积极为乡村建设出谋划策、出资出力。

回忆儿时生活，吴会荣感慨道：“我们父母辈那时，生活非常不易。”面对村里因家庭困难无法继续完成学业的孩子，他尽己所能进行帮助，不仅资助学费，还关心他们在学校的各种困难。这些孩子通过努力考上重点大学，有的已步入职场，有的仍在求学深造，有的已成家立业，这让吴会荣倍感欣慰，他说：“每到节假日，孩子们都会来看我，让我心里暖暖的。”

更让吴会荣欣慰的是培养出了优秀接班人。随着步入退休年龄，他开始重视对下一代的教育培养，注重专业技术及创业理念、信念的传承。从儿子小时候起，他就带其到工厂观摩学习；儿子毕业后，将其放在一线磨砺，使其逐步接触管理、品控、技术等领域。如今，吴会荣的儿子已接过接力棒，在湖州强大分子筛科技有限公司成长为新一代气体人，凭借多年的工作历练和求知、探索的精神，吴会荣的儿子积累了丰富的经验，在管理、技术上都有所成就。在自动化流程工艺方面深入研究，对企业的管理和行业的未来发展都形成了新的见解。

吴会荣说：“我当时跟着父亲一起创业，这是两代人拼搏的成果。”现在，他培养出第三代接班人，这不仅是家族传承，更是国家一代又一代奋斗者坚持自主研发、不断创新意志的延续。他说：“即使我现在退休也没关系，下一代一定能把这个行业更加发扬光大。”

回顾30年创业生涯，吴会荣感慨万千：这是制氮行业从无到有、开创先河的30年，也是赶超国外、打破垄断的30年。“人生在世，总得有个追求。”吴会荣坚信此点，一旦认定方向便不再回头。这份执着支撑他度过无数个不眠之夜，让他在布满荆棘的路上坚定前行。“我们最初的信念就是——无论遇到什么困难，都要坚持到底。”

创业的路并不平坦，无前车之鉴，他们只能边摸索边前行，每一步都

是新尝试，每一次挑战都是成长的机会。也正因如此，吴会荣深刻理解创新的重要性。面对国际同行竞争，他和团队奋力“赶”“超”。“‘赶’我们已做到，‘超’是今后努力的方向。我们要赶上并超过国际标准，成为行业标杆。”他说。

成就不仅是数字上的赶超，更是个人与团队共同成长的过程。吴会荣希望每个成员都能更强、更出色。临近退休，他对自己承诺：“我要在职业生涯结束前，交出一份出色答卷。”这既是对过去的总结，也是对未来的期许。他相信，只要心中有光，脚下的路就会越走越宽。

# 朱进军

## 伟大源于不断进步

人物小传：朱进军，1967年出生，苏州杜尔气体化工装备有限公司董事长，在低温装备制造领域拥有超过30年的经验。毕业于郑州工学院焊接工艺及设备专业，先后就职于河南开封空分集团有限公司、河南开元空分集团以及张家港中集圣达因低温装备有限公司。2009年，创立苏州杜尔气体化工装备有限公司（以下简称苏州杜尔），随后相继成立南阳杜尔气体装备有限公司、杜尔气体装备常州有限公司，构建了一个覆盖广泛的低温装备制造企业集群。目前，公司业务已经扩展至亚洲、欧洲、非洲及南美洲四大洲。

在能源领域，低温储罐对于液化天然气（LNG）的储存至关重要。随着全球对清洁能源需求的增加，LNG作为一种清洁、高效的能源，其市场需求持续增长。此外，液氢作为未来可持续的清洁能源，其储罐的设计、制造要求更为严格，须具备更高的保温性能和安全性，以应对 –253℃的极低温度。通过安全储存和高效运输液态气体，低温储罐不仅支持大规模工业应用，还在推动绿色能源革命中扮演着重要角色。

在我国，随着对清洁能源的需求增长以及国家政策的支持，低温储罐行业迅速发展。本土企业逐渐崛起，逐步缩小了与国际领先企业的差距。特别是在 LNG 和液氢储罐领域，中国企业通过自主创新和技术引进，打破了国外技术垄断，并实现了部分产品的国产化替代。

苏州杜尔的创始人朱进军，1992 年大学毕业后，从基层做起，在车间与一线工人一同操作，亲身体验了从手工电弧焊到自动焊接技术的转变过程。在行业沉淀了 17 年后，带着对中国低温制造装备发展前景的信心，朱进军于 2009 年踏上创业之路，成立了苏州杜尔。

公司成立初期，正值国家推出 4 万亿元经济刺激计划，全国正处于高速发展阶段。苏州杜尔也顺势抓住这一机遇。在苏州杜尔发展中，有两次关键的战略转型为其长远发展奠定了基础。2016 年，顺应国家对天然气储存政策的调整，苏州杜尔团队成功研发并投产了 LNG 不锈钢全容罐，打破了国外垄断，价格降至原来国外价格的 35%。

当前，苏州杜尔已成为一家拥有 500 多名员工，产值达到 10 亿元规模的企业。朱进军坚信，企业的成功源于扎实的基本功和长期发展主义的理念。

## 专业学习与基层历练，练就了扎实的基本功

1992 年，朱进军毕业于郑州工学院焊接工艺及设备专业。这一阶段的学习为他后续的职业生涯奠定了坚实的技术基础。“大学对我而言，是非常难忘的，它不仅拓宽了我的视野，还打开了我的人生格局。”他回忆道。

在计划经济时代，中国的大学生毕业后通常由国家统一分配工作，这种分配制度旨在确保各行业的人才需求得到满足。朱进军被分配至河南开封空分集团有限公司工作。“当时我们还是属于国家包分配，”他分享道，“河南开封空分集团有限公司是在苏联援助下成立的企业，专注于空气分离设备的制造，是机械工业部（工业和信息化部前身）的重点企业。”

在河南开封空分集团有限公司，朱进军主要负责编制各类加工工艺流程。“这一流程主要包括用什么样的设备、什么样的方法，第一步怎么做，接下来如何做。”他描述道。这一阶段的工作使他对生产流程有了更深入的理解，并显著提升了个人技能。在河南开封空分集团有限公司，他一干就是12年，积累了宝贵的经验。

在河南开封空分集团有限公司，这份被视为“铁饭碗”的工作对很多人来说意味着稳定与安全。然而，对于朱进军而言，这里只是他职业生涯的起点。

他说道：“在河南开封空分集团有限公司打下了坚实的基础，但内心渴望更大的挑战和发展空间。有时候，人需要离开舒适区去追寻自己的梦想。”

就在这时，命运为他带来了转折。2004年，河南开元空分集团有限公司正处在初创期，需要各个方面的专业人才，邀请朱进军一起干一番事业。

于是，朱进军加入河南开元空分集团有限公司团队。在该公司工作的4年间，他不仅没有脱离技术一线的工作，还承担起了质检部部门管理和公司发展的重任。“在河南开元空分集团有限公司，我的能力得到了全面升华，眼界也更加开阔。”他回忆道。

尽管之后他曾短暂任职于张家港中集圣达因低温装备有限公司，但这一段经历对他来说更像是职业生涯中的一个小插曲。真正让他心潮澎湃的是，在这段经历后，一个新的想法开始在他心中萌芽——创业。

## “你42岁不闯一闯，要等到52岁、62岁？”

在2009年的春天，朱进军心中萌生了创业的想法。“春天是一个充满希望的季节，”他回忆道，“我当时已经40多岁了，想着不能再甘于平庸，是到为实现自己的人生价值去拼搏一番的时候了。”

然而，从有想法到真正踏上创业之路，并非一蹴而就。最核心的推动力量，其实是来自他的夫人。“最核心的还是要归功于我夫人，”朱进军提及，“我爱人对我说，‘你今年42岁了，如果再不闯一闯，等到52岁你都闯不动了！你准备到 52 岁闯，还是等到 62 岁再闯？’。”

从朱进军的职业历程来讲，从国营企业到民营企业，待遇有所提高，但创业仍让他有些犹豫。他的爱人鼓励说：“创业失败不是问题，大不了等于咱们大学刚毕业，一切从头来。凭我们的能力，到任何单位干，待遇都不会低，因为我们每个人都能独当几面。”

他的夫人主要负责低温设备的设计工作，而朱进军则在制造部门负责制造工艺文件的编制。两人在工作中既有明确的分工，又相互支持，这种默契也为他们的创业之路奠定了坚实的基础。

在爱人的鼓励和支持下，朱进军坚定了创业的决心，毅然决然地踏上了创业之路。

创业团队由四五位成员组成，他们中有的是曾经的同事，有的则是多年的朋友，但有一个共同点——都在行业内积累了丰富的经验。朱进军提到当初决定共同创业时一位成员的话：“你都辞职了，也不害怕失去现有的地位和待遇，而且你的职位待遇比我们的都高。你都有勇气辞职去追求梦想，我们还有什么不敢的？跟着你一起干！”

就这样，他们开始凑钱，朱进军拿出 20 万元，又找亲戚朋友借了 20 万元，总共出资 40 万元，与其他合作伙伴一共凑齐了 100 万元。

这笔钱成为他们梦想的起点，也标志着一段充满挑战与奋斗旅程的开始。

“在这之后大家再也没有从家里拿过一分钱，”朱进军说，“公司盈利的 90% 再次投入再生产中，剩下的 10% 用来改善基本生活。”即使到现在，他们依然保持着这种朴素的生活方式，不忘初衷，始终追求企业的持续发展。

创业选址，无锡和苏州各有千秋。无锡以其深厚的装备制造业基础著称，而苏州凭借其靠近上海的地理位置，离虹桥机场和高铁站都很近，提供了极大的交通便利。此外，苏州聚集了大量的外资企业，形成了一个国际化的商业环境。“苏州和外边的对接更多一些。”朱进军解释道，“这让我们觉得苏州更适合我们的业务扩展需求。”定位苏州为未来发展奠定了坚实的基础。

创业初期，面对资源有限的情况，创始团队选择通过降低个人薪酬来维持公司的运营。“刚起步的时候，大家的工资定得都比较低，因为一开始来的人员基本上是公司的股东。”朱进军讲道。他原来的工资比较高，创业初期不应该将大家出的钱再发给自己，这样做没有意义。他主动将自己的工资降低到了原来的一半不到，并承诺将来盈利后再提高大家的待遇。

在艰难时刻共同克服困难的决心，支撑着他们一路前行。

## 两次关键转型奠定格局，推出全不锈钢 LNG 全容罐

朱进军创业初期的订单，其实全靠老朋友的帮助。他微笑着说道：“那时候我在开封工作，结识了不少行业内的朋友。大家都觉得‘小朱’这人靠谱，所以当我决定创业时，他们也愿意给我一个机会。”

朱进军借着参加行业会议的机会，邀请了几位曾经的老友——那些有业务往来的公司高管和老板们来公司看看。“说实话，当时的条件并不好，办公室和车间都很简陋，但非常整齐干净。”他坦率地说。

朋友们知道朱进军在行业里摸爬滚打了十七八年，积累了丰富的装备制造工艺和质量管理经验。此外，创始团队成员都是科班出身，并且都有大企业的工作背景。朋友们对他公司的产品质量充满信心。他们还制定了一项独特的市场策略：品质中高端，价格中低端。这样一来，产品既具有竞争力，又能满足客户对高品质的需求。

就这样，在朋友们的支持下，第一单、第二单接踵而至。凭借过硬的产品质量和市场策略，更多的市场订单纷至沓来。

创业一两年后，朱进军对公司的发展方向进行了首次重大转型。“创业初期我们只能做一些不需要国家颁发许可证的产品，像空温式气化器之类的产品。我们决定从气化器向低温储罐方向走，把低温储罐作为公司发展的一个重点方向。”朱进军解释说，“虽然同属低温产品，但在低温产品当中侧重点不一样，从气化设备发展到储存运输设备。”

这一转型，不仅拓宽了业务范围，也为后续的技术突破奠定了基础。

2016 年，他们迎来了第二个关键节点。天然气的储存关系到国家的战略和民生，国家提出来要用全容储罐来储存 LNG，这种储罐当时在国内还

没有一家投入使用。

为了实现这一技术突破，朱进军让核心技术人员和管理人员都参与进来，形成一个团队。与一些大学的设计院进行技术合作，并且前往德国和日本学习，前后投入了500多万元，最终形成了苏州杜尔专有的技术。

朱进军（左三）在公司与客户沟通

正是凭借这些努力，苏州杜尔在2016年成功承揽了一个1万立方米的LNG全容罐项目，并于2017年3月投产。这是国内非常领先的全不锈钢的LNG全容罐，这个产品比原来的产品更安全，占地更少，蒸发率更低，且使用寿命为30年。

“这项技术在2016年之前被国外把持，国外建造一个1万立方米LNG全容罐大概需要1亿元，建造周期大约是1年半。”朱进军指出，“我们实现国产化之后，价格不到国外价格的35%，建造周期也大幅缩短。”

这一项目的成功实施不仅迅速打开了市场，还为公司近10年的发展奠定了坚实的基础，每年都给公司带来了显著的贡献。

“当初是1万立方米起步，现在单台的容积已经突破了5万立方米。”朱进军自豪地说。当前，苏州杜尔装备在国内低温罐领域已成为业内的中坚力量。

在研发策略上，公司每年都会抽出一部分资金用于新品研发，为未来做好储备。目前，已投入2000万元用于液氢储罐的技术研发。氢作为未来的可持续清洁能源，其市场很有可能打开，但并不确定。“无论它是否能迅速发展起来，我们都必须提前做好准备。产品研发需要一个过程，研发出来后还需要第三方机构评审和验证性实验，整个过程大约需要两年时间。”朱进军讲道。

## 铸就百年杜尔，坚持长期发展主义

随着业务的不断发展，除了苏州杜尔，朱进军又相继成立了南阳杜尔气体装备有限公司、杜尔气体装备常州有限公司。当前，苏州杜尔已成为一家拥有500多名员工，技术研发人员占比15%，产值达10亿元规模的企业。公司投入了2000万元用于技术改革，并与中国石油大学、苏州大学、郑州大学、上海交通大学进行产学研合作，为企业的技术创新和发展不断蓄能。

朱进军创业历程稳健而扎实，没有遇到过其他常见的创业陷阱。这种平稳的发展并非偶然，而是源于团队的高度一致性和稳健的资金管理。他解释说："我们的创业团队在思路和方向上非常一致，大家都朝着一个目标努力。核心人员各司其职，有主攻技术的，有主攻生产的，有主攻销售的，有主攻安装的，大家齐心协力，合力就不会散。"

此外，朱进军的性格也影响了公司的资金管理策略。"我本人不太冒进，因此公司资金虽然不算充盈，但够用，发展比较平稳。"他补充道，"扎扎实实稳步前行，虽然可能会慢一点儿，但我们能够走得更长远。"

在企业文化方面，朱进军强调了"铸就百年杜尔，成为低温行业卓越的供应商及服务商"的愿景。"这个愿景诠释了长期发展主义，要注重长期增长和持续发展。"

他们希望通过做大做强企业来"造福人类"。朱进军认为，推动人类的发展和进步是工业文明的一部分。"苏州杜尔在新疆等地投资建设综合能源补给站和液化工厂，带动地方税收和就业。我们不仅带去了技术和设备，还传播了企业文化，这是一个造福人类的过程。"

在管理方面，朱进军主张按流程按制度让大家放手去干。"我们要让员工在框架内自由发挥，这样才能激发他们的潜力。"他说，"我们相信，只要有七八成的成功率就可以放手去做，在实践中不断打磨和完善，逐步提升各方面的能力。"

苏州杜尔从一开始默默无闻的小白，逐步成长为低温行业的重要组成部分。朱进军认为，这就是通过把基础工作做好，把产品做好，把人做好，把团队建好，从而随着时间的推移自然成长起来的结果。

从一名技术员到高级工程师、创业者、企业家，朱进军将企业做到国内细分领域前列，对于一路走来的经历，他总结道："踏踏实实做事，不论是什么事情，如果你把基本功做好了，自然而然就会变得伟大。所有的伟大都是建立在日积月累的基本功上的。"

正是这种对基础工作的执着追求和长期发展主义的理念，使得朱进军和他的团队能够在激烈的市场竞争中脱颖而出。无论是在技术创新还是在企业管理上，他们都以实际行动证明了：只要坚持不懈，脚踏实地，任何伟大的目标都可以实现。

# 张佳平

## 吸附分离技术的破壁者，解码三十年产业突围之路

人物小传：张佳平，北京北大先锋科技股份有限公司（以下简称北大先锋）董事长，北大先锋主要创始人之一，北京大学化学与分子工程学院副研究员，荣获2006年国家技术发明二等奖、2006年教育部科学技术进步奖一等奖、2007年教育部科学技术进步奖一等奖。1999年北大先锋成立时担任总经理，2014年起担任董事长。北大先锋目前拥有国家高新技术企业、质量管理体系、环境管理和职业健康安全管理体系的认证，北京市工程实验室、北京市企业技术中心等资质，获评“北京市著名商标”“北京市专精特新企业”等。公司变压吸附空分制氧技术达到国际先进水平，变压吸附分离一氧化碳技术达到国际领先水平，是国内变压吸附制氧、变压吸附分离一氧化碳领域的优秀标杆企业。

在基础工业生产领域的细微脉络中，各类应用于气体领域的吸附剂、

催化剂如同开启能量密码的钥匙，决定着气体分离技术的能效边界，在化工生产、能源利用、尾气净化等领域发挥着重要作用。

这种被誉为“工业之肺”的功能性材料，从实验室的初步研发到实现大规模工业应用的跨越，是一场从克级的微小数量到庞大吨级的工程性巨变，可见吸附剂产业化进程绝非坦途。在经济全球化为中国企业打开机遇之门的黄金窗口期，北大先锋历经30载，在变压吸附技术领域精耕细作，成功开辟出一条科技成果转化的典范之路。

北大先锋的前身是北京大学谢有畅教授带领的吸附剂研发课题组，张佳平作为课题组的核心研发人员、北大先锋掌舵人，是这项科研成果转化的亲历者和见证者：高效一氧化碳吸附剂与制氧吸附剂，从实验室的微小克级样品，逐步发展至应用于每小时能够生产数万立方米气体的超大型变压吸附气体分离装置，实现了从理论到实践的飞跃；这一进程打破了国外技术的长期垄断，发出了中国变压吸附制氧技术领域锂基吸附剂国产化的“独立宣言”；从默默无闻的初创阶段，到占据国内市场60%的份额，北大先锋的成长之路深刻揭示了中国制造企业赢得市场、走向成功的关键所在。

## “冷板凳”上的技术博弈：从实验室到产业化的征途

1988年4月，海南正式成为中国第31个省——这一消息触动了当时22岁的张佳平。彼时，他虽以优异成绩考取了北京大学化学院研究生，却因家境困难，决定暂时搁置学业，奔赴海南寻求发展机会。

张佳平（右一）与谢有畅教授

命运的转折总是悄然而至。一次偶然契机，张佳平加入了北京大学谢有畅教授的课题组，走上了高效吸附剂和气体分离净化技术的研发之旅。谢教授自1974年开始单层分散理论的研究，1981年起更是专注于一氧化碳吸附剂的探索，为这一领域的后续发展奠定了坚实的基础。几经思考，张佳平决定申请保留北京大学化学院研究生学籍，迅速融入课题组，在谢教授的悉心指导和引领下，全身心地投入这项紧张而充满挑战的科研工作中。

一项科研成果从理论发现，到实验室小范围试验，再到扩大规模，最终实现成熟的工业化应用，这一过程漫长且艰辛，需要投入大量的时间和精力。张佳平所在的研发团队在这条布满荆棘的科研道路上，不断重复测试、改进，无数次推倒重来，攻克了一个又一个难关。他们面对的是毫无经验可循的难解问题，有时仅仅为了优化一个细微的吸附剂指标，便要付出巨大努力。比如，在研究最佳吸附剂配方的路径上，团队在“迷雾”中折返了无数次才找到突破口。

在吸附剂小试阶段，吸附剂成型是首要难题。工业应用的吸附剂必须具备合适的形状、大小和强度，以满足实际生产中传质、降低流体阻力和装填等要求。实验室制备的高效吸附剂，若机械强度不足，吸附剂使用寿命就不能满足要求，无法投入实际生产。吸附剂的成型问题解决的是在复杂材料科学系统中寻找稳定秩序与平衡点。仅仅这一个环节，团队就进行了上百次的配方研究改进。

张佳平回忆道：“不断取得的突破和成果，是激励团队坚持下去的动力。每一次哪怕只是小小的 0.1% 的性能提升，都让我们更加坚定地相信，我们所走的道路是正确的。”

当实验室成果初见成效时，几家国际气体公司纷纷抛来橄榄枝，其中一家美国公司更是提出长期合作和购买计划。然而，经过近 1 年的艰难合同谈判，美方却单方面宣布延期合作。而此前，谢教授担心签约后无法按时供货，已向学校借款近百万元用于建设生产车间。

面对这突如其来的变故，团队许多成员心灰意冷，选择离开，但张佳平始终没有动摇，坚持不懈地开展研发工作。1994 年，唐伟顺利完成北京大学的研究生学业，加入谢有畅教授课题组，很快便接手了重要的研发项目。不同于张佳平的沉稳坚韧性格，唐伟意气风发，敢想敢为，志在成为一名科技企业家。两位具有不同性格的年轻人，因为抱着同样的科技报国、产业兴邦的追求和信仰而站到一起并肩奋斗，他们将在未来的 30 年协力推动科研成果转化。

在张佳平、唐伟以及课题组全体成员的不懈努力和潜心钻研下，1999 年，他们终于成功攻克吸附剂生产的各项难题，实现了制氧吸附剂的规模化生产。与此同时，一氧化碳吸附剂（PU–1，寓意“北大 1 号”）的生产工艺历经多次优化后实现了正式的规模化生产。

张佳平回忆起那段艰苦而充实的研发经历，并不以为辛苦：“我那时候笃定要做技术开发，让科研成果发挥其应有的价值，为推动产业发展贡献微薄之力，并且坚信这件事做成后是意义非凡的。”

这段充满挑战与坚持的研发历程，是无数科研工作者甘坐“冷板凳”、追求技术产业化的真实写照。

## 向死而生，突破吸附剂产业化困境

从 1981 年课题组开启一氧化碳吸附剂的研发，直至 1996 年吸附剂第一次出口后开始偶尔获得一些订单，这场关于一氧化碳吸附剂产业化的马拉松已进入第 15 个年头，市场开发一直难有大的起色，课题组困在原地，始终没有找到产业化的真正出路。

张佳平敏锐地意识到，这 15 年来，整个团队之所以在市场化的道路上曲折前行，是因为始终未能找到一条顺畅的路径。以课题组作为产业化的平台，存在诸多先天不足：没有融资渠道，无法组建生产、营销、采购供应、基础职能管理一体化的员工团队，无法直接参与市场投标；不能直接与用户签订合同等。即便产品质量过硬，因无法提供系统化的产品供应和专业技术服务，也难以精准对接市场实际需求，自然无法形成一个稳定经营且高效运转的组织。

于是，他与谢有畅教授商谈创办企业的想法，期望以此获得更多资金支持，助力打开市场局面。

1999 年，北京大学科技开发部和北大资源集团就吸附剂研发成果展开充分探讨，双方决定注资成立北大先锋。10 月 13 日，在北京大学的鼎力支持下，北大先锋成立，正式迈入气体分离这一专业领域。公司成立之初，张佳平担任总经理，谢有畅教授出任总工程师，唐伟担任副总工程师。1999 年的创业抉择，标志着北大先锋从高效课题组的简单模式向现代企业制度的战略转型。

多年的尝试未果让北大先锋创始团队明确了公司战略的第一步，那就是不能再走只卖吸附剂的老路，而是要转战建造成套气体分离设备的业务模式，即以吸附剂为根基开发变压吸附分离成套装置。

张佳平感慨道："开发变压吸附气体分离成套技术不仅是实践吸附剂产业化的攻坚战，而且是商业生态的立体战争。我们创业的第一步就是摒弃单纯售卖技术'子弹'的路径，转而打造涵盖吸附剂、工艺包及成套设备的'作战体系'。"

公司初创时，张佳平曾对开拓市场的方向一度感到迷茫，变压吸附制氧设备和分离一氧化碳设备的市场定位也不够清晰。张佳平回忆说："21 世纪初，推广营销渠道极为单一，互联网环境尚不发达，团队主要依靠业内积累、学校资源以及同行引荐来开展工作。为了打响公司名声，我们邀请了一些气体行业专家参观考察刚刚建成的 50 立方米制氧装置。这套装置整体占地规模比传统设备小得多，综合能耗数据也远低于当前市场同类设备水平，赢得了专家们的一致赞誉。"

经过不懈努力，2001 年，公司终于迎来了第一个 1000 立方米 / 小时制氧项目的订单。团队干劲儿十足，在计划内顺利完成项目建设，但在交付阶段遭遇了迎头重击——设备开车后不久，强大的气流冲击致使吸附剂床层在塔内被掀翻，技术团队不断排查原因，一次次重新装填吸附剂，然而设备启动后又会再次出现故障。技术团队核心成员扎在项目现场，齐心协力寻找解决方案，唐伟一遍遍攀爬吸附塔，鏖战至深夜就干脆裹着衣服躺在设备旁睡觉，醒来后再继续调试，不知不觉已完全融入工人堆里。经过反复论证与设计整改，团队终于找到了气流分布问题的解决方案。制氧设备经改造优化后顺利产出氧气，实现长期连续运行，并且优化了设备使用寿命。尽管出师不利，但是北大先锋的用心服务弥补了设备早期工艺成熟度的不足，挽回了客户的信任。这次经历促使公司针对扁平化吸附床设计开发出合理的气流分布器，成为日后市场竞争中一把关键"利刃"。

2003 年，恰逢江苏丹化集团计划从半水煤气中提纯一氧化碳，市场上一时很难找到可行的一氧化碳分离提纯技术。经多方考察后，丹化集团了解到北大先锋的变压吸附分离一氧化碳技术非常适用这一场景。集团领导

2003 年张佳平（右一）与谢有畅教授及耿云峰博士在丹阳北大先锋第一套变压吸附提纯 CO 设备现场

随即专程赶赴北京，经过深入的技术交流，北大先锋成功获得了第一个一氧化碳项目订单。这一工程案例在北大先锋的发展历程中具有里程碑式的意义，不仅有力地验证了 PU-1 吸附剂在工业应用中的卓越价值，而且为煤化工领域的高纯度 CO 原料制取途径的技术替代找到了突破口。

自此，北大先锋开启了制氧和一氧化碳业务双轨并行的新征程。

张佳平谈及这些年的创业经历，分享道：“不登高山，不知天之高。虽然创业过程中困难重重，但我们从未有过放弃的念头。变压吸附分离一氧化碳和制氧技术凝结着科研团队的多年心血，只要我们持之以恒，坚守匠心，做好产品和服务，就能在市场中站稳脚跟，释放产业价值，书写产业新篇。”

## 荣耀绽放，斩获国家技术发明奖，奠定领跑地位

2005 年，北大先锋发展迎来关键节点，成功承接多个制氧和一氧化碳项目，并且实现了公司成立后的首次盈利，团队在产业化“迷雾”的多年摸索中终于尝到了胜利果实的滋味。

2007 年 2 月，2006 年度国家技术发明奖颁奖仪式在人民大会堂举行，高效一氧化碳分离技术历经工业实践验证，获得了国家技术发明二等奖的殊荣。该成果不仅是对北大先锋技术实力的认可，也奠定了其在变压吸附分离 CO 领域的领跑地位。

此后，市场对北大先锋产品需求大增，订单逐年增多。2007 年，北大先锋中标上海

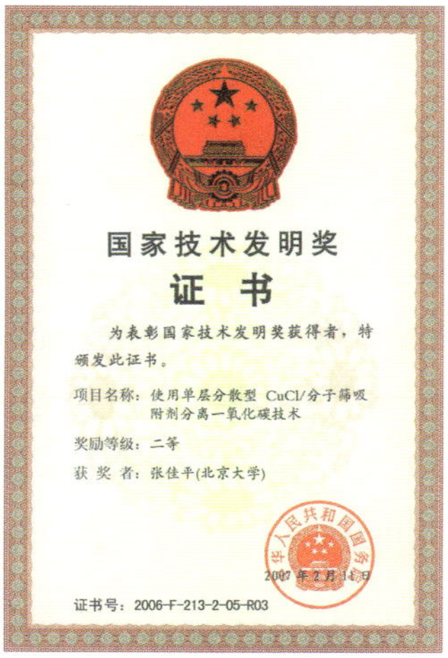


北大先锋获得国家技术发明奖

金煤化工乙二醇配套项目，涵盖制氧、一氧化碳和提氢业务，成为公司史上最大订单；同年，当时全球最大规模的 10500Nm³/h 分离一氧化碳装置在榆林成功投产；2009 年，在贵州设计建设了 40700Nm³/h 制氧装置，创下单项目规模纪录。

2007 年张佳平签订当时国内最大变压吸附装置群建设合同（项目签约——每小时产 CO、$O_2$ 各 20000Nm³/h，制氢 40000Nm³/h 变压吸附装置）

2016 年，石横特钢集团与阿斯德化工公司重组后，形成多产业链联合企业。北大先锋助力钢厂精益生产，在石横特钢厂区建设转炉气提纯一氧化碳装置，预处理后的转炉煤气通过 13 千米的管道输送至甲酸生产线，实现产业协同。次年，为山西大型钢铁集团建设第二例钢化联产项目，再一次将变压吸附气体分离一氧化碳技术嵌入钢铁产业链的价值深水区。近年来，面对碳中和带来的产业变局，北大先锋的业务矩阵已延伸至钢化联产、碳捕集等战略领域。

为了更好地支撑业务体系，北大先锋极为重视技术创新与管理优化：

2014 年，北大先锋将 24.6% 的股权授予 43 名骨干员工，成为中关村国家自主创新示范区股权激励政策首批试点单位，构建起“技术—资本—人才”的正向循环。为了稳定人才队伍，多次优化薪酬体系，建立员工职业发展双通道。如今，团队有超 300 名员工，其中博士及博士后 5 人、硕士研究生 50 多人，多毕业于北京大学、北京化工大学、中国石油大学等重点院校。

自 2015 年起，北大先锋积极实施创新驱动发展战略，涉足国防新材料、贵金属催化剂、氢能等领域。2018 年设立全资工程子公司，进一步专业化细分业务，提升工程实施管理水平，深入打造具有强大工程能力的技术服务商。

张佳平谈道：“一方面，我们持续加大研发投入以提升产品性能，广纳技术研发、生产制造、市场营销等多领域人才，完善团队结构。另一方面，优化公司治理和管理体系，提高运营效率，确保订单能转化为产品和服务，满足客户需求。”

尽管近年来市场环境越来越复杂，但凭借长期以来积累的品牌声誉和技术实力，北大先锋仍在激烈的市场竞争中脱颖而出，成功赢得了多个重量级订单。近5年，制氧业务国内市场占有率超60%，发展为具有显著国际竞争力的变压吸附制氧设备制造服务商。

## 成长密码，从技术突破到理念升华

技术出身的企业，最大的特点便是高度重视技术创新和研发投入。张佳平说："北大先锋是从科研成果中孕育而生的企业，天生就具备科技创新的基因与优势。"

在创新驱动层面，北大先锋每年在创新研发上的投入从未间断，建立了北京市工程实验室，深度开发工业尾气一氧化碳的高效利用技术，还涉足氢能、军工涂料、臭氧与氧气分离等重大课题的研究。在数据导向方面，借助数据驱动决策，持续优化产品和服务。2014年，团队率先开发出设备数据智能分析系统，通过云端数据进行设备故障预警和线上分析，有效降低了设备故障率，大幅提升了售后服务效率。云端智能分析系统的部署，将设备运维从"故障维修"升级为"预测性维护"，在工业物联网赛道提前落子。

张佳平（左二）与员工一起推进工作

与此同时，在企业经营管理方面，北大先锋采取了一系列举措来增强创新内驱力。首先，研发被视为重中之重，在资源分配时优先保障研发投入，以支持技术创新。2024年，公司牵头申报的国家重点研发计划"高端功能与智能材料"专项揭榜挂帅项目成功立项，随后将这一课题列为一级研发项目重点推进。其次，采用扁平化的管理结构，促进沟通与协作，提高决策效率。面对专项问题，设立专家组，成员涵盖中、高级管理层，技术骨干，业务骨干等，设定阶段性目标，攻坚技术难点。此外，引入先进的项目管理理念，确保项目按时、按量、保质完成，并建立高效的跨部门协作机制，鼓励产品开发、市场营销和售前技术支持等多部门紧密合作。

为了保持技术竞争优势，北大先锋每年针对不同岗位、专业、职级的员工开展日常培训 180 场，专业课题培训不少于 30 场，涉及仪表电气、工艺讲解、新产品新技术、上下游行业知识、法律法规、财务知识、工具运用等各方面。

张佳平总结道："多年来，我们形成了以技术创新为核心，以客户需求为导向，以团队协作为基础的经营管理理念。只有持续创新，才能满足客户的需求；只有团队成员齐心协力，才能实现'百年先锋'的长远发展目标。"

张佳平北大毕业后，便投身于课题组的研究工作，历经了 10 余年的科研成果转化历程，又在创业道路上拼搏了 20 多个春秋。凭借着不懈的努力与坚持，成功地将北大先锋打造成为全球变压吸附行业的标杆企业。回顾往昔，张佳平感慨万分："一路走来，创业艰辛，守业更加不易，经营企业是一场漫长的修行，是在灼痛中感悟成长的要义。这些感悟让我在面对风雨时更加坚定，面对收获时更加淡然。"

关于企业经营，他分享了这些深刻感悟：

第一，坚韧不拔的意志。创业初期，面对资源匮乏和激烈的市场竞争，团队时常感到无力。然而，正是这些挑战铸就了他和团队坚韧不拔的品质。失败成为宝贵的经验，挫折让他们明白成功需要持续努力与适时调整。无论困难多大，坚定的信念始终是克服困境的关键。

第二，团队的力量。企业的成功离不开团队合作。个人力量有限，而优秀的团队能激发无限潜能。在招聘时，不仅看重技术能力，更注重应聘者的价值观与合作精神。通过打造良好的企业文化增强团队凝聚力，让每位成员都能发挥最大价值。在艰难时刻，团队的支持与信任是企业发展的坚实后盾。

第三，灵活应变的能力。气体行业变化日新月异，市场需求与技术趋势不断更迭，企业必须具备灵活应对的能力。在战略上，要始终保持开放的心态，既要坚定方向，还要及时调整策略。

第四，创新是企业的生命线。他们将创新作为核心价值观，鼓励从产品研发到管理模式的探索。设立创新激励模式和专项基金，支持员工提出新想法，在提升产品竞争力的同时激发员工的创造力。

第五，面对失败的勇气。企业成长中失败不可避免，关键在于如何面对失败并从中学习。失败塑造了更加成熟稳健的企业。

第六，社会责任感。传承北大文化，北大先锋在追求经济效益的同时注重社会责任。积极投身公益事业，关注环保问题，并在北京大学设立奖学金、奖教金等项目。

第七，不断学习与自我反思。领导者需要意识到自身的局限性，不断学习以适应时代变化。唯有如此，才能引领团队推动公司发展。在这个快速变化的时代，保持终身学习的态度至关重要。

当张佳平谈及“百年先锋”愿景时，北大先锋，这个变压吸附气体分离技术的破壁者，正在工业气体与节能环保领域的融合区域书写新的产业叙事——那里不仅有气体分离设备的精细构造，而且蕴含着中国气体分离技术走向世界产业高峰的攀登路径。

“这些感悟让我在面对风雨时更加坚定，面对收获时更加淡然。我们在任何时候都将铭记产业报国的使命，以气体人实干的双手托举产业发展的未来，浇筑承载绿色工业梦想的方舟，破浪前行。”张佳平胸有成竹。

# 罗　平

## 时代浪潮中盛开在气体行业的“铿锵玫瑰”

人物小传：罗平，加力新能源科技（上海）有限公司和上海加力气体有限公司的创始人，在气体行业有着近25年的深厚耕耘。2001年，她和陶元谨先生一起创立了上海加力气体有限公司并一直运营至2023年11月。2023年11月，她将上海加力气体有限公司部分资产和业务转入加力新能源科技（上海）有限公司，带领原上海加力气体有限公司大多数高管和核心团队，以加力新能源科技（上海）有限公司为核心，围绕新能源、现场供气、园区管网供气、气体零售、气体工程、氢能、合同能源管理等业务板块组建了加力集团。加力集团拥有全球数字化运营中心，管理着国内外30多个气体工厂，服务覆盖电子、金属加工、玻璃、航空航天、新能源、食品、医疗等众多领域，是一家拥有全球视野的中国品牌专业气体公司。罗平拥有国际和国内商学院MBA和

EMBA 学位，历年来担任上海市女企业家协会领导班子成员，获得“中国经济百名杰出人物”“浦东新区五一巾帼奖”“浦东新区女性创业导师”等荣誉。作为创业导师，助力女性职业发展。同时，带领企业和员工，用加力慈善基金积极投身慈善公益事业，回馈社会。

时代车轮滚滚向前，改革开放春风拂面，跨国公司的进入为中国带来了第三方专业供气模式，气体行业自此生根发芽。在随后的 40 多年里，中国经济飞速发展，这股强劲的东风也助力气体产业实现了跨越式的成长。不过在 20 世纪 90 年代初，中国并没有独立的气体产业，所有气体的生产和销售都依附钢厂和化工厂。国内众多气体公司，包括一些如今的上市公司，都是在这一“依附”的历史进程中逐步发展起来的。

在经济发展的壮阔进程中，不乏凭借非凡勇气与坚定信念，在各自领域留下深刻印记之人。罗平，正是气体行业中一位展现出独特特质与影响力的从业者。25 年来，她的人生轨迹与气体行业的发展紧密相连：从山城重庆的职场起点，一路辗转至金融领域大胆闯荡；在海外生活的见闻触动了她，最终让她毅然决定回国投身创业。

现场供气模式作为气体领域重要且独特的商业模式，需要高度定制化，需要资本和技术的门槛，能根据不同客户需求来设计客户专属的气体解决方案；为确保气体供应的安全和稳定，其对设备和技术要求严格，前期资金投入大，从设备购置到建设运营都需要大量资金，以保障持续供气服务。

2001 年，罗平亲手创办加力气体品牌，恰似一朵在改革开放春风吹拂下绽放的气体行业之花，她用丰富的经历和坚韧的精神，淋漓尽致地展现出一位女性企业家在传统由男性主导的行业领域中低调开拓，在现场供气这片资本与技术门槛颇高的领域中潜心探索，并最终取得市场和客户的认可。

从加力气体的蹒跚起步，到 2023 年加力集团的成功拆分重组，罗平一路乘风破浪，每一步都紧跟时代的节奏，在人生征途上勇往直前，正如她所说的：“人生的意义在于体验，成就和磨难都是财富。”

## 山城烟火麻辣成长，重庆钢厂的多面手

罗平出生在满溢巴渝风情的山城重庆，这座承载着厚重历史、曾为陪都的城市，以其别具一格的人文风貌，孕育出豪爽大气、重情重义且行事果敢的儿女，罗平便是其中的典型代表。她的父母身为政府公职人员，秉持开明的思想和包容的胸怀，为她营造出一个宽松自由的成长天地，恰似一方肥沃的土壤，让她自信、包容的个性种子得以生根发芽，自由意志的树苗茁壮成长。在那个略显保守的年代，时尚的浪潮悄然涌动，当喇叭裤的时尚之风从港台地区吹入大陆时，罗平瞬间被其独特魅力俘获。尽管学校明令禁止，可她内心那股倔强的火焰燃烧得愈加炽热，宛如一位勇敢无畏的战士，执着地让母亲为自己制作了一条喇叭裤。为了能在校园中光明正大地穿上它，罗平巧妙地进行了“伪装”，进校时悄悄卷起裤腿躲过老师的检查，一进入校园便迫不及待地放下裤腿，自信地向同学们展示，尽情绽放属于自己的时尚光芒。这种在规则边界灵活穿梭、巧妙探索的行为，恰似夜空中划过的流星，不仅展现出她过人的勇气与智慧，更成为她日后勇于打破常规、突破困境的生动预演，完美诠释了“生活从不眷顾因循守旧、满足现状者，从不等待不思进取、坐享其成者，而是将更多机遇留给善于和勇于创新的人们”这句话的内涵。

20 世纪 80—90 年代，中国气体产业尚处于萌芽状态。罗平回忆道：“那时中国并没有独立的气体产业，所有的气体生产和销售都依附于钢厂和化工厂。”这些工厂都自建氧气厂用于保障自己的生产，所以后来大型钢厂和化工厂成为孕育气体行业人才的摇篮。罗平也在这样的大环境中，开启了自己的职业生涯。

毕业之后，她进入重庆最大的钢铁公司——重庆钢铁公司旗下的氧气厂，就此与气体行业结下了不解之缘。彼时，钢铁行业作为国民经济的支柱，地位举足轻重，堪称“共和国的长子”。

初入工厂，罗平如同当下新入职的大学生一般，投身生产一线。“刚刚进工厂的时候，我们是跟着师傅一起倒班。”这段懵懵懂懂的经历，让她对空分运营有了基础认知，也让她深刻地体会到“任何时候你学的东西，其

实都是有用的，学到的都是自己的”。这种朴素的认知，成为她在职业生涯中不断学习、不断成长的动力源泉。

1 年之后，罗平进入了办公室，负责行政人事相关事务。在办公室一待就是 3 年多，在这里，她有机会与工厂各部门领导、技术负责人等接触，不仅锻炼了自己的综合能力，也对工厂的行政运作有了更深入的了解。

随后，罗平又迎来了职业生涯的新转变——进入财务部门。此时，氧气厂虽依附于钢铁厂，但厂内设有“三产公司”（三产公司是为拓展业务和增收而创办的附属公司），将富裕的氧气、氮气充装成钢瓶，销售给医院等有需求的社会机构，创造了额外收入。在财务部门的工作经历，让她对工厂的运营和市场拓展有了更全面的认识。

罗平在不同岗位辗转，从生产一线到办公室，再到财务部门，每一段经历都为她积累了宝贵的经验。20 世纪 80 年代，跨国公司追随全球合作伙伴来华投资，将气体作为独立产业带入中国。英国的 BOC 率先与上海吴淞化工厂合资，为中国气体产业的发展注入新的活力。罗平表示：“跨国公司进入中国后，我们对外的这种市场意识多多少少会受到影响。”这些跨国企业带来的不仅是先进的生产技术，还有全新的市场理念和商业模式，让中国气体行业从业者眼界大开。20 世纪 90 年代，罗平曾经工作的氧气厂后续也和一家法国的气体公司合资了。

## 金融跨界，开阔视野提升新格局

在气体行业积累了一定经验后，罗平迎来了人生的重要转折。谈及转行契机，罗平称：“当时钢厂很好，但是金融系统更具吸引力，有一个机会进入银行系统，我便欣然接受了。”就这样，罗平踏入银行系统，开启了一段全新的职业旅程。

初入银行，罗平被安排负责对公业务和会计板块的柜台工作。20 世纪 90 年代，银行电子化程度极低，手工记账是主要工作方式。罗平回忆这段经历时感慨：“那时每天都要平账，常常为了一两分钱对不上账，晚上八九点甚至十点都无法下班，必须完成平账才能离岗。”手工记账一旦出错，就得重新梳理全天账目，工作强度和压力超乎想象。这段艰苦经历，让罗平对银行操作系统有了深入了解，并锻炼出吃苦耐劳不服输的品质。

后来，罗平跟着分理处主任跑企业存贷业务，拉存款、跑贷款。在这个过程中，她对金融知识有了更深入的理解，也积累了丰富的人脉资源。在气体行业和银行工作的两段经历，让罗平拥有了不同领域的信息圈和人脉圈，这些宝贵资源也成了她人生的重要财富。

20 世纪 90 年代，中国经济蓬勃发展，股票市场如同一朵盛开的“繁花”，为人们提供了前所未有的机遇，罗平也投身股票投资热潮。她和同事、朋友一起前往深圳，参与深圳股票市场投资。当时,“深市老五股”——深发展、深万科、深金田、深安达和深原野备受关注。在 1990 年 12 月深圳证券交易所试营业前，这五只股票已在深圳特区证券公司公开柜台上市交易。

罗平回忆道：“那时买股票，只涨不跌，供不应求，买到就赚。”在股票供不应求的年代，投资者几乎稳赚不赔，“深市老五股”股价飙升，让许多涉足股市的人实现财富快速增长，罗平也借此成为万元户，在当时，这是富裕的象征。

除股票投资外，深圳这座开放的前沿城市也给罗平留下深刻印象。满大街跑的都是当时的国际品牌豪车，她还品尝了全国第一家麦当劳的双层巨无霸汉堡包，体验美式快餐的便捷和独特。深圳中英街上时髦的香港纺织品，让喜欢时尚的她双眼放光。深圳这座充满活力与创新的城市，像一个五光十色的万花筒，以其繁华的景象、先进的理念和丰富多彩的生活方式，深深震撼了罗平的心灵，让她更加坚定了走出国门、开阔视野的决心。这一系列经历，正是她不断“破圈”、突破自我的生动体现。

从气体行业到金融领域，再到股票市场探索，罗平的每一步都与时代发展紧密相连。中国改革开放带来经济腾飞，也促进了思想解放与视野拓宽。在时代浪潮中，罗平抓住机遇，实现了个人成长与财富积累。

## 海外旅居创业念起，气体行业逐梦者

在时代浪潮的滚滚向前中，每一个抉择都可能成为人生的转折点，而罗平的人生轨迹，也在不经意间迎来了重大的转向。1996 年，因丈夫被派驻海外，她获得了前往海外的契机，开启全新旅程。

20 世纪 90 年代，英美两国高度发达的现代化风貌深深触动了 20 多岁的罗平，其开放包容的社会环境、繁华的城市景象以及人们拼搏进取的精神状态，都给她留下了深刻印象。美国的大学几乎没有年龄限制，可以选择课程进修，罗平也参与到这些大学的进修中，在美国的大学里选修自己感兴趣的课程。美国人一边忙碌地工作，一边继续学习，同时尽情享受生活的这种生活方式，对罗平日后的工作和生活都产生了深刻的影响。

在海外旅居期间的所见所闻，让她回想起国内的景象，从重庆到深圳出差买股票的经历还历历在目。她意识到："中国人也能靠自己的努力过上好日子，而且应该在中国这片土地上去实现。"

于是，2001 年，罗平怀揣着对未来的憧憬与抱负回到国内，和丈夫一起毅然决定在上海开启创业之旅，成立一家气体公司。

创业之路，从来不是一帆风顺的康庄大道。注册气体公司需前置审批，而审批前提是有项目，可没有营业执照和公章难以拿到项目，罗平似乎陷入了两难的困境。罗平多次前往工商局（现市场监管局）和安监局（现应急管理局），诚恳阐述气体行业的经营模式，解释先办营业执照的必要性。"只有拿着公章才能去签合同，有了合同才能提供你们所要的东西。"得益于上海的开放包容，审批最终通过。

解决审批难题后，罗平迅速筹备公司，取名"上海加力气体有限公司"（以下简称加力）。"加力"寓意给力，饱含发展动力；拆字后"口"与"力"，代表少说多做、实干兴邦。公司 LOGO 由三条红色线条构成，如旭日东升，蒸腾起来的气流循环往复，冉冉升起，象征公司业务蒸蒸日上。从取名到设计，处处彰显出罗平对公司长远发展的规划与长期主义精神。

公司刚成立时，仅有罗平和陶总两人，陶总负责技术与内部管理，她主抓业务拓展。为节省成本，他们出差都选择坐火车，罗平感慨道："创业是非常艰辛的事情，不仅工作方式改变，生活方式也发生根本改变，并且 24 小时都处于待机状态。"

当时，国内市场化气体公司稀缺，多是跨国公司或钢厂、化工厂与跨国公司的合资企业，民营气体公司多涉足钢瓶充装和液体贸易。罗平选择独辟蹊径，聚焦气体行业细分领域——小型现场供气。

罗平指出：“气体供应主要有管道气、液体、钢瓶三种模式，跨国公司在这三大板块营收占比相近。我们进一步细分管道气供应模式，专注每小时几千立方米到一万立方米的中小型现场管道气供应，客户多为大型企业，这也意味着要与强大的跨国气体公司竞争。”

为了在竞争中突围，罗平提炼出公司的三大核心竞争力：一是专业性，她与团队扎根气体行业多年，积累了广泛的信息与人脉，团队成员多在跨国或合资气体公司担任高职，技术实力过硬；二是响应速度，加力能依据客户需求提供定制化服务，这是业务庞大的跨国公司在中小型现场供气业务中难以做到的；三是建设速度，加力项目建设更快，能高效交付。

当时有一家知名台资企业招标，参与竞争的 5 家企业里有 4 家是声名远扬的跨国气体公司。这场竞争异常艰难，最终以加力获签合同。多年后，罗平与离任回台的台资企业总经理相聚，谈及合作原因，原来对方虽有顾虑，但仍认为大企业从小企业发展而来，给小企业成长机会，不仅是职业成就感，更是企业家的社会责任。这番话让罗平深受触动，此后她秉持合作共赢理念对待产业链上的合作伙伴，杜绝不良行为，与产业链上的企业携手共进。

开拓市场的过程并非一帆风顺。罗平无数次奔波在拜访客户的路上，有一次，她开车前往苏州与客户洽谈，从苏州回上海时遭遇急风暴雨，道路能见度极差，开车时高度紧张。当晚，她睡觉时做梦都在踩刹车，“那种感觉永生难忘，在大雨中不断点刹车，强烈的记忆一直延续到梦中”。

尽管付出不一定都能看到结果，但罗平始终坚信“谋事在人，成事在天”。

2009 年，罗平全面接手加力的运营，自此，她在现场供气领域开启了一路高歌猛进的发展态势。2018 年，罗平开展并购与合作，进军园区的管网供气领域，同时涉足氢能与气体零售领域，逐渐构建起多元化的业务体系，在气体行业的赛道上越跑越远、越跑越稳。

## 破茧重生，商业突围与产业新程

在商海搏击中，从来没有一帆风顺的航程，即便曾经一路高歌猛进的加力也遭遇过成长瓶颈。随着公司不断发展，股权结构中没有绝对控股股东的缺陷逐渐暴露出来，如同隐藏在航路上的暗礁，在公司迈向更高阶段时，成为前行的巨大阻碍。罗平作为唯一参与公司经营管理的股东，与其他不参与经营的股东在公司发展理念上的分歧日益增大。

祸不单行，3 年疫情的冲击，让本就复杂的局面雪上加霜。疫情不仅改变了商业格局，更改变了人们的心态，整个世界充满了高度不确定性。

在这艰难时刻，罗平没有退缩，带领团队勇敢面对风暴。2023 年，经过多轮艰苦协商，她决定将加力的资产和业务一分为二，分别装入新的公司。在拆分过程中，她充分展现出个人的格局和境界，让其他股东优先做选择，以确保公司拆分期间客户用气稳定以及员工的稳定。

2023 年 11 月，罗平带领团队，将以往的业务和资产整合到加力新能源科技（上海）有限公司（以下简称加力新能源）。以此为核心，围绕新能源、现场供气、园区管网供气、气体零售、气体工程、氢能、合同能源管理等业务模块，正式组建加力集团。

这一拆分重组，对罗平来说是人生的再一次选择。她不惜斥巨资买下了“加力”和“SCGC”这两个商标和品牌。在她心中，这不仅是两个商业标识，更承载着她作为加力创始人的心血与灵魂。幸运的是，大部分管理层和核心团队成员选择继续与她并肩作战，大家坚信“只要在一起，我们就会了不起”。

展望未来，罗平对加力新能源发展充满信心。她认为气体公司未来将与能源公司逐渐融合，加力新能源作为控股公司，旗下子公司、分公司众多，业务涵盖多个关键板块，如同一个庞大而有序的星系。新能源气体应用方面，将以氢、氧等清洁能源为重点，减少对化石能源的依赖；现场供气作为公司 20 多年的传统优势业务，将继续精耕细作，不断提升服务质量和技术水平，满足客户日益增长的需求；园区管网供气业务，将在产业集中园区铺设管道，为客户降本增效；气体零售公司将致力于满足客户对气体品种多样化的需求，提供更加便捷、高效的服务，满足多样化需求；气体工程业务将为客户建“能源岛”，提供一站式服务，从项目规划、设计到建设、运营，为客户提供全方位的解决方案；氢能业务是公司未来发展的重点之一，将聚焦氢的生产、储存和运输，积极探索加氢站的建设和运营；

合同能源管理业务将利用数字化手段帮工厂节能降耗，实现减碳目标，开辟新的利润增长点。

在地理布局上，加力新能源将紧跟中国企业发展的步伐，在国内围绕新能源、电子、人工智能等新兴产业布局，在国外则积极拓展海外市场，目前已在海外落地多个气体项目，未来将继续加大海外市场的开拓力度，借助中华民族伟大复兴的翅膀，让加力新能源的品牌走向世界，让中国企业的名片在国际舞台上闪耀光芒。

## 人生的意义在于体验，成就和磨难都是财富

回顾自己的创业之路，罗平感慨万千。当初毅然放弃国外的优渥生活，回国投身创业浪潮。尽管创业过程充满艰辛和挑战，但罗平从未有过一丝后悔。在她看来，人生的意义在于体验各种经历，无论是辉煌成就还是困苦磨难，都是人生的宝贵财富。

当被问及，如果时光倒流，她是否还会选择创业时，罗平毅然回答：“人生没有如果，要永远朝前看，爱自己身边的人，做好当下的事情，热爱自己所热爱的。”

作为一名事业型女性，罗平在平衡家庭与工作方面有着独到的见解。她认为，这种平衡并非一成不变的静态，而是需要根据实际情况动态调整。工作繁忙时，她全身心投入事业，为实现企业目标拼搏；闲暇之余，她便将更多精力给予家庭和子女，陪伴他们成长。她十分注重榜样的力量，通过自身的努力与坚持，向孩子们传递积极向上的生活态度。每年的家庭旅行，她都精心规划，挑选具有深厚人文底蕴、丰富美食和绝美自然风光的地方，与家人共度高质量的温馨时光。家庭在她的悉心经营下，孩子们不仅敬爱她，更把她当作知心朋友，愿意与妈妈分享生活中的喜怒哀乐。

在罗平心中，气体行业不仅是她为之奋斗的事业，更是她实现自我价值的重要载体。通过创立加力品牌，她构建起一个连接员工、供应商和客户的庞大商业网络，也因此获得了更多践行社会责任的机会。自2009年起，加力设立慈善基金，通过员工捐赠物品、举办慈善拍卖会，再由股东按比例匹配资金，汇聚成慈善基金池。这笔基金主要用于三个方面：一是在国

家遭遇重大自然灾害，如汶川地震、玉树地震时，通过红十字会捐款捐物，助力灾区救援与重建；二是定向捐赠希望小学，为贫困地区的孩子们提供学习用品和资金支持，帮助他们追逐梦想；三是关注员工家庭，当员工遭遇重大变故时，及时给予物质与精神上的援助。

罗平的慈善之举，不仅为需要帮助的人送去了温暖与希望，也在企业内部营造了积极向上的氛围。许多员工在她的带动下，纷纷参与当地公益活动，形成了一个良性循环。这种积极的带动作用，让罗平感受到了一种别样的成就感，她深知自己的行动不仅塑造了企业的文化，还在一定程度上为社会的发展贡献了力量。

从山城重庆的职场起点，到金融领域的大胆闯荡；从海外旅居游学的开阔眼界，到回国创业的坚定决心；从加力的艰难起步，到加力集团的组建壮大；每一步都走得勇敢坚定，每一次的挑战都成为她成长的阶梯。罗平的故事，是追梦者的真实记录，将激励着更多的创业者和气体人在逐梦的道路上勇往直前。

# 徐　勇

## 6000元和一辆三轮车起步创业，如今产值5亿元

人物小传：徐勇，高级工程师，济宁协力特种气体有限公司总经理、济宁协力能源有限公司总经理、济宁市协力危险品运输公司总经理，并被聘任为全国气体标准化技术委员会委员、中国工业气体工业协会专家委员会专家。

徐勇毕业于华东化工学院机械设计专业，后进入国企，一直做到副厂长；1998年济宁协力特种气体有限公司成立，徐勇带领团队共同研发了超过145个科研成果，其中包含73种气体标准物质、5种超高纯气体，获得4项发明专利、47项实用新型专利以及16项软件著作权。公司承担了9项山东省省级创新项目，2项科技成果被认定为山东省首台（套），1项科技成果被鉴定为填补了国内人工模拟智能配气领域空白。

清晨起床，当你点燃煤气灶做早餐，吃过早饭开着私家车上班，工作时用电话跟客户交流……这些普通得不能再普通的日常背后，都与工业气体有着千丝万缕的联系。人们称工业气体为“工业的血液”，从金属切割、焊接，到化学原料合成，再到科研所用的高纯气体，小到手机芯片，大到火箭上天，工业气体都以独特的方式，支撑着人们生产生活的正常运转，默默推动着人类文明的进步。今天故事的主人公，正是这强大“推手”中普通却又不凡的一员。

徐勇身上，有着技术出身不善言辞的特质。1990 年他进入职场，24 小时手绘出 0 号图纸震惊全厂，从此便被提拔重用，一路从操作工升为车间设备员、科长、生产办主任，直至生产厂长。那时，他全家挤在几平方米的单身宿舍数年，30 元的月薪更让他前路茫茫。徐勇的创业初衷异常质朴，就是“只为让家人过上好日子”。他想闯一闯，看看自己到底能做成什么样。于是，他用积攒的 6000 元，带领几位下岗工人，靠一辆人力三轮车，开启了创业之路。创业路上有突如其来的“灾难”，也有他无法解决的难题，他在经历了这些坎坷磨难后，决定开启南下拜访学习之路，这一学竟持续至今。为了让企业和行业更上一层楼，他也主动迎接挑战，坚持 15 年投入 8000 万元攻克行业难题。如今，当年的小作坊已经成长为年营业收入达 5 亿元的行业中坚力量。

## 24 小时手绘 0 号设备图纸，职场初露锋芒

中国工业气体行业直到新中国成立后才起步，到 1970 年徐勇出生，中国专业的工业气体企业数量仍然较少，行业规模小、无竞争力、盈利低，此时的行业犹如一面镜子，映射着成年徐勇创业的起步阶段。

徐勇的成长，伴随着中国工业气体行业从起步阶段到初步发展阶段。从 20 世纪 80 年代起，中国工业气体行业逐步形成并发展起来。此时，中国制造业开始迅速崛起，外资瞅准机会进入中国气体市场，行业初具规模。

受父母职业的影响，徐勇读大学时的专业是机械设计。1990 年，徐勇毕业被分配到国有企业做操作员，恰好厂里更换设备需要测绘图纸，因为专业对口，车间将工作安排给了徐勇。

徐勇用 24 小时手绘出 0 号设备图纸，震惊了全厂，因为这是厂子里从来没有过的事。徐勇说："自此厂里对我另眼相看，觉得我虽不善交际，但在技术上有点儿能力。"正是这样的契机，让徐勇走上职场晋级之路，不断被提拔，从操作工开始，他担任过车间设备员、劳资安全科科长、生产办主任，最后一直到生产副厂长。

然而，后来他在厂里遭受了不公平对待，被降职为生产办主任。在国有企业，如果身上有这个"污点"，便意味着今后没有了发展空间。徐勇清楚，自己干到退休也只能是个生产办主任。

徐勇在厂里上班这几年，月工资最低时只有 30 元。从单身到结婚，7 年来徐勇一家一直住在厂子里几平方米的单身宿舍内，"房间里除了一张床，其余什么都放不下"。有次爱人给他买了一只烤鸡，那是他人生第一次吃。他说："当时觉得烤鸡的味道真是太好了！我就想，以后能不能让家人过上每天吃烤鸡的日子。"

徐勇觉得在厂里再待下去，可能连家都养不起。他想改善生活、让家人过上好日子，尤其是让孩子过得比他好。

"闯一闯，看看自己到底能做成什么样。"这个念头在徐勇的脑海中浮现。

## 与下岗工人凑了 6000 元启动资金，踩着人力三轮车踏上创业之路

20 世纪 90 年代末，在"5+1"变量，即"市场化、工业化、城市化、房地产、资本金融和改革开放"的推动下，中国经济走出低谷，拉出一条上行曲线。中国气体行业也随之开始快速发展，品种质量基本满足国民经济发展的需要。

当时，厂里的效益不好，员工没什么收入。有了创业的想法后，徐勇便找厂长商量："与其让厂里车间放假、大家没收入，不如我带着几个下岗工人闯一闯，以成本价拿货，去卖瓶装气。这样一来，车间能开工、员工有收入，一举两得。"

解决了货源后，徐勇找到车间里志趣相投、彼此信任的工人，组建成

了团队。1998 年，徐勇成立济宁协力特种气体有限公司，协力正是齐心协力的意思。

然而，创业路上的第一个关卡竟是家人的不理解、不支持，父母极力反对，坚决不给钱，家里没有一个人赞同他创业，担心他把全家都搭进去，只让他折腾自己那点儿家底。这差点儿让徐勇的创业“胎死腹中”。

而他只有 3000 元积蓄，其他伙伴甚至还不如徐勇，其中一人拿出了 700 元，又添了一辆人力三轮车抵作 300 元，几个人东拼西凑，勉强筹集了 6000 元启动金。

6000 元启动金、一辆人力三轮车，徐勇他们就这样“晃晃悠悠”地踏上了创业路。

如何打开市场，成为他们面临的另一道关卡。徐勇甚至用“非常不幸”来形容当时的境况。“所有的企业都有稳定的供应商。”他说，“要从别人手里抢客户难度很大，这不是价格的问题，而是市场已经形成了平衡的供求关系，很难撬动。”

他们的第一个订单是街边的修车铺。一瓶气只卖了 20 元，这还是他们几个大男人跑了五六天才有的成果。“当时我们高兴坏了，”徐勇说，“觉得只要能把气卖出去就行。”

为了能开拓客户、谈下企业的订单，他们甚至没有休息日。徐勇说：“当时去谈业务，企业只看你能否保证供应。”在客户没有合作意愿的时候，他们很难取得对方的信任。

彼时国有企业大多是专人负责气体采购业务，徐勇等人没有门路与采购员搭上关系，只好用最笨的办法——盯人。“因为无法进入对方企业，所以有时候为了能跟采购人员搭上话，我们会安排专人盯梢，收集他的行程——什么时候下班、家住在哪里等。”徐勇回忆道，他们只能利用下班的机会来堵采购员。但第一次见面不可能谈成，徐勇也不气馁：“头一天不行，就第二天再去谈，直到把对方感动。”

最后，采购员同意试用一些他们的气体，用过后觉得质量不错，双方便建立了合作。

有了客户后，送货也不轻松。一罐气连带钢瓶重量超过 60 千克，徐勇他们的三轮车很小，最多只能装 6 瓶气，回忆起当时送气的情景，他仍感到辛酸："一个人在前面蹬车，另一个人在后面推，最远的时候送到 20 千米以外，全凭力气。"

就这样，他们一家企业一家企业地推，一车一车地拉，才慢慢把路铺开。

然而，创业两年，却如同白忙一场。创业前，徐勇在厂里做厂长时每月工资有四五百元，创业两年每月只有 300 元，他们还有了 10 多万元的"三角债"。一位创始成员因看不到希望离开了。

即便这样，徐勇仍咬牙坚持："再难的时候我也没有想过放弃。"

当时国有企业正处在改革期，许多企业在大浪淘沙的市场规则下，游走在被市场淘汰的边缘。徐勇原先上班的厂子效益不佳，加之是化工企业，污染严重，厂里的人员都受到了下岗潮的冲击，他离开没几年，厂子就破产倒闭了。徐勇清楚地意识到，即便放弃创业，自己也很难找到一份稳定的、能让家人过上好日子的工作。

团队的其他人也跟他的想法一致，都认为不继续拼，就更无路可走。有时候，没有选择反而能让人生出破釜沉舟的心态，一条路走到底。

为了让企业活下来，2000 年时，徐勇做了一个大胆的决定——举债买液氧罐建厂。他当时经过粗略的估算，认为："自有设备充装一瓶气体的成本才几元，却能卖 20 多元，只要量走得多就有赚儿，当时的想法也很简单。"

于是，徐勇找亲戚朋友借了三四十万元，买了一个 20 立方米的液氧罐，以及一些旧钢瓶，三轮车也换成了二手机动车。"刚建厂时，我们就是小作坊企业，甚至没有明确的工种划分。"只根据个人的能力特点，简单地规划了工作内容，比如口齿伶俐的去跑客户，技术过关的去开车送货，徐勇不会开车，就负责收款，也跟着一起充装气体，他说："我们所有人都身兼数职，既是总经理、业务员，也是送气工、充装工。"

然而，厂子建成后并没有朝徐勇预想的方向发展："我当时不懂成本核算，只算了制气的成本，根本没算其他费用。"最后的利润远不及他当初设想的那样。

"我不懂财务，也不懂管理，更不知道如何调动员工的积极性。"于是，徐勇做了一件他考虑了很久的事——走出去！

## 15 年研发、投入 8000 万元，终于攻克行业难题

2000 年，徐勇踏上了去南方的列车。他拜访标杆企业参观学习，看人家做什么产品、如何激发员工积极性等，南方学习之行，让他看到了中国南北方发展的巨大差距。

徐勇（右四）陪同浙江金华气体协会一行到济宁协力特种气体有限公司参观交流

在这个过程中，徐勇遇到了人生中的两位贵人。一位是华特气体原董事长石平湘，从他那里徐勇学会了把企业和员工捆绑到一起的方法——员工内部入股。看到的、学到的多了，他也渐渐摸索出了门道：“要想把企业做好，就要考虑如何让员工都过上好日子。”

另一位是浙江海畅气体的董事长陈崇文。徐勇虚心向其请教制气相关经验，并了解到，浙江海畅气体有几套 350 立方米的空气分离设备，一天充装量竟高达 6000 瓶。

徐勇眼前一亮：“这就是我们企业未来的发展方向。”

2003 年中国经济进入“起飞期”，中国工业市场快速发展，产品需求日益增长，中国逐渐成为全球工业气体行业最活跃的市场之一。就在这一年，徐勇又一次主动举债，投入 300 多万元购置空气分离设备。

与上次举债的“草率”相比，这一次徐勇经过了深思熟虑。他说最直接的原因是：“用空气分离设备做出的气体，成本比液体做出的低很多。而且当时液体的价格不但高，货源还不稳定，直接影响企业的气体供应能力。”

然而，需要投入的资金数额太大，徐勇前后花了近半年时间才筹到 300 多万元。“银行贷款只有 20 万元，其余 280 多万元全是我以 10% 的高

利息跟亲戚朋友借的。大家相信我，愿意无限期地借给我使用。”他至今仍然感念亲朋好友的信任。

2003 年 12 月 19 日，徐勇清晰地记得这一天。厂里的空气分离设备安装完成，早上 8 点开始试车，9 点 30 分的时候老厂发生了一起严重的事故，造成人员伤亡。只运行了一个半小时的空气分离设备停了下来，厂子也停产了。徐勇整个人都蒙了：“我没想到，充一瓶气能出如此大的问题，也是那时才意识到，原来安全这么重要！”

虽然已经过去 20 多年了，但提起此事时，仍能感觉到徐勇内心的悲痛和沉重。

这是徐勇最难的一关，也是他建厂后唯二哭过的其中一次。他深感愧疚：“员工来厂子工作赚钱养家，结果把命搭进去了，这是我一辈子都偿还不了的事。”当时他甚至有了跳楼的冲动，但想到还欠着亲朋好友的钱，不能再对不起这些信任他的人，才打消了轻生的念头。

徐勇三天三夜没吃没喝没睡，第四天到厂子里进行善后，并跑相关部门，以便能恢复运营，让空气分离设备投产。自此，他格外重视安全：“我们设立了专门的安全管理岗位，并把每年的 12 月 19 日定为安全生产日。”

直到四个月后，厂子才重新投入生产。投产后三四个月，厂里的空气分离设备满载运营，不再放空。

黑暗过后乘风破浪，徐勇想再向上一步。2005 年前后，他去云南考察，了解学习特种气体和标准气体，以期拓展气体业务。在那里他遇到了人生中的第三位贵人——光明化工研究院原总工孙福楠，对方很热情地倾囊相授，回来后徐勇便开始做标准气体。

谁知命运再次跟徐勇开了个玩笑。因制配标准气体的危险性非常大，他的厂子又出了一次安全事故。虽然这次事故不大，但对他的震动比上一次更大。

他开始思考：“能否做出一套自动化设备，让气体更加安全地进行生产、充装？事故或许无法避免，但我希望可以做到事发时人员不在现场，将事故对人的伤害降到最低，这也符合现在国家安全发展的要求。”

于是，徐勇便从厂里挑选了一些技术人才，专攻研发。

研发过程无比艰难，徐勇说：“根本不知道怎么去做。”他们最初设想的是做成类似灌装啤酒流水线，实际操作却行不通。“啤酒瓶规格统一，但气体钢瓶尺寸各异，且瓶口朝向各有不同。”他这才意识到，“气体行业发展了 100 多年，一直没实现自动化，就卡在了气瓶规格不标准上。”他们需要解决这个至今没有答案的世界难题。

徐勇之所以坚持要攻克这个科研难题，想法也很简单：“工欲善其事，必先利其器，我的目的只有一个——安全生产，能做到最好就要做到最好。”

面对完全是一张白纸的“考卷”，研发团队先从观察入手，想到一个办法就立马做实验，但屡屡失败，人也被数不尽的失败搞得很气馁，研发团队甚至提过集体辞职。徐勇很理解他们的压力：“研发团队的收入比普通员工高，做了好几年不停地花钱，却一直没有成果，其他员工对此颇有微词，研发人员受不了压力想放弃是必然。”

徐勇反倒非常沉得住气，他不停地鼓励研发团队：“失败是常态和必然，成功是偶然。这种方法不行，就试别的。”

为了调动研发团队的积极性，徐勇调整了管理思路，先找一些容易攻克的方向让研发团队开发，等有了成果，研发团队就会觉得自己做的工作有价值。

这种方法很快见效，研发团队成功开发出钢瓶全自动烘干设备、自动配气设备等，整个研发团队有了成就感，也恢复了信心。大家抱着跟世界难题死磕到底的韧劲，继续开发攻关。

济宁协力特种气体有限公司在 2024 亚洲气体展（IG ASIA 2024）上受到表彰

从2005年到2020年，公司研发人员由最初的几人扩展到 30 多人，研发耗时 15 年，花费超 8000 万元，终于成功研制出国内首套二氧化碳自动充装设备。徐勇自豪地说：“很多设备、零件，都是我们自己设计制作、安装使用的。”比如 2022 年研发的“瓶嘴识别传感器”，截至目前是国际最先进的，投入使用后能 100% 找到瓶嘴。

研发的 15 年间，徐勇从未动摇过，因为他一心想让员工脱离危险脏污的工作环境，让员工能体面地工作，让充装工成为受人尊敬的工种。他也坚信：“研发只要坚持下去，多多少少都会有成果，技术的进步并非一蹴而就，是日积月累的结果。”

下一步，徐勇希望把公司的自动化设备推广出去，或者形成全新的模式统一市场。他指出，在气体企业的成本中，原料和人工占比最高，其中人工占 40% 左右。“我的设备能让人工成本下降 80%~90%，大幅提高市场竞争力。”他想在周边扩建，让业内企业集中到一起进行充装，将自动化的优势发挥出来，稳定市场价格，维持正常利润水平，“否则企业内卷，会把自己卷死”。

徐勇工厂的智能无人充装生产线已经实现黑灯车间、无人车间，在国内乃至国际上都处于领先地位。

## 坚持内部培养让员工从蓝领变白领，按规律行事用人

徐勇的厂子渐入佳境，但他把弦绷得更紧了，仍觉得企业还处在成长期。

2017 年前后，成立近 20 年的公司发展进入了瓶颈期，年收入维持在 7000 万元左右已有两三年的时间，没有明显的变化。

连续几年没有突破，徐勇觉得是自己没把企业带起来。为此，他在年会上哭了，这是徐勇创业后第二次流泪。他提及：“我很自责、愧对员工，也在思考自己是否适合这个位置。”

痛定思痛，徐勇重整旗鼓。他发现，近年来随着我国产业升级，新兴市场特气需求持续增长。于是，徐勇首先成立了气体研发部门，专门做高纯、超纯特种气体研发，扩充产品品类。其次，他提拔了一位年轻的管理人员，“我希望通过他的努力，让企业有所突破”。

此外，他还想拓展气体之外的业务：“自从有了小空分之后，我就一直想做液体空分。”2021 年徐勇企业 5000 等级的液体空气分离设备投产，2024 年底 10000 等级的液体空气分离设备也开始试车。

如今，徐勇企业的年营业收入达到5亿元左右，员工也超过350人，谁又能想到26年前它还只是个五六个人的“小作坊”呢。

这一方面离不开徐勇在创业的摸爬滚打中总结出来的和一直坚守的企业文化：安全是生存之本，质量是企业发展之源，创新是企业永恒之基，珍惜、自信、不满足、齐心协力、共创辉煌。

另一方面，他一直保持着学习的状态，从2000年南下学习至今，徐勇坚持每年走出去一趟，学习北方企业的人情味，跟南方企业学经营思路。他不断地学习企业经营之道和员工管理知识。

为了让员工从蓝领变成白领，徐勇坚持内部培养和提拔。他认为：“企业的发展离不开员工，员工的成长也离不开企业。企业要带着员工一同前行，让员工跟着企业一起成长，不仅技术水平得到提升，眼界、管理能力也进一步提升，真正从蓝领变成白领。”

在内部人才的培养上，徐勇认为首先要敢于放手：“员工提出想法后，只要有50%的成功率，就放手干。如果做成了，员工就很有成就感，自然知道下一步该怎么做。”

其次，宽容对待员工犯错。徐勇说：“犯错本身就是自然规律，人不可能永远只做对的事。犯错就问责的做法，容易让员工在工作中保守求稳，反而是对企业的伤害。工作做得多的人才犯错多，什么都不干的人不会犯错。”

在第25届中国国际气体技术、设备与应用展览会上，土耳其大使馆商务参赞和国内行业专家莅临济宁协力特种气体有限公司展台

培养人才的同时，更要留得住人才。徐勇常对其总经理说：“你现在最重要的工作就是，如何保证职工收入的增长。”稳定且持续增长的薪资，是留住人才最基本的要素。徐勇在这方面吃过亏，曾因忽视了涨薪问题，导致一位高管被其他企业高薪挖走。吃一堑长一智，自此他格外重视薪资

问题，力争让企业完善健全。

对于中国工业气体未来的发展，“我看好气体行业的发展，几乎所有行业都要用到气体，它是基础能源”。徐勇认为，气体行业下一步的发展方向和机遇，一方面是如何去除杂质，做高纯和超高纯气体；另一方面是如何把标准气体的量值定准、如何提高工业气体质量、保证生产稳定。

从 1990 年参加工作，到 1998 年用 6000 元和一辆人力三轮车白手起家，再到如今年营业收入达 5 亿元。徐勇一路走来，可谓经历了诸多磨难，能有今天的成绩，他认为是搭上了国家发展的顺风车：“我最感谢邓小平同志的改革开放政策。”好的市场环境是创业者的沃土，改革开放正是推动中国经济高速发展的“5+1”组合中的“1”。

同时，他认为：“坚持，是一个人乃至企业最重要的品质。任何事都有高潮和低谷，得意时不忘形，失意时不忘志。认准一件事坚持到底，终会有收获。”

创业近 30 年，徐勇从没为自己想过，他的目标从最初让家人过好，到后来让员工过好，再到如今想把企业建设为样板示范，带动行业变革，引领中国气体行业从劳动密集型向技术密集型转变，让行业“变得更好”。锲而不舍，金石可镂，这一天也许并不遥远了。

# 李恒培

## 责任感驱动的人生，贫寒农家闯出气体阀门先锋路

人物小传：李恒培，山东阳谷万德豪阀业有限公司创始人、总经理。在气体行业深耕30年。1995年毕业于天津外国语学院（天津外国语大学前身），从翻译做起，后切入外贸，直至圆梦创立自己的企业。自创立之初至今，李恒培的企业已经逐步发展成为专业生产液化石油气钢瓶阀门、压缩天然气瓶阀门、工业气体阀门的知名企业，产品打入欧美、中东、东南亚等数十个国家和地区市场，在国际市场崭露头角。他的企业先后荣获“高新技术企业”“专精特新企业”“科技型中小企业”“晨星工厂”等多项称号，并连续6年获得税务局“诚信纳税企业”表彰，2017年被授予山东省行业“隐形冠军”。

责任感是自觉担当的态度，是成就人生的基石。李恒培的人生经历就是这句话最真实、质朴的诠释。李恒培出生于山东省阳谷县普通农家，贫寒家境让身为长子的他早早懂事，田间地头的农活是生活给他的磨砺，也

铸就了他坚韧不拔的性格，更在心底种下靠读书改变命运、带领家人脱贫的种子。他凭借不懈努力考入天津外国语学院，在时代浪潮与家庭变故的双重催化下，他毅然放弃银行安稳的高薪工作，投身外贸与气体行业。从威海合资企业翻译岗位回归家乡，进入国有阀门厂负责出口业务，自此开启积累之旅。

工作中的他，总能以巧思降本增效，用执着赢得信任，凭借点滴努力汇聚人脉、积攒经验，为创业筑牢根基。1999 年阀门厂改制，他抓住机遇，开启创业之路。创业初期，他稳扎稳打，先聚焦出口，后敏锐洞察短板，布局国内产品，开启“两条腿走路”模式。为提升企业竞争力，他诚聘上海退休工程师，带领工人精心钻研，实现产品质量飞跃，赢得客户的长久信赖。历经风雨，公司逐步壮大，年营业收入近亿元，领跑工业气体阀门细分领域。

如今，企业责任感和社会责任感正在推动他迈向更高远更辽阔的未来。同样是这种几乎根植于灵魂的责任感，让他扎根气体行业，做好中国的工业气体阀门。

## 走进气体领域，家庭责任感驱动的事业选择

1970 年，李恒培出生于山东省聊城市阳谷县石佛镇一个普通家庭。俗话说，穷人的孩子早当家。作为家中长子，他早早开始分担家务，放学回家就到地里干活是家常便饭，“割草、打药……什么农活都干过”。

同时，由于家境贫寒，他早早下定了靠知识改变命运的决心。早在高中时代，李恒培就已对未来有所规划，即将来要走经商之路，带领家人过上好日子。那时候大学招生名额非常少，考学不易。李恒培回忆说：“一个村 2000 多人，一年也就两三个人考上大学。”而他无疑是努力且幸运的，1992 年，他成功考入天津外国语学院。

彼时恰逢改革开放进入新阶段，市场环境一片欣欣向荣，这更坚定了李恒培毕业从商的决心。而天津外国语学院这所历史悠久的外语大学的培养，为他日后从事出口贸易打下了基础。

大二那年，李恒培的父亲突然病逝，作为家中长子，家庭的重担从此

沉甸甸地压在他的肩上。1994 年，他大学毕业后被分配到阳谷县工商银行。银行的工作在当地是数一数二的高薪工作，足以让李恒培过上体面的生活，但不足以达成带家庭脱贫的目标，因此李恒培放弃了这份工作。

之后，李恒培转而进入山东威海市荣成市一家中德韩三国合资企业。这家公司待遇非常优厚，比如，该公司一次接待费就有一两千元，以当时普遍月薪 200 元为参照，便可见其待遇之优厚程度。但正是由于待遇太优厚，李恒培难以心安理得地独自享受这种生活，“想想我吃得好，家里老人过的是什么日子，我心里就不舒服，睡不着觉，就要回来”。毕竟，在荣成他完全照顾不到家里，思来想去，他决定回家。

于是，在仅过了三个月优渥的职场生活后，1994 年 11 月，他便回到家乡，进入一个效益不错的国有阀门厂，从此扎根气体行业，30 年不改其心。

## 涓滴成河，打下创业根基

1995 年起，李恒培在阳谷县阀门厂负责出口业务。在此期间，他积累了后来成为自己创业最宝贵的财富，无论是产业理解、出口业务，还是人脉、客户积累，都为他未来的道路奠定了坚实的基础，特别是赢得了他事业发展上的一个个贵人。

“我是吃过苦走过来的，所以非常珍惜机遇，在努力的过程中会全力以赴。”李恒培负责的出口业务日常工作内容之一就是负责货物运输。货物量不大，一般是一两吨。工厂有运货车，在他之前，工厂一直是用自己的货车运货，满车去空车回，一趟成本 2000 多元。他接手之后，认为这种方式有点“大材小用”，便改用河南新乡或河南濮阳到青岛的卧铺火车。虽然人会辛苦一些，成本却只有四五百元，一趟便可以为工厂节省成本 1500 元以上。

有一次，他送货到一个外贸公司的仓库——在流亭火车站附近，离青岛市区还有一定的距离。当时正好遇到下雨天，李恒培联系对方公司的一个负责人，请仓库协助派车过来，一吨多的货，只有他和对方公司的人从长途客车往仓库车上搬。那位负责人几天后告诉李恒培：“小李，给你挪个货，累得我胳膊都酸了，几天都缓不过来。”

正是这种对工作的认真负责态度帮助他得到了来自同事、客户的广泛认可，而这些人又成为他事业上的贵人。有一次，一个外贸客户欠厂里97500元货款，原定周五还款，结果李恒培如期到对方公司结款时，对方却回复无法还款，让他回去。考虑到马上周末，这一拖就又拖出两天，李恒培就在对方办公室一直待着，“你得守信用，你说的这周末给我钱，你不给我，还叫我走，我不走，我饭也不吃，你不给我钱我就不走”。外贸客户负责人有感于他的执着，当天下午就结清了这笔货款。不仅如此，该负责人还因此建立起了对他的信任，两人慢慢成为朋友。

此外，在阀门厂工作期间，李恒培还会利用业余时间做些小生意，比如春节前存些化肥，到春天灌溉播种时卖出去，赚一些收入等；有时给学校部署电脑、语音室等。就靠着这样踏踏实实、一点一滴的努力，李恒培坚定地实现着最初朴素的梦想——带家人脱贫。

## 水到渠成，订单推动的创业

经过阳谷县阀门厂的积累，创业对李恒培而言，可以说是水到渠成。1999年，阳谷县阀门厂因经营不善要改制，李恒培便离开了。当时，青岛外贸客户想继续延续业务关系，便问他能否继续做原来的业务。“既然你们这么信任我，那么我尽量做到。”就这样，李恒培组织了一批下岗技术工人，到聊城租赁厂房，用“借鸡生蛋”的办法，使业务得以延续。

第二年，借当地招商引资的机会，李恒培回到石佛镇，用数年积蓄和从亲朋处筹措的20万元正式创立山东阳谷万德豪阀业有限公司。

最初，他只是做老本行——出口，每年业务量有100万元到150万元，以当时初创企业的规模而言不算少，但李恒培很快发现只做出口就像“一条腿走路”，过于单一。因为向美国出口有明显的淡旺季，圣诞节、夏季都是淡季，厂房、设备的闲置会造成不小的浪费，而且淡季总是放假，不利于留住人才。2003年，李恒培开始布局国内产品，尝试“两条腿走路”。

这种“两条腿走路”的战略帮助他的企业成功穿越经济周期，走过21世纪第一个10年。不过，李恒培并不满足于此，既然担负起了企业的责任，他就想带领企业走得更远。他想通过产品技术升级提升竞争力。当时工业气体阀门领域国内技术最先进的是上海阀门厂。2012 年，李恒培诚聘了一位上海阀门厂的退休工程师做顾问。

最初，这位退休工程师不愿意放弃上海的安逸生活远赴山东。李恒培便三顾茅庐，亲自乘高铁多次前往上海相邀，用了 3 个月，终于用诚意打动了退休工程师。李恒培和他的工人们也没有辜负老工程师的信任。老工程师退休前没有实现的职业理想在阳谷这片热土上实现了。在老工程师的指导下，朴实的工人们按照要求重新做产品，把技术彻底吃透，严格践行老工程师的理念，把产品质量做上一个新台阶。

对于气体人而言，用产品质量说话无疑是康庄大道，回报则是客户数十年如一日的信赖。李恒培自豪地谈起一个东南亚的客户："十几年始终如一，他不管从哪里订钢瓶，都是从我们公司拿阀门，他的产品也因此受到其东南亚用户的好评，这都得益于用户长期以来对我们产品质量的信赖。"

时至今日，李恒培的公司年营业收入已接近 1 亿元，这已经是工业气体钢瓶阀门细分领域当之无愧的国内领先企业。

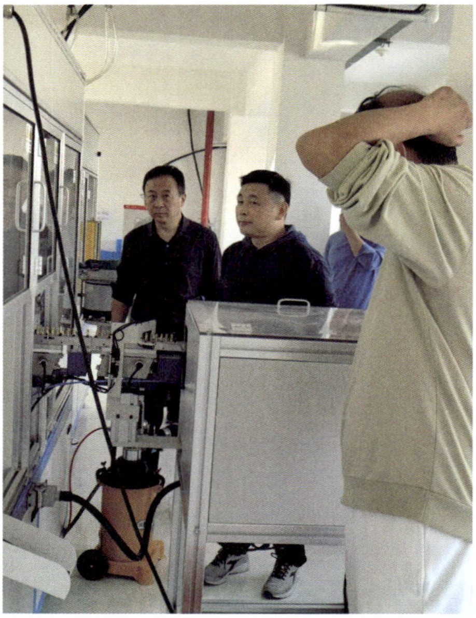

李恒培（左一）带客户参观产品

李恒培当前的团队有 70 多人，在用人理念上，李恒培崇尚让员工自由发挥，不会采用千篇一律的刻板管理模式，"天高任鸟飞"，他给予员工足够的发挥主观能动性的空间。他深知员工大多来自工厂周边，生活中难免有需要灵活处理的事务，所以并不让员工严格执行考勤，而是充分信任他们。他说："我的员工都非常自觉，请假也不会耽误工作，甚至能提前把工作安排妥当。"

面对这种相对宽松的管理，有人将其类比为道家老子提出的"无为而治"。李恒培认可这一说法，他认为创新探索需要自由的氛围，过程中出错在所难免，应该允许员工犯错，要让员工能从失败中积累经验与教训。

在这样的理念模式下，员工们得以放开手干，也培养出了主人翁精神。李恒培对员工的表现相当满意，他认为当员工把企业的事当成自己的事时，就达到了管理的目的，员工不会想着跳槽去其他公司，而是安心在此奋斗，甚至有退休后仍想留在这里的意愿。

他感慨道："工厂发展到今天，凝聚了每个员工的辛勤付出与奉献，大家荣辱与共。"

## 脚踏实地，人生没有过不去的坎儿

如今，已过天命之年的李恒培状态非常好。每天早上八九点到公司办公，每周打三次羽毛球，"我同学跟我开玩笑说：'以前你上学的时候像小老头，现在反而年轻了。'"这种生命活力，既是源于践行目标的满足感，也是对他与生俱来的乐观坚强的正向回馈。

创业 20 多年，李恒培经历过的大大小小的困境不在少数，关乎企业生死的局面也并非没有，但他总可以坦然面对这些沟壑。

李恒培在创业之路上，曾深陷一场惊心动魄的担保危机。2012 年，一位既是高中同学又是大学好友，且在银行负责贷款业务的同窗找到他，言辞恳切地请求李恒培为一家企业做担保。出于多年情谊的深厚信任，李恒培毫不犹豫地签了字，甚至对担保金额都一无所知。不久后，隐患开始显现，李恒培的弟弟察觉异样，提醒他所担保企业可能存在问题。李恒培如梦初醒，急忙联系同学询问，得知担保金额竟高达 600 万元，而彼时自家企业贷款才 300 万元，巨大的差距让他顿感事态严重。后来被担保企业资金链断裂，无力偿还贷款。银行将李恒培起诉至法院，要求他承担还款责任。他说道："我当时心里就想，这要是输了，公司可就全完了，破产也不是没可能。"

幸运的是，李恒培平日广结善缘，身边的朋友纷纷伸出援手。他们凭借专业知识与对行业规则的熟悉，仔细研究案件，发现银行担保程序存在多处签字不合规、不合法之处。在长达近一年的诉讼过程中，李恒培承受着巨大压力，不仅要处理公司日常繁杂事务，确保企业正常运转，还要为官司四处奔波，他虽身心俱疲却咬牙坚持。他感慨道："那段时间，虽然非常疲惫，但非常坦然，自己不能放弃，始终相信公理在。"

功夫不负有心人，最终法院判定李恒培胜诉，他无须承担还款责任。不过，在此期间，为尽量降低负面影响，李恒培已先行垫付20万元利息，经济上虽有损失，但最终成功化解这场致命危机。

"这个教训是非常深刻的，当时因为担保陷入困境的比比皆是，自己还算幸运，作为被告，打赢了官司。"

李恒培参加县政协委员会会议

谈起未来的事业规划，他清晰、务实、专业，一如过去数十年他做事的风格："第一是把去年刚上的液化石油气钢瓶阀门业务再巩固扩展一下，这一业务国内市场需求量比较大，但市场竞争也非常激烈，我们始终秉持把质量做好，严格按照国家规定来生产销售。第二是工业气体钢瓶阀门这一领域，从2025年起，氧气钢瓶的国标有了变化，原来是普通阀门，现在改成了一个保压阀。以前的老阀门容易造成气体混装，存在安全隐患，每年都要发生一些爆炸事故，造成严重的人员和财产损失，国家将从2025年开始，要求氧气钢瓶全部换成保压阀，我们在3年之前就开始深入研究保压阀。出口方面的业务明年计划再扩展，基于东南亚、中东市场的良好表现，我们要再把欧美市场打开。"

除了短期规划，他还兴致勃勃地谈及远期目标："把企业做成百年企业，这是我的目标。"短期目标务实，长期目标远大，仰望星空，脚踏实地，是贯穿李恒培事业的风格，又何尝不是他的人生轨迹？

回顾一路走来的历程，李恒培目标明确且坚定。早在上高中、大学时，他便立志从商，想干出一番事业以带领全家脱贫致富。现在，家庭责任已超额完成，企业责任、社会责任成为他继续前行的原动力。"以前是家庭责任，现在肩负了企业责任，还有社会责任，经营企业不仅仅是为了盈利，上缴税收、创造就业岗位等都是为社会做贡献。”孟子有云：“穷则独善其身，达则兼济天下”，莫不如是。

他坚信：“人无信不立，诚信是个人与企业的立足之本。”他坦言：“人生必然遭遇诸多挫折与困难，但要始终怀揣‘没有过不去的坎儿’的信念，坚信办法总比困难多。”

# 吕　君

## 不求完美但求完善，小容积气瓶做出大文章

人物小传：吕君，山东鲁建高压力容器有限责任公司董事长兼总经理，在气瓶、压力容器行业拥有30多年的积累。1992年毕业于山东省机械工业学校模具设计与制造专业，毕业后继续深造，分别获得山东工业大学机械工程专科学位、国家开放大学机电一体化技术专科学位，以及大连大学机械设计制造及自动化本科学位。他起步于山东省高压容器厂技术科，历任技术员、工艺工程师、技术副厂长，参与多项国家标准制定和产品设计。

山东省高压容器厂改制为有限公司后，他从生产部部长、技术检验部部长一直做到总经理。2012年带领团队获得“中国气瓶五强企业奖”，并取得医疗器械注册证和生产许可证。2020年新冠疫情期间，保障医用氧气瓶供应，获得“中国气体行业抗疫捐赠公益大奖”荣誉。他也发表过多篇专业论文，参与国家标准讨论，获得“优秀共产党员”和“省管企业优秀党务工作者”等多项荣誉。

小容积气瓶，这些小巧玲珑的“气体守护者”，在化学实验室、家庭养鱼、医疗机构、食品保鲜、旅游设备乃至兵器装备中大显身手。它们以超强的能力保护着化学药品的纯净、珍贵样本的稳定、食品的新鲜和救命良药的安全。这些小瓶子不仅保证内容物的新鲜和纯净，还确保了人们在使用时的安全。随着科技的加持，它们变得更加智能，能够监测环境变化，为人们的日常生活和科研探索带来更多便捷和乐趣。

吕君于 1992 年进入高压容器领域，至今已深耕 30 余年。在繁忙的工作当中，他还攻读了两个专业学位，这种终身学习的精神也激励着他的团队成员不断提升自我。他的创业契机源于国有企业转型的挑战。从 1999 年开始改制，经过长达 16 年的努力，在 2015 年最终完成。在此期间，他始终坚持技术创新，即使在担任管理岗位时也不忘同步推进技术研发。这使得他带领团队最终在小容积气瓶这个赛道取得了傲人的成绩，奠定了公司在高压容器领域的竞争基石。

吕君的做事做人理念是“不求完美，但求完善”，十分重视工作的可追溯性。为此，他坚持做工作记录的习惯已有 30 多年，一摞摞的记事本中记录着工作中的关键点和进展，这帮他积累了宝贵的经验，使他对事物发展的规律有敏锐的判断和把握。他保持着规律作息，早睡早起，确保以充沛的精力投入每一天的工作当中。这种严谨的工作态度和健康的生活方式，使他带着团队推动小容积气瓶领域迈向新的高度。

## 工作后持续学习，拿下两个新专业

吕君中专学的是模具设计与制造，1992 年参加工作后，边工作边读书，又攻读了机械工程和机电一体化两个专业。

“随着工作实践的深入，自动化技术日益普及，我意识到需要进一步提升自己，因此决定学习这两个专业。”谈到为何要继续学习，吕君说，“那时既没有电视、电影，也没有电脑、手机，业余时间只能用来学习。工作再忙，也要挤出时间来学习。”

吕君的职业生涯起步于技术岗位，随着工作岗位的变化，吕君更加认识到技术对于工业型企业，尤其是制造型企业的重要性。在他看来，企业管理者必须具备良好的技术素养，才能在管理中游刃有余，避免走弯路，还能在产品创新的同时提高效率，降低成本。“在不断琢磨如何解决问题的过程中，一些技术创新和突破的灵感就会突然闪现出来。”他说道。

对于技术创新和突破，吕君有着独到的见解。他提到，这主要基于对技术进步的了解和知识点的掌握。“就说无缝气瓶吧，我们早期的产品基本是手工制造，没有通用机床，机械化程度很低，因此产品也比较单一，难以保证产品质量、稳定性和生产效率。”吕君说。随着社会需求的增加，尤其是对产品外观和内在质量的要求不断提高，他凭借持续学习所掌握的机电一体化知识和对技术进步的深刻了解，敏锐地洞察到行业发展的趋势和自己企业的短板。

年轻时期的吕君

技术积累对于领导管理也至关重要。“要想管理到位，就必须了解工艺流程和专业进展，知道先干哪个后干哪个，每个人要干多少，并合理分配工作，确保每个人都清楚自己的任务和目标。”吕君深有感触地说。

28 岁那年，吕君已工作 6 年，被提拔为分厂副厂长，主要负责技术质检工作。对他来说，这次晋升不仅是一份荣誉，更是一份责任和动力。他当时给自己设定的一个小目标就是确保技术质检基础工作得到充分的重视和执行。

“那个年代，我也没有更高的追求，就是扎扎实实做好每一项工作。”吕君的质朴言语中透露出他对工作的态度。

## 企业改制历经 16 载，瞄准小容器积气瓶赛道站稳脚跟

吕君的创业契机始于国有企业的转型。20 世纪 90 年代末至 21 世纪初，公司前身——山东省高压容器厂响应国家政策开始改制。

面对困境，吕君和团队在迷茫与彷徨中寻找着方向。他们依托上级单位山东省工业设备安装公司的强力支撑，从单纯的设备制造扩展到设备安

装，实现了制造与安装的结合，为改制找到了突破口。随着改制的深入，公司从山东省建工管理局划归到山东省国资委，明确了企业发展方向。

1995 年前后，在市场需求的推动下，吕君他们瞄准了小容积气瓶。虽然初期市场较小，产品成熟度不高，但他们还是逐渐在医疗、食品、兵器装备等多个领域找到了应用场景。高端无缝气瓶的研发始于与原国家机械工业委员会五三研究所的合作，他们成功研发并安装了一套生产防弹衣的压力容器，为公司寻找了新的发展机遇。此外，在化工行业，其产品被用于齐鲁化纤聚乙烯项目。在电力行业，他们为高低价除氧设施配套压力容器，实现了国产替代，就这样一步一步开辟了一条道路。

随着医疗、家庭水草养殖观景等应用需求的扩大，小容积气瓶的市场需求也在逐渐增加，这让吕君他们渐渐走出了亏损的困境。

企业改制经历了长达 16 年的艰难过程，直到 2015 年才最终完成。在这个过程中，吕君作为分厂副厂长，与领导团队一起探索出一条新的发展道路。

在小容积气瓶项目推进过程中，吕君团队起初是与青岛大学的一位老师进行交流，以解决部分问题，后来又遇到了一位哈尔滨工业大学毕业的技术专家。在与他们深入探讨、综合各方思路后，研发团队成功将数控化设备进行了有效融合，首开用智能化生产设备生产小容积气瓶的先河。智能化生产设备攻克了在跨度极大的小容积气瓶直径与容积规格下实现工装夹具灵活适配的难题。

“令人欣喜的是，当我们完成设备研发之际，国家恰好开始实施新的数控自动化标准，这无疑为我们的产品推向市场提供了有利契机。”吕君欣慰地谈道。

当 2018 年国家标准 GB/T 5099.3—2017 实施时，他们公司的设备已经走在了行业前列。这得益于吕君参加了这项标准的审核，他对行业标准的深刻理解和提前布局，使得公司在激烈

吕君（左一）与客户沟通产品技术相关细节

的市场竞争中占据了优势。而国外在智能化设备生产小容积气瓶方面还没有相关标准出台，山东鲁建高压力容器有限责任公司成功填补了这一空白，为行业树立了标杆。

如今，他们生产的无缝气瓶主要服务于中小容积市场，广泛应用于家庭、医疗机构、食品行业、实验室和科研单位，甚至军用领域也有所涉及。这些气瓶因其便携性，成为旅游、家庭养鱼、水草养殖等领域的必备品。

对于未来市场，吕君认为，小容积气瓶的应用领域将更加广泛，包括高海拔地区使用的便携式氧气瓶、清洗机用二氧化碳瓶等，特别是在急救设施中，小容积氧气瓶的需求有望持续增长。随着科技的发展和市场需求的增加，急救应急领域可能会成为新的增长点。当前的应急救援设备只有阻火功能，以后可能会增加氧气功能。急救设备加上小容积氧气瓶就可以在矿山、消防、应急救援等领域发挥更大的作用。

如今高层建筑林立，若能开发出一款价格亲民、仅需几百元的应急产品，相信大多数家庭能负担得起。他提到，相较于一二百元且两年后就可能失效的灭火器，这样的产品显然更具实用性。若能将急救迫降装置与自救装置相结合，其效果将会更好。在浓烟弥漫或人群拥挤等复杂环境下，这样的装置将发挥关键的作用。

## 逆流中让利来保市场，蓄能等待时机

公司改制之后，作为企业带头人，吕君面临一系列重大的职业挑战。特别是在疫情之后市场低迷的这几年，他经历了从业以来除了国有企业改制之外的又一艰难时期。面对不利条件，吕君和团队采取了一系列应对策略。

2021 年公司成立之初，正值疫情后经济逐渐恢复时期，他们迅速投入规模生产，销售额实现了历史新高，为公司发展打下了坚实基础。

然而，2022 年市场开始下行，吕君及时调整策略，收拢业务以寻求稳定。

2023 年和 2024 年，他们继续采取维护老客户、开发新客户、放弃部分利润的策略，通过提升设备的自动化程度，提高生产效率，保证市场占有率，让利于客户，共克时艰。尽管利润有所降低，但确保了一定的规模产量，从而保障了公司的收入和员工的薪酬。在经济波动影响下，公司能够维持运营，并在此基础上不断扩大市场份额，已实属不易。

吕君（中）与质检、技术人员检验气瓶外观质量

“尽管当前市场动力不足，但并非没有市场。”他非常重视产品品质和服务的重要性，凭借产品实力与客户建立强黏性的合作关系。同时，为了告别“内卷”，他们一直在拓展海外市场，目前出口额占公司营业收入的50%以上，中东、东南亚等海外市场已成为公司继本土市场之外的第二大重要市场。

统计显示，2024年1—7月，我国规模以上工业企业营业收入利润率为5.4%，同比下降0.37个百分点，这说明在成本上升和市场压力下，保持利润率是企业普遍面临的挑战。

2024年，在多重策略的推进下，公司的业务逆流而上，业绩实现了近10%的增长。“哪怕利润再不好，只要有量，自然就有一定的利润，比起2023年，我们各方面指标都要好得多。”吕君说道。

以吕君的经验来看，即使在市场低迷时期，通过精准的市场定位、灵活的经营策略和对客户需求的深刻理解，企业依然可以找到增长利润的机会。

对于行业的未来，吕君持谨慎乐观态度。“虽然难以预测低迷状态会持续多久，但公司利润一直在稳步恢复与增长。”他强调，在有限的市场份额中，关键在于做好产品的品质与服务，多与客户沟通交流，继续扩大市场份额，不求利润，要让利于市场。他相信，只要打好基础，一旦国内外形势好转，公司就能顺势而为，实现利润增长。

## 人生在世，不求完美但求完善

企业带头人非常忙碌，也承受着巨大的压力，保持良好的工作状态和生活平衡对他们来说是至关重要的。吕君能够在工作中全心投入，关键在于他从不将生活中的压力和不愉快带入工作时间。这种“拿得起放得下”的态度对于维持工作生活平衡至关重要。

吕君从中专毕业到工作期间新学习两个专业，又先后成为技术骨干、部门负责人、企业带头人，通过持续学习，他的人生界面在不断拓宽。这种持续学习的精神带动了身边的员工，在他的鼓励下，公司的十几位管理人员基本拿到了相关技术学历。

他说道：“这些年，国家职称评定政策放宽，只要从事技术岗位又有学历，并达到一定年限，就可以评定中级、高级职称。公司也制定了相应政策，给予一定的岗位奖励补贴，鼓励员工通过持续学习来提高职称水平。”这为公司营造了一种积极向上的学习氛围。

除了工作和学习，吕君的爱好并不多，闲下来偶尔喝喝茶、散散步，累了就多休息一会儿，看看新闻放松一下；朋友一起聚餐，愿意喝多喝点儿，不愿意喝少喝点儿，从不强求。

人过四十，拼的就是能量和精力。睡眠是一种很好的补能和调节方式。吕君的家距离公司 50 千米，他平时就住在开发区的工厂。平时，他有着十分规律的作息时间，一般晚上 9 点多去休息，早上 6 点左右起床。

高度的自律性不仅有助于个人健康，也对工作效率和产品质量有着积极的影响。吕君认为：“根本思路在于自我控制，约束好自己，信守承诺；在生产经营和商务合作中确保履约；在工作中朝着自己的目标努力，将工作做到完善。”

此外，吕君极其看重“可追溯性”，重要的事务他都会做记录。这一习惯使他在处理后续事项时能够参考之前的记录，从而更好地梳理思路，做到有条不紊。

“这就像打腹稿和做预案，它要求我们具备高度的自觉性和前瞻性思维，通过预测可能发生的各种情况，制定出详尽的应对方案。这不是一个简单的规划过程，而是需要我们将每一个细节都考虑在内，确保在突发事件发生时能够不慌不忙，在可控范围内有序地推进各项工作。”他说道，“预案能够帮助我们迅速发现问题所在，并找到解决方案。预案做得多了，形成了一定规律，碰到突发事件时，马上就能判断问题出在哪里，应对反应也快了，因为这种应对机制在我们大脑里已经储藏很多了。”

30 多年来，吕君的工作记录从未间断过，每天列提纲、做总结，一年要用好几本小册子，工作记录本攒了一大摞。

回顾一路走来的历程，“无论年龄如何，持续的奋斗与学习是取得成就的关键。人生在世，无论从事何种工作，都应扎扎实实做好每一件事，不求完美，但求完善”。他分享道。

# 朱　萍

## 中国天眼、西电东送背后的气体支撑者

人物小传：朱萍，历任贵州太阳工业气体有限公司党办秘书、销售经理、副总经理、总经理，贵阳天元气体公司党委书记，2015年起担任贵州省工业气体协会秘书长，2024年中国气体行业杰出女性贡献大奖得主。1993年从贵州师范大学汉语言文学专业毕业至今，她从事工业气体行业经营管理工作超过30年。先后参与西电东送、贵州桥梁、中国天眼等大型项目的建设，为推进贵州省工业气体行业发展，团结和凝聚全省气体会员企业，发挥了不可替代的作用，得到了贵州省民政厅、贵州省工商联和贵州省气体协会的高度认可。

提起贵州省，浮现在人们脑海里的，除了独特的喀斯特地貌外，一定有贵州的中国天眼、西电东送、乌江大桥等享誉全国、惠及全省的大型工

程项目。而鲜为人知的是，这些宏大的工程项目，无一例外都有“工业气体”的默默参与。工业气体就像“血液”一样，支撑着工程建设完成，为贵州省这几个大型工程项目输送“血液”离不开一个在幕后奉献的人——朱萍。

朱萍的人生就像一个接着一个的让人猝不及防的“大反转”，而这些反转的目的只有一个——推进贵州省气体行业前行，再前行。她从汉语言文学专业毕业，却跨界在工业气体领域就业；又从公司宣传员转岗为销售，从底层业务员，一路走到企业带头人，再到协会秘书长。从业 30 多年，其任职的公司，由她牵头先后支撑了多个国家级重大项目的顺利竣工；她履职的贵州省工业气体协会领导班子，增强了贵州本土气体企业的凝聚力，促进了贵州省气体企业与国内同行的深度交流，加强了工业气体行业的区域协同。

## 从文学跨界工业气体，面临知识和环境的双重考验

工业气体作为现代工业的基础原材料，广泛应用于冶金、化工、军工、医疗、机械等传统行业，以及半导体、生物医药、新能源和新材料等新兴产业。可以说，工业气体虽然看起来离人们的生活很远，但大到城市建设，小到制造我们手中的手机，都离不开它。

1992 年中国正式确立了建立社会主义市场经济体制的改革目标，从 1993 年起一系列政策依次颁布实施，中国经济开始加快速度发展。这一年，朱萍从贵州师范大学汉语言文学专业毕业，误打误撞进入与自己专业相差十万八千里的工业气体领域，任贵州太阳工业气体有限公司党办秘书并负责宣传工作。

20 世纪 90 年代后期，社会化分工和专业化生产的理念逐步被企业和社会接受，大型专业气体供应商逐步涌现，部分企业开始将用气需求外包，气体行业表现出广阔的发展前景。朱萍所在的公司主营工业气体分装、销售。然而，行业也存在不容忽视的现实问题，就外部环境而言，我国工业气体相较于西方国家起步晚，20 世纪 80 年代后期，外资企业开始进入中国市场，依靠雄厚的资金和丰富的经验迅速占领了中国工业气体市场。朱萍

转岗这一时期，中国工业气体市场正被外资企业把控。

除了强悍的外敌，还有内忧。国内工业气体企业一般规模小、底子薄、基础差。最艰难的是，被外资瓜分后所剩不多的市场里，国内同行要么依赖国企资源，要么有医用氧资质不愁销路，朱萍所在的贵州太阳工业气体有限公司在夹缝中生存，业务全靠销售自己跑市场获得。

参加工作一年后，领导觉得朱萍想法多且能干，于是把她转岗为销售。从办公室到郊区谈业务，落差极大，不过朱萍欣然接受了组织交给自己的任务。“当时处在国家改革转型时期。”朱萍解释道，他们这一代人“选择职业道路，带有很大的偶然性”。

比起工作环境的巨大改变，更糟糕的是没有老师教，工厂的人对她大学生的身份有刻板印象，认为她有文化应该懂，根本不用他们教。

朱萍选择直面“困难模式”，她买来相关书籍和化工词典，边学边做笔记，她就像一块海绵，贪婪地吸收着工业气体的相关知识。为了尽快填补知识空缺，朱萍走到哪儿都会多留心，逛街时她甚至能在地摊角落翻到化工相关书籍，下企业时也会特意向一线师傅请教。

这种入职初期养成的对行业知识的敏感以及主动学习的态度，对朱萍整个职业生涯都有深远影响。她总能敏锐地发现气体行业的新动向、新变革，并及时了解相关的新知识，为她自己、为企业，乃至为贵州省的气体行业更上一层楼迈出第一步。

在补足行业知识上，朱萍用了 3 年的时间，终于从门外汉变成内行人。

然而，除了要应对行业知识不足的挑战，她还得克服跑业务时的艰苦考验。第一次联系业务时，她穿着一双布鞋走遍郊区的工业铺面、工厂，发光了两盒名片，脚也磨出了血疱。

朱萍回忆道：“有些地方非常偏远，班车一天才一趟，甚至很多地方连车都没有，需要徒步抵达。”更艰苦的是住宿条件，沿途没有住宿的旅店，她们一行人只能在路边苍蝇馆店主的家里借宿。对于彼时的贵州农村，通电已是最大的改善，店主除了提供一张床铺外，其余什么都没有。

朱萍印象最深的是，有一次，可供朱萍一行人洗漱的竟是一个盛放过猪食的又黑又脏的大铝盆。同行的大姐向店主要来了洗衣粉和热水，刷了好多遍才洗干净，然后她们把盆套上自带的塑料袋，这才放心洗漱。对她们而言，只要能洗脸洗脚有个地方睡觉就行。朱萍说："对当时的业务员来说，能吃上饭、有地方睡觉，第二天可以顺利开展业务，这种条件就可以了。"她的目的只有一个——把事情办好。

那些年，朱萍就是这样翻山越岭，一脚深一脚浅地做业务。凭着韧性和不服输的精神，她在行业内站稳了脚跟。

"在一个男性占绝对优势的行业，女性手无寸铁，想要立足，需要借助知识的力量。"朱萍谈道，"文化是女性的利器，也是女性的翅膀。"

## 从底层业务员到公司带头人，自己是最大的底气

进入 21 世纪以来，随着我国社会主义经济体制改革的推进，国内的工业市场快速发展，我国逐渐成为全球工业气体行业最活跃的市场之一，交通运输、能源与电力、通信与信息、城市基础设施、水利设施和生态环境等方面的各类项目如雨后春笋。

这些正是朱萍的机会。然而她没有"内部熟人"，无法提前得知工程建设项目的消息，也不认识能拍板决策的工程项目领导。于是，她时时留心各方消息，经常收看新闻联播、地方新闻报道，每天在中央和地方报纸上寻找相关建设项目的消息，分析建设项目的进展情况，一旦有相关信息，她立马深入项目现场对接。实践是检验真理的唯一标准，对接上只是第一步，能签下项目全靠"有心"。朱萍会一直跟进项目走到了哪个流程，是剪彩了？还是立项了？什么时候进场？又是哪家单位做安装？她一趟趟跑、一次次跟项目负责人沟通、跟进……

朱萍做业务员时，跑业务通常要面临极为简陋的居住环境

为了更好地把握客户的需求和心理，她还特意自学了心理学，作为跟

不同类型的人打交道的基础。心理学知识和专业知识的双重助力，让她开展起工作来更加游刃有余。

新知识不分行业，只要是自己能用到的，她都会去学习。除了心理学，朱萍对国际贸易局势、气体领域上下游产业的情况等都如数家珍，甚至会更深一步地思考它们对气体行业的影响，并做出工作上的预判。

朱萍谈道："衣服会过时，化妆品会过期，人也要随着时代更新自己。"

有了这些"储备"打底，朱萍清晰地认识到，在气体领域做工程跑业务，跟电视剧里演的请客、送礼这套潜规则完全不同。"找准客户需求，掌握好打开市场的时机，才是签下订单的关键。"朱萍说，"这是自己职业生涯前 20 年做业务的最大收获。"

朱萍把自己经常打交道的企业，根据自己的经验分为三大类，针对每一类客户群体都有不同的服务之道。

第一类是装备制造业。用工业气体做焊接，这类企业需要气体公司具备长期、稳定的供货和售后服务能力。气体产品的售后跟家电售后不同，朱萍对此有独到的见解："产品与售后服务同步，产品到，服务到，产品在哪儿，服务在哪儿。"售后服务是产品的后盾和保障。

第二类是朱萍通过电视、报纸找来的工程项目。针对这类客户，她认为只要做到"有心"、专业强，对方一般就不会拒绝。朱萍以中国天眼焊接工程供气为例讲述，她将公司几份签了 20 年合作的供货合同拿给对方过目，迅速建立起彼此间的信任。确定合作后，负责人坦言，朱萍在谈业务时所提及的几点都是他们最看重的。

第三类是科研单位。贵州省有很多农业类的研究机构，如地化所、科研所、农检站等，它们主要是实验室用气。朱萍摸索出，这类客户群体对价格不敏感，但对气体的供应能力非常看重。

有了这些实战经验的积累，朱萍的职业生涯势如破竹：先后拿下贵州省西电东送项目，从洪家渡水电站、索风营水电站、大花水电站的工业气体业务，到中国天眼工程、乌江大桥工程等国家级大型工程项目的气体供应都由她所在的公司负责。她所在的贵州太阳工业气体有限公司的销售额也从几百万元做到了千万元，并一直保持高速增长，公司也被评为贵州省"十三五"气体行业十强企业。

在20多年里，朱萍从一名普通的业务人员，一路披荆斩棘，蜕变成为业内销冠，并最终成为企业带头人。“职业道路上的师傅在自己的认知里，在平时的积累里。”她说道。

## 再“晋”职业道路新里程，做企业与政府的桥梁

2015年，贵州省工业气体协会换届，朱萍担任新一届领导班子的秘书长，实现了她职业生涯的又一次反转式跨越——从企业带头人，到企业与政府的桥梁；从气体企业的推手，到整个贵州省气体行业的推手。

在贵州省工业气体协会项津会长的带领下，贵州省工业气体协会开始推行解决民营气体企业的“老大难”问题——工程师职称。

“在气体行业，工程师职称是刚需。”朱萍解释道，当时国有企业可以申评职称，但民营企业处于无人管理的状态。以往企业通常会在外找工程师挂靠，这属于规则边缘的踩线行为。

朱萍作为秘书长，积极配合项津会长对协会发展做战略规划，充分发挥行业协会作为企业与政府沟通桥梁的作用，将此情况作为“行业问题”向上级部门反映，帮助民营气体企业发声。在贵州省工业气体协会的发力下，相关部门对民营企业工程师职称问题格外重视，迅速出台政策进行解决。朱萍直言，直到现在，协会仍在陆续解决气体公司负责人的工程师职称问题，让企业运行合规合法。

朱萍刚履职那会儿，贵州省气体企业经常“内斗”，就像各方诸侯一样，各自割据一方。作为贵州省工业气体协会秘书长，朱萍一直在思索如何“去内斗”化，因为只有这样方能长久地推动贵州省工业气体行业前行。

通过贵州省工业气体协会班子的牵头和努力，将贵州的气体企业负责人选进理事会，协会带领企业家们走出贵州，到浙江、江苏和上海等地考察学习，让这些企业家看到其他企业的规模、经营状态以及如何发展。

当走出去看到更大的天地时，贵州的气体企业家们不愿再做井底之蛙，考察活动赋予了他们很强的内驱力，他们表示愿意抱团取暖、和谐发展，并且希望协会充分发挥引领作用，企业会全力配合。

为此，贵州省工业气体协会开始举办行业交流论坛、主题年会、专项

培训等，让企业竞合前行，推动了贵州省整个工业气体行业的良性发展。这些成绩得到了协会上级主管部门，如贵州省市场监管局、贵州省应急厅、贵州省工商联等单位的高度认可。

此后，贵州省工业气体协会在贵州省气体企业中有了更强的平衡能力、协调能力和话语权。朱萍说："协会真真正正干实事，解决实际问题，企业才会信任协会。"

除了提振贵州省工业气体企业的信心，朱萍作为贵州省工业气体协会秘书长，积极参与全国其他省份的工业气体协会活动，为全国工业气体产业赋能，更为我国工业气体在全球市场的分量增加筹码。

朱萍履职贵州省工业气体协会秘书长期间，我国工业市场快速发展，工业气体下游行业需求日益增长，从需求端刺激了国内工业气体行业的发展，为我国工业气体行业带来历史性的发展机遇。我国工业气体市场规模由2016年的1082亿元增长至2021年的1798亿元，整体增速高于全球水平，预计2025年将达到2600亿元，逐渐成为全球工业气体行业最活跃的市场之一。

在这样的背景下，我国工业气体想要更进一步，"竞合前行"尤为重要。2023年是贵州省工业气体协会成立20周年，协会以行业大会的形式，邀请了新疆、河南、河北、江苏、广东、重庆等10个省、自治区、直辖市的工业气体协会秘书长进行交流学习，将全国的产业力量协同、联动起来，为促进我国工业气体行业合作发展起到了良好的作用。

对于协会今后的发展，朱萍已有了规划：一方面，协会为企业带来更精准先进的行业领域信息和分析研究。另一方面，行业协会不仅要立足贵州和中国，而且要带领企业出海投资发展。她讲道："协会要当探路者，了解国外配

朱萍（前排左一）入选贵州省"十三五"气体行业影响力人物

套气体的状况和政策，为企业‘走出去’提供参考。”

## 工业气体行业面临产业升级，不忘初心做时代的托举人

2024 年是朱萍参加工作的第 31 年，我国工业气体行业的竞争格局，已经从她 1993 年入行时的“被外资企业把控”，逐渐发展到“拥有话语权”。

目前，我国工业气体市场的第一梯队仍旧是以林德气体等为代表的外资巨头，它们占据了一半以上的市场份额，同时在全球范围占据主导地位；第二梯队是以气体动力、杭氧股份等为代表的中国综合性气体公司，它们经过多年发展，在技术进步、行业政策推动等因素的影响下竞争力逐步提升，在我国工业气体市场上占据着重要的地位；第三梯队则是金宏气体、中船特气等已具规模的国内工业气体企业；第四梯队主要是小型气体充装企业、气体贸易商等规模较小的气体企业，数量众多，且具有较为明显的区域性特征。

放眼全球，目前工业气体全球规模已破万亿元。国内工业市场也在快速发展，随着半导体、服务器、人工智能、量子计算等新兴应用的推进，电子气体将是工业气体行业新的增长点。

以 2022 年我国电子气体市场规模为例，占全球工业气体市场总规模的 9.02%，较 2016 年的 8.52% 有所上涨，预计 2025 年我国电子气体市场约为 218 亿元，而 2016 年这一数据仅为 92 亿元。

中国电子气体市场一边是新的增长点，一边是被外资企业占据的半壁江山，可想而知中国气体人的担子会有多重。敏锐如朱萍，自然察觉到了眼下大好却又严峻的形势。

“行业面临产业升级，未来电子特种气体、混合气体将是发展趋势。”朱萍举例道，现阶段外部环境对中国半导体产业的打压，将倒逼中国企业自己研发芯片，这一过程将对工业气体产生巨大需求，并将驱动中国工业气体市场规模继续扩大。

“未来 20 年将会是我国电子产业蓬勃发展的 20 年，也将会是电子产业上游配套电子气体的黄金 20 年。”伴随着机遇，她也有担忧，“对于这一部分内容，没有现成的教科书可以学习，需要我们基于对市场、国际形势、

真实发展情况的判断自己来摸索。”

行业的发展离不开人才。20世纪90年代初期，朱萍参加工作时，计划内的大学生投身气体行业的少之又少。“但现在，很多985、211毕业的本科生和研究生进入气体领域，让气体行业的人才素质得到大幅提高。”朱萍甚是欣慰，她说，“打破贸易壁垒、顶住行业打压、解决‘卡脖子’技术，归根结底都需要人才。”

朱萍获得2024中国气体行业杰出女性贡献大奖

朱萍坚信：“随着更多有文化、有实力的年轻人进入气体行业，将会推动该行业发展得越来越好。”

为此，朱萍也非常有意识地培养人才。她分享道：“对年轻人要进行开放式管理，要根据每个人的具体情况来制定目标或结果。在这个过程中，要给年轻人充足的空间，不必有太多约束，让他们自己发展。这样可以调动年轻人的能动性，让他们在处事过程中思考，体会到通过自己努力而获得成功的喜悦。这样才能培养年青一代气体人的职业归属感。”

她谈道：“一个在职业中没有成就感、存在感的年轻人，很难爱上自己的职业。事业上的成就感，是支撑年青一代在气体行业深耕的关键因素。”

回忆起30多年的职业道路，朱萍坦言，自己在意气风发的年纪从事气体行业工作，虽然有过“忍气吞声”“低声下气”，但从未后悔，这30多年来可谓“三十功名尘与土，八千里路云和月”，她为自己的人生选择感到荣幸和骄傲。

“不论做事还是做人，都要认认真真，还要心怀感恩。”朱萍对职业生涯的感悟以前如此，以后也会如此。

# 蒋　煜

## 敬天爱人，做一家“有品格的幸福小企业”

人物小传：蒋煜，现任湖州三井低温设备有限公司（以下简称三井低温）董事长。自同济大学毕业后，加入湖州市建筑设计研究院。随后参与创立了两家公司，首次创业的湖州永汇水处理工程有限公司荣获“省级专精特新‘小巨人’企业”称号。2004 年与同学共同创办的三井低温，已成为能源、燃气、空分及钢铁化工等行业低温泵的主要供应商；此外，三井低温在高纯度电子气体用泵、3D 打印合金粉末制取所需超高压低温液体泵以及氢气瓶检验用高压液氮泵等特殊应用领域取得突破，实现了这些产品设计与制造的国产化，打破了国外技术封锁，填补了国内相关领域的空白。近年来，三井低温先后获得国家级专精特新“小巨人”企业、国家高新技术企业、省级研发中心、省创新型示范中心企业及市工业行业隐形冠军等多项荣誉。

用“上善若水，水利万物而不争”这句话来描述蒋煜的职业理念恰如其分。尽管先后创办了两家实业公司，并担任三井低温的董事长，但蒋煜最常提及的是“团队的力量”。他谦逊地表示：“在两家公司中，我都不是主角。”“从创业开始，我就一直将自己定位为辅助者。”或许正是因为这种态度，当有同学想要创业时，总是愿意与他合作。

经过20多年的努力，三井低温已成为细分领域的前三强企业。作为一名“70后”，蒋煜并不追求物质上的极大丰富，驱动他不断前进的是行业理想——希望为国产低温泵行业奠定基础，使国内产品能够与国际接轨，甚至超越国外产品。

除了关注行业的价值和市场的成功，蒋煜更重视企业的社会责任。他认为，企业不应仅仅被视为盈利工具，而应是一个健康向上、能为社会带来光明和温暖的小细胞。他温和地说：“我们的终极目标是成为一个有实力的幸福小企业。”

## 曾经的高中 / 初中同桌，携手成为创业伙伴

1997年，蒋煜机缘巧合之下与同学合作，进行了第一次创业，创办了湖州永汇水处理工程有限公司。当时，从同济大学毕业的他已经在湖州市建筑设计研究院工作了3年。设计研究院的工作稳定而体面，加之建筑行业正处于起飞阶段，家人并不赞成他辞职创业。然而，蒋煜最终还是义无反顾地拥抱了未来的不确定性：“我觉得年轻的时候应该四处看看，而不是整天坐在办公室里画图，应该有一点儿故事。”

怀着这样的心态，当高中同桌亦是初中同桌的吴波想要从上海回湖州创业时，蒋煜再次选择了追寻梦想。那是2004年，浙江大学机械系毕业的吴波回到湖州，蒋煜、吴波和端红永开始了他们在低温液体泵领域的逐梦之旅。

1986年初中时的蒋煜（右一）与同桌吴波的合影

首次创业时的蒋煜（左二）

吴波大学毕业后被分配到杭氧集团的泵阀厂，在那里积累了专业技能和行业资源。21 世纪初，吴波开始在上海创业。一年后，他考虑回到湖州老家，一方面是因为在大城市单打独斗难免感到孤单，另一方面是在上海通过挂靠创业终究存在发展瓶颈。事实上，当吴波开始寻求合作伙伴时，许多行业内的朋友都向他抛出了橄榄枝，但他都拒绝了，而是出于对各自人品等方面的深厚了解，找上了当时还是“门外汉”的蒋煜。蒋煜也放弃了初次创业的公司，并约了另一位同学端红永，与吴波一起踏上了新的征程。

他们的起步阶段拥有的一切都是简陋的。蒋煜、吴波和端红永凑了 20 余万元启动资金，借用了蒋煜前公司的一个仓库。就在这不到 100 平方米的空间里，3 个股东、3 个员工，依靠二手设备开始了他们的事业。

但这家公司的业绩一点儿都不“简陋”。由于吴波已经在上海独自开展了一年的业务，积累了一定的销售资源，他们最初的市场开拓并不是问题。2004 年 9 月成立的这家公司，当年便完成了超过 100 万元的产值，并且每年都保持增长。到 2024 年，公司已经实现了 1.3 亿元的产值，员工从最初的 3 人发展到了 120 人，人均产值超过 100 万元。

更重要的是，公司已经做到了细分领域的行业前三，实现了蒋煜三人最初创业的理想。扎根于低温液体泵这一冷门行业，蒋煜三人创业之初对企业定位就是把产品做精做深，把企业做成“长寿企业”。这一定位恰好符合国家政策提倡的专精特新理念。2021 年，三井低温获得了国家级专精特新“小巨人”企业的认证。

## 企业的管理是底线，上限靠人心发动

三井低温能取得今日的成就，创始人之间的合作互补功不可没。蒋煜总结自己与吴波的合作时说：“我俩性格正好相反，他是理性的、认真的、勤奋的那一类，我是偏感性的，处事风格有点儿‘大大咧咧’。但是我觉得归根结底我们两个人有共同点，那就是与人为善。表现是相反，但内核还是一样的，因为都是农村里出来的，所以说是一种和而不同的状态。”

这种和而不同的状态恰好有助于作为创业伙伴的两人优势互补。在公司内部，做事的层面以总经理吴波为主，管人方面则是以董事长蒋煜为主。就是这种搭配带领公司平稳走过了 20 年。

在此过程中，不可避免地遇到了各种挑战。人事方面，蒋煜印象深刻的一次挑战发生在公司创立七八年后。随着公司越做越大，他们聘请了一位职业经理人在管理方面做一些改革。“我们从小作坊到初具规模，在转折过程中，我们也想规范化……但是因为空降的高管不接地气，对公司了解不够，会产生很多分歧，员工产生了很高的抵触情绪，怨声载道。”蒋煜回忆说。

发生这种情况后，创始人团队决定继续用自己的方式管理公司，推翻了职业经理人推行的大公司模式的奖罚考核。“大公司考核制度按说是正规的，但不一定适合我们小企业，所以我们更加坚定了按照自己的路子来走。管理这个东西还是要因地制宜，不能照搬照抄人家的制度。”

2024 年团建活动

这件事对蒋煜等人的助益是坚定了他们倾向于人性化管理的思路，而且蒋煜就此形成了自己的管理哲学：“管理是一个公司的底线，而不是一个上限，上限是靠人心去发动的。”

蒋煜的人性化管理思路点滴投射在企业文化中。公司有自己的“读书会”，三分之一的员工会主动打卡学习。“人进入社会后会缺乏学习的动力和机会，特别是一线员工。所以我们营造这样一种氛围，让一线员工也能自发形成一种学习的气氛。这可能对员工的孩子也有一定影响。你在家里每天读书 10 分钟，孩子也会耳濡目染，逐渐爱上学习。”

他还在公司营造出一种人人平等、互相学习的氛围。他会主动向一线员工学习，并称呼一线年长员工为大哥。“三人行，必有我师，包括我们车间的一线员工，他们那种默默的付出，让我们打心底里感到非常感动。”

他认为：“这种企业文化建设不仅是行业立足和发展的重要因素，而且是隐性层面的一种团结力量，能够让大家一起朝着一个目标前进，充满正能量。”

在他心中，企业不仅仅是一个盈利的机构，“我们希望这个群体是一个健康向上、能够给周围带来光明和热量的社会小细胞”。从这个角度来说，他对自己和企业的使命认知是“在力所能及的范围内，把这个小细胞变成一个健康的小细胞，而不是一个恶性的小细胞”。

对于企业取得的成就，蒋煜表示不敢居功：“我就是一个辅助者，不一定在形式上看上去是个主导者，企业的成功是大家共同努力的结果。”

## 把常识做好，公司自然就做好了

虽然发展过程中不乏挑战，但他们的创业在蒋煜看来是相对顺利的。

他认为，公司的发展是一种自然过程，并不需要奇思妙想。“这其实是一种常识：专注于产品质量，善待员工，用心服务客户，并提供性价比高的产品。遵循这些常识，企业自然能够稳步成长和发展。”他进一步阐述说，“优待我们的客户和员工，与社会共赢，就能保持一个良好的环境。做一个企业不在于一个人的能力有多少，我们要建造能量场，良好的环境就是能量，每个员工都拥护你，那就是能量。”

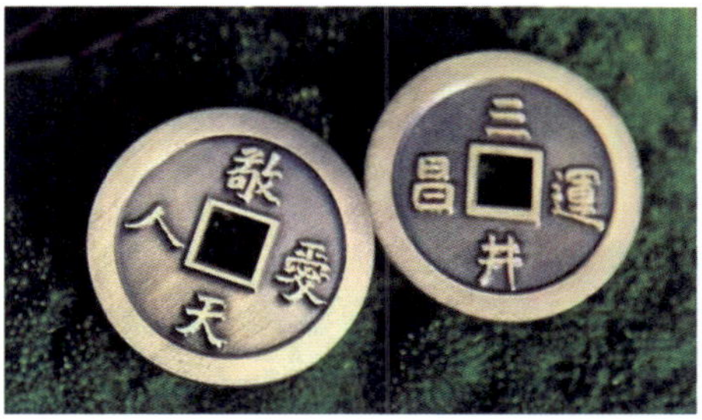

三井低温将企业文化“敬天爱人”制作为纪念铜币

基于这种经营思路，蒋煜和团队并不追求发展速度。他坦承：“从自然成长的角度来看，我们宁愿步伐慢一点儿，因为盲目扩张必然导致急于求成。如果内功未练好就推出不符合客户需求的产品，这实际上是在做坏事。

说得通俗一点儿，这样做不仅没有为客户创造价值，反而可能给人家添乱。我们存在的意义在于为客户创造价值，而不是制造麻烦。”

他相信，只要内功练好了，机会自然会找上门。“我们不一定要去追逐机会，而是要吸引机会。这个前提就是把自己做好，把目光放在自己身上，而不是放在机会身上。”

蒋煜他们所在的是一个冷门、高壁垒、高要求的领域，在这一领域立足，凭的就是以创新和工匠精神做好自己的产品。为此，他们专门成立了创新小组，由总经理挂帅，并选取部分技术成员参与。为了做到一心一意搞研究，小组成员不需要承担日常技术工作，而是每天进行调研、思考和试制，在无数次失败中不断积累经验，最终成功研发出适应市场、符合客户要求的新产品。

这种专注产品的策略也赢得了政策和市场的肯定。2011 年，他们参与国家“十二五”重大专项“油气田开发”项目中的低温泵产品研发工作。2013 年，承担湖州市先进装备制造重大科技专项重点项目“LNG 调峰站用大型中压活塞泵研制及产业化”。2017 年，与航天 101 所联合开发 20MPa、90MPa 液氢加气站用泵，成为湖州市工业行业的隐形冠军。2019 年，承担湖州市重大科技攻关项目“20MW 天然气分布式能源电厂潜液泵国产化研究”，并获得“湖州市名牌产品”和“湖州市专利示范企业”称号。

## 逆流而上，成为一个幸福的小企业

展望未来，蒋煜充满信心。他介绍说：“今年我们又新建了一个占地 30 多亩的新厂房。即便在国际上，知名的同类企业通常也只有二三十亩的规模。在当前的经济环境下，我们依然能够进行这样的扩展，这不仅表现出我们对自身能力的信心，也是对我们所处行业的坚定信念。”

蒋煜表示，他们公司在国内某些领域已经做到第一，综合排名国内前三，但在全球市场份额还较小，高端产品主要依赖进口。他谈起公司的发展规划时说：“一方面，我们要挑战行业内更具深度的产品，并在新产品上发力。许多高端产品的市场目前被国外品牌占据，但我们也在逐步进入这些市场。另一方面，我们希望走出国门，因为我们现在的出口占比很小，希望通过努力提高出口的增长。我们的目标是国内领先，国际知名。”

说起这个目标，蒋煜还聊起一段往事。有一次，吴波带领团队参加一个展会，蒋煜在一个国外品牌的展台上兴致勃勃地了解对方的泵类产品，结果对方以为他们是来窃取技术的，并说道：“你们中国人就知道抄袭外国品牌。”那时，他们就下定决心，一定要证明自己的技术并不逊色于国外的品牌。回来后，他们商量着一定要把这个产品好好做出来，让国外同行刮目相看。这既是一种民族自尊心的表现，也是行业内个人自尊心的体现。这次事件触动了他们，让他们更加坚定了自己的方向。

他始终对企业的未来充满信心：“在如此激烈的竞争和市场大幅下滑的背景下，良好的口碑将决定我们企业的生死。口碑主要由两个方面构成：一是产品质量本身，二是对客户负责任的态度，即服务质量，而这正是我们的强项。实际上，我们的很多服务人员都有部队背景，他们的执行力非常强。”

谈到未来的竞争策略，蒋煜说：“未来我们要把产品做得更精，成本更加可控，质量更加可靠，服务更加完善。在海外市场方面，我们也有所增长，并在该领域不断发力。”

蒋煜与他的团队在低温液体泵这个冷门但至关重要的领域里，用实际行动诠释了何为“有实力的幸福小企业”。他们不仅在技术和市场上取得了显著成就，更重要的是，通过人性化管理和强烈的社会责任感，打造了健康、积极向上的企业文化。这种文化不仅促进了企业的稳定发展，也为社会贡献了一分正能量。

面对未来，蒋煜和他的团队目标明确：不仅要在国内市场继续保持领先地位，更要走向国际，让世界看到中国制造业的实力和创新精神。正如蒋煜所说，“我们的终极目标是成为一个有实力的幸福小企业”。这句话不仅是对未来的美好期许，也是对所有追求梦想的企业家们的鼓舞——无论规模大小，只要心怀理想，脚踏实地，每个企业都能成为发光发热的社会小细胞。

# 王通华

## 实干成就梦想，持续攀登新高峰

人物小传：王通华，扬州巨人机械有限公司董事长。1971年出生于浙江台州，2005年创办扬州巨人机械有限公司。随后在2008年和2010年，分别出任江苏巨鑫石油钢管有限公司、江苏巨超化工机械有限公司董事长。其获得多项殊荣，包括“江苏省建设有中国特色社会主义先进工作者”“扬州市城市贵宾”“扬州市劳动模范”等，还身兼江苏省扬州市广陵区人大、政协委员，扬州台州商会副会长等重要社会职务。在他的带领下，所属企业先后被评为“江苏省高新技术企业”“江苏省技术创新优秀企业”等。

21世纪初，随着中国经济的快速发展和对外开放程度的加深，中国制造业迎来了前所未有的发展机遇。特别是进入21世纪后，国家出台了一系列鼓励科技创新和支持中小企业发展的政策，为制造业的升级转型提供了有力支撑。与此同时，全球对清洁能源的需求不断增加，液化天然气（LNG）、液氢等新能源的发展推动了相关设备和技术的进步。低温储罐作为这些新能源储存和运输的关键设备，市场需求迅速增长。

在这样的大背景下，王通华怀揣着对化工类压力容器制造的梦想，踏上了自己的创业之路。凭借对机械工程和化工领域的浓厚兴趣和理解，以及对市场机遇的洞察，2005年，他带着满腔热情和坚定信念来到了江苏扬州广陵经济开发区，投资创办了扬州巨人机械有限公司（以下简称扬州巨人机械），专注于化工设备的生产。创业之初，他参与到每一个项目的市场调研与落实中，带领团队从基础的工作做起，抓生产、找渠道、探索销售模式，几乎每天都和员工们同吃同住，共同面对挑战。

短短几年，王通华创办的扬州巨人机械从一个名不见经传的小厂迅速崛起，发展成为集研究、开发、制造石化设备、制冷设备、空分设备于一体的高新技术制造安装企业。公司不仅取得了D1、D2和A2级压力容器制造资质及GC2（深冷）压力管道安装资质，还成为中石化物装部一级网络供应商成员、中国化工集团公司供应商管理库成员等行业组织的重要成员。

不过，王通华并未满足于此，随后的几年，他又相继成立了江苏巨鑫石油钢管有限公司和江苏巨超化工机械有限公司并担任董事长，在拓展了自己的事业版图的同时，承担起一个企业家更大的社会责任。

## 大学种下梦想，毕业开始逐梦

1971年，王通华出生于浙江台州的一个普通家庭，从小他就展现出了对机械和化学的浓厚兴趣。2002年的秋天，王通华带着对未来的憧憬和满腔热情，踏入了浙江大学台州校区的大门，他选择了机械工程和化工领域作为自己的专业方向。在这里，他不仅系统地学习了专业知识，还积极参与各类学术活动和社会实践。

大学期间，王通华接触到了许多前沿技术和理念，这些知识如同种子一般，在他心中种下了对未来无限可能的梦想。“当时我就想，如果有一天能将这些知识应用到实际中，那该多好。”回忆起那段时光，王通华的眼中闪烁着光芒。

这段求学经历不仅使王通华积累了丰富的理论知识，更重要的是，培养了他的创新意识和解决实际问题的能力。王通华深刻体会到，大学的学习不仅是为了获取文凭，更重要的是学会如何思考、如何解决问题。“每一次实验，每一个项目，都是在教我们如何去面对未知，如何从失败中吸取教训，找到通往成功的道路。”正是这种不断探索的精神，为他日后的创业之路打下了坚实的基础。

2005 年 2 月，怀揣着对化工类压力容器制造的梦想，王通华决定离开家乡，来到江苏扬州广陵经济开发区投资创办扬州巨人机械。这是一家占地面积达 15 万平方米、注册资本为 5000 万元的企业，专注于化工设备的生产。对于年轻的王通华来说，这是一个全新的开始，也是一个充满挑战的起点。

创业初期，没有现成的市场渠道，也没有成熟的销售模式，一切都要从头开始构建。王通华深知，要想在这个竞争激烈的行业中站稳脚跟，就必须付出比别人更多的努力和智慧。因此，他参与到每一个项目的市场调研与落实中，从产品的设计到市场需求的分析，从客户的反馈到竞争对手的研究，每一个环节都不放过。

为了找到最适合企业发展的方向，王通华带领团队日夜奋战，不仅在生产线上忙碌，还四处奔波寻找销售渠道。他们尝试了多种不同的销售模式，包括直接面向终端客户、通过代理商网络拓展市场以及参加各类行业展会等。每一种模式都需要经过反复试验和调整，以确保能够真正满足市场需求并为企业带来效益。

那些日子，王通华几乎每天都和员工们同吃同住，共同面对各种困难和挑战。无论是在生产车间里解决技术难题，还是在办公室里讨论市场营销策略，王通华总是身先士卒，亲力亲为。他的身影常常出现在工厂的各个角落，从生产线上的设备调试到仓库里的库存管理，他都一一过问，确保每个环节都能高效运转。

尽管条件艰苦，但大家有一个共同的目标——把企业做好。

## 勇于自我革新，迎来发展新高度

2008年，公司发展迎来了一个至关重要的转折点。这一年，面对日益激烈的市场竞争和不断变化的客户需求，王通华决定对公司装备进行全面改进，立足制冷领域的同时进一步提高化工设备市场占有率，并全面提升公司品牌价值。

在企业转型发展的过程中，王通华继续以科学发展观统领全局，致力于增强企业的核心竞争力。他深知，在快速变化的市场环境中，只有通过持续的技术创新和管理优化，才能使企业在激烈的竞争中立于不败之地。因此，王通华全力推动公司建立科学发展的长效机制，努力在新的发展环境下成功实现转型升级。

为了实现这一目标，王通华从生产管理、技术创新、文化建设等多个方面入手，全面推进公司的各项改革。尤其是在技术创新方面，他亲自参与研发工作，发明创造了一系列具有自主知识产权的产品，其中最具代表性的便是蒸发式冷凝器装置。这款产品不仅达到了国内先进水平，还极大地提升了公司在行业内的技术领先地位。

创业早期开拓市场阶段的王通华

王通华对装备进行全面改进的举措，不仅是硬件上的升级，更是对企业整体运营模式的一次深刻变革。通过引进先进的生产设备和技术，扬州巨人机械不仅提高了生产效率，还大幅提升了产品质量。同时，公司积极拓展市场，特别是在制冷和化工设备领域，不断探索新的业务增长点，进一步扩大了市场份额。

“立足制冷、进一步提高化工设备市场占有率”，这一策略为扬州巨人机械带来了显著成效。随着新产品线的推出和技术实力的不断增强，公司在行业内树立了良好的品牌形象，赢得了众多客户的信任和支持。此外，王通华还注重提升售后服务质量，建立了完善的客户服务体系，确保每一位客户都能得到及时有效的支持。

经过多年的努力，扬州巨人机械逐渐成长为一家集研究、开发、制造石化设备、制冷设备、空分设备于一体的高新技术制造安装企业。公司相继获得了 D1、D2 和 A2 级压力容器制造资质，以及 GC2（深冷）压力管道安装资质，成为中石化物装部一级网络供应商成员、中国化工集团公司供应商管理库成员、中国制冷学会会员单位、中国仓储协会会员、江苏省高新技术企业。

“我们坚信只有高品质的产品和服务，才能赢得客户的信任与口碑。”这是王通华经常挂在嘴边的一句话。在他看来，企业发展离不开技术创新。“只有不断创新，才能满足客户日益多样化的需求，适应行业发展潮流。”

## 扩大事业版图，创业之路永无止境

随着企业的稳步发展，王通华并没有满足于现状。他深知，企业要想长远发展，必须不断创新和拓展业务领域。

在这一理念的指引下，王通华鼓励团队成员勇于突破传统思维的束缚，积极探索新技术、新模式、新方法。无论是产品研发还是业务流程优化，创新都被融入每一个环节中，力求为客户带来前所未有的体验与价值。2008 年，他还投资成立了江苏巨鑫石油钢管有限公司，并担任董事长。2010 年 5 月，他又创立了江苏巨超化工机械有限公司，担任法定代表人兼董事长。

近年来，低温储罐行业呈现出稳步发展与技术创新并行的趋势。王通华敏锐地捕捉到了这一变化，并积极调整公司战略方向。他指出，在制造工艺上，焊接、绝热等关键技术不断改进，自动化焊接技术提高了焊接质量和效率，新型绝热材料和结构的应用增强了储罐的绝热性能。市场需求也在持续增长，特别是在工业、能源、医疗、食品等领域。

面对激烈的市场竞争，王通华认为，企业必须不断提升自身的核心竞争力。“国际上，欧美等发达国家的企业在低温储罐领域具有技术和品牌优势；国内，随着技术引进和自主研发能力的提升，一批本土企业逐渐崛起。”王通华分析道，“但我们不会因此而退缩，相反，我们会更加努力地提高产品质量、加强技术研发、优化服务水平。”

对于未来的低温储罐行业发展，王通华充满了信心。“智能化与自动化将是重要的发展方向之一，借助物联网、大数据、人工智能等技术，可以实现远程监控、故障诊断、自动预警等功能，提高储罐的运行效率和安全性，降低人工成本。”他预测道，“此外，多功能一体化也是趋势，如开发具备储存、运输、加注等多种功能的低温液体运输储罐，以满足不同用户的需求。”

新能源产业的发展也为低温储罐带来了巨大的市场空间。全球对清洁能源的需求不断增加，液氢、LNG 等新能源的储存和运输需要大量的低温储罐，这不断推动着行业的创新和发展。同时，航空航天领域的需求不断增长，高性能低温储罐的应用前景广阔。

政策支持与环保意识的提高同样为低温储罐行业注入了新的活力。“各国政府出台了一系列支持清洁能源发展和节能减排的政策，低温储罐作为关键设备，将受益于相关政策的支持。”王通华表示，“环保意识的提高也促使企业和社会对低温储罐的需求增加，以满足环境友好型能源和材料的储存需求。”

通过不断的探索和实践，王通华和他的企业不仅在国内市场上取得了显著成就，还在国际市场上崭露头角。他们积极参与国际竞争，学习借鉴国外先进经验，不断提高自身的竞争力和技术水平。

“创业之路永无止境，未来还会有更多的挑战和机遇。”王通华坚定地说，“我们秉持初心，砥砺前行，努力将品牌做大做强。”

## 珍惜当下，坚定地走下去

在推动企业发展的同时，王通华始终不忘履行社会责任。他积极参与地方公益活动，支持教育事业和社会福利项目，赢得了社会各界的广泛赞誉，并因此荣获“江苏省建设有中国特色社会主义先进工作者”“扬州市城市贵宾”“扬州市劳动模范”等称号，同时成为扬州市广陵区的人大代表和政协委员。

王通华坚信，作为企业家，不仅要关注经济效益，更要注重社会效益。“我们要发展企业、奉献社会、造福员工、回报股东。”他强调道。这种双重责任感不仅提升了企业的品牌形象，也为扬州巨人机械及其关联企业在行业内树立了良好的榜样。

回顾一路走来的历程，王通华感慨万千：“曾经年少轻狂，以为梦想触手可及，只要凭借一腔热血就能披荆斩棘。”然而，现实的坎坷让他明白，成功并非一蹴而就。在追逐梦想的途中，挫折与失败如影随形。那些挑灯夜战却未达预期的时刻，那些面对困境孤立无援的日子，也曾让王通华心生沮丧。但正是这些经历，让他懂得了坚持的意义。

“每一次困难都是成长的机会，每一次挫折都是前进的动力。”王通华说道。在他看来，人际关系的重要性与复杂性同样不可忽视。“家是永远的避风港，家人的关爱与支持，是我力量的源泉。”朋友则似人生路上的风景，有的相伴一路，有的短暂交会，却都在不同阶段给予他陪伴、鼓励与启发。

而在社交与职场中，王通华学会了理解、包容与妥协。“人与人之间的尊重和信任是何等珍贵。”他深刻体会到，“通过真诚交流和合作，我们可以共同创造更大的价值。”

岁月亦教会王通华珍惜当下。回首往事，那些曾经被忽略的瞬间，那些因忙碌而错过的美好，都成了心中的遗憾。如今，他学会了在奔波中放慢脚步，去感受清晨的阳光，聆听鸟儿的歌声，珍惜与亲人朋友共度的时光。

“生活不在远方的憧憬里，而在每一个真实的当下。”王通华总结道，“人生这条路，有得有失，有苦有乐。它让我从懵懂走向成熟，由浮躁变得沉稳。虽然仍会有迷茫与困惑，但我已不再畏惧。未来的路或许依旧崎岖，但我将怀揣这些感悟与体会，坚定地走下去，用心去书写属于自己的精彩篇章。”

# 李付宝

**锤炼工匠精神至极致，领航技术创新启新程**

人物小传：李付宝，山东豪迈机械制造有限公司（以下简称豪迈公司）透平机械项目气动总工。负责压缩机项目整机气动设计、高效气动核心部件设计研发工作。面对离心式压缩机这一全新领域，钻研“流体力学”等学科，助力公司拥有自主设计的高端离心式压缩机，性能达到国际领先水平。其主导设计的某项目 10000 空分原料机，现场对比进口品牌能耗降低 100 千瓦；多次主持设计针对进口品牌离心式压缩机的降压改造项目，较原气动能耗降低 10%~15%。担任部门技术指导，培养大量压缩机行业专业技术人员。先后获得山东省职工创新创效竞赛一等奖、潍坊市职工创新创效竞赛市级决赛一等奖、潍坊市科学技术进步奖一等奖等荣誉，是潍坊市职工创新创效能手。拥有授权专利 23 项（发明 2 项），参与制定团体标准 1 项。2023 年获评公司最高荣誉“豪迈工匠”。

2024 年获评山东省“齐鲁工匠”。

在中国制造迈向全球舞台中央的征程中，每一次技术突破、每一项创新成果的背后，都离不开无数产业工匠的拼搏与奉献，李付宝便是其中默默坚守、贡献力量的一位。1996 年，青春正好的他，怀揣着对未来的憧憬，从华北工学院毕业后，一头扎进高密的一家集体企业。车间里，划线钳工和设备修理的工作虽琐碎繁杂，却成为他叩响实践大门的敲门砖。理论与现实的落差，非但没有浇灭他的热情，反而激发了他对知识的渴望。那些在油污与铁屑中打磨的日子，让他积累了扎实的技能，也沉淀出坚毅的品格。

时代的浪潮滚滚向前，集体企业的困境并未困住李付宝的脚步。2003 年，他踏入豪迈公司，就此开启了一段热血沸腾的奋进之旅。岗位频繁变动，从车间到工艺科，再到设计科，每一次转身都是一次对陌生领域的挑战。但他没有丝毫犹豫，一句“公司需要我去做什么，我就做什么”道出了他的担当与果敢。在压力如山的工作中，他凭借扎实的专业知识和敏锐的思维，边学边干，迅速成长为公司的中坚力量。

当豪迈公司决心攻克离心式压缩机核心技术，打破国外长期垄断的局面时，李付宝挺身而出。面对技术空白、知识匮乏的困境，每一步都充满艰辛，但那股啃硬骨头的劲儿非但没有使他退缩，反而点燃了他的斗志。他自学流体力学等知识，经过无数个日夜的钻研，4 年，5 年，时光见证了他的执着。最终，自主设计的高端离心式压缩机成功问世，打破了国外垄断。

取得瞩目成绩后，李付宝并未止步。他在心底立下新的目标，他主导了 10000 空分原料机项目，带领团队为降低能耗、提升效率，与一个个难题死磕到底。在汗水与智慧的交织下，终于成功替代进口产品，为行业发展注入强劲动力。

谈及未来规划，李付宝满怀憧憬：“近期重点提升空分压缩机的气动性能，叶轮、扩压器、蜗壳等零件都实现最优匹配，以后争取在透平机械方面取得更多成绩，为储能等领域贡献力量。”他深知“今天我跟别人干，明天我能自己干，将来我带别人干”，持续提升自身能力。

李付宝的奋斗历程，是一个普通人在时代洪流中逆袭的传奇，是对工匠精神最生动的诠释，激励着无数人为中国制造业的辉煌未来奋勇前行。

## “公司需要我去做什么，我就做什么”

1996 年，李付宝从华北工学院机械制造工艺与设备专业专科毕业。作为委培生，他被包分配到高密的一家集体企业。那时，能进入集体企业工作还挺让人羡慕的，可现实却不尽如人意。

在这家集体企业，李付宝在车间工作了 4 年，从事划线钳工和设备修理工作。他坦言：“从学生转变到职工，在学校里学的知识在工厂根本没有用过，而且这些知识和实用还有一定差距。”这 4 年，他学到了不少工作技巧，也逐渐适应了职场生活。

初入职场时的李付宝

随后，因公司需要，他转到工艺科从事机械加工工艺编制，这一干就是 3 年。在工艺科，他需要详细编制工步，计算工时，因为工人的工资和奖金都依据这些来发放。

然而，这家集体企业效益不佳，管理混乱，经常拖欠工资，“换一届领导就欠 3 个月”。在国有体制改革的大背景下，工厂被厂长买断，但经营理念并未改善，发展前景黯淡。

2003 年，李付宝迎来了职业生涯的转折点。当时，许多同事跳槽到豪迈公司。在他们的影响下，李付宝了解到豪迈公司发展形势好，氛围佳，企业负责人仁义友好。他心动了，毅然选择加入豪迈公司，希望能在这个新平台更好地施展自己的技术能力。

进入豪迈公司后，李付宝不仅获得了可观的收入，还得到了公司给予的股份。他感慨道：“我感觉公司给我们的太多了，下决心尽量把每一项工作干好。”

刚到豪迈公司，老板询问他的工作经历后，安排他先去车间学习。在车间里，他接触到大量图纸，负责绘制加工轮廓，而当时公司的主要产品是模具，模具产量飞速增长，技术人员缺口极大。

老板对人才培养极为重视，常常一周一次，路过车间就询问李付宝："带了多少徒弟了？徒弟什么时候能顶岗？"面对老板的关注，李付宝深感责任重大，也更加努力工作。就这样，他在车间度过了充实的半年时光。

李付宝在车间研究产品

随着模具产量持续攀升，公司工艺科急需人手。李付宝因工作表现出色，被调到模具工艺科。在这里，他一干就是 1 年半，负责各种模具零件工艺编制。他回忆道："我在工艺科干了各种各样的模壳、型腔、胶囊模工艺。"然而，订单量的激增使得工期缩短，生产现场问题频发，须要及时解决。

于是，李付宝又被调到生产现场做工艺处理。面对全新的工作内容，他压力巨大，因为无人指导，一切都要靠自己摸索。每天面对众多棘手的零件加工问题，他只能一个一个仔细查看，然后写出处理方法。"生产现场需要的知识面最广，需要懂工艺、加工、设计，产品出现问题了，需要判断出现的问题对这个产品的使用有什么影响，如何修，质量能不能保证使用等。"尽管困难重重，但他凭借着扎实的专业基础和善于思考的能力，再加上公司良好的合作氛围，遇到问题就向总工和技术主管请教，逐渐掌握了工作要领。

在工艺科干了 1 年半后，由于设计科接的订单越来越复杂，国内外高端客户增多，设计人员短缺，李付宝又被调到模具设计科，设计各式各样的模具。在模具设计科，订单量不断增加，人手总是不够，尽管大家加班加点，公司每年都招聘新人，但人均设计量增长的速度依旧更快。

在设计科工作 1 年左右时，工艺处理那边需要人，李付宝没有丝毫犹豫："公司需要我去做什么，我就做什么。"毅然回去干了近 1 年。后来，设计科接了欧洲捷克的几个重要模具订单，设计量巨大，急需人手，他又迅速被调回。他一人负责好几种模具设计，秉持着“需要我干什么我就去干，不会干就学”的信念，全身心投入工作。

## 自学流体力学，助力开发出离心式压缩机，打破国外垄断

当接到国外订单时，李付宝主要通过邮件与国外客户沟通结构和图纸问题。由于涉及语言交流，销售科的翻译人员会将邮件内容翻译后再发送，一个来回常常需要一两天甚至两三天。但他从未抱怨，始终全力以赴地应对工作中的各种挑战，凭借着任劳任怨、专注踏实的工作态度，在豪迈公司逐渐成长为技术骨干，为公司的发展贡献着自己的力量。

在豪迈公司的发展历程中，李付宝是一个榜样性的存在。他学历不占优势，却凭借自身努力与坚定信念，从普通技术人员成长为公司透平机械项目的气动总工，这背后，豪迈公司独特的企业文化起到了关键作用。

豪迈公司作为机械加工领域的佼佼者，长期为国际知名企业加工零部件，在模具和大型零部件加工方面实力深厚。然而，当时国内离心式压缩机市场被国外企业垄断，核心技术缺失成为公司和行业发展的瓶颈。有人建议：“你们大型零部件加工这么多，压缩机大型零件也都干过，不做压缩机整机实在可惜。”这促使李付宝和公司将目光投向了离心式压缩机领域。

离心式压缩机技术难度极高，像离心式空气压缩涉及的气体动力学极为复杂，转子转速高达 7 万 ~8 万转，设计稍有偏差，就会引发震动、机械损失增加等问题，导致整机性能下降。彼时，豪迈公司在这方面技术空白，专业人才匮乏，即便安排专业人员研究气动，也因缺乏实践经验难以突破。

面对这一充满挑战的全新领域，李付宝决心开启创新超越之路。公司“鼓励创新，宽容失败”以及“创新失败的代价可分段设控，创新成功的收益却难以估算”的理念，为他提供了强大的精神支撑。这让他能卸下心理负担，专注投入研发，在公司内部，创新逐渐成为一种工作“思维习惯”，大家在做事时总会思考如何优化、创新，以提升效率和质量。

2017 年，公司启动技术引进项目，邀请美国专家团队，其中包括美国机械工程师协会同人和涡轮机械领域的国际专家。李付宝积极参与其中，

尽管他学历和专业都不占优势，面对热力学、传热学等专业知识犹如看天书，但公司“干什么学什么，缺什么补什么，做什么悟什么”的文化理念为他指明了方向。他采用“先通读，不懂先跳过，后续结合实践重点突破”的学习方法，在专家指导下深入钻研“流体力学”等学科。

在整个创新过程中，“人人有目标，事事有人干，行为有规范，结果有激励”的文化准则确保了项目有序推进。团队成员分工明确，按规范高效协作，激励机制激发了大家的积极性。“有用就是人才，人人皆可成才，人人尽显其才”的人才理念，让李付宝坚信自己能在这个平台发光发热，更加坚定了他在技术创新道路上的步伐。

经过4~5年的不懈努力，到2021—2022年，李付宝团队成功掌握核心技术，培养出自己的技术团队，实现高端离心式压缩机自主设计，性能达到国际领先水平。

## 主导设计10000空分原料机，比进口品牌能耗降低100千瓦

随后，李付宝主导设计10000空分原料机。当时国内压缩机性能不佳、运行成本高昂，一台3500千瓦的压缩机24小时运行，一年运行费用远超产品成本，既增加企业负担，又造成能源浪费。李付宝立志“为公司盈利和为国家节能减排做最大努力”。

在项目实施中，“给别人信心就是给自己机遇”的文化观念促进团队协作，成员间相互信任、支持。李付宝团队将提升压缩机性能作为核心目标，尤其是关键的压缩机叶轮气动设计，其气动功率占主机消耗功率的90%以上。他们不断优化叶轮叶片形状，为得到更优性能而艰难探索。在空分行业，空气是原料，电费是主要成本，原料机和增压机压力比不同，对设计精细度要求极高。此时，“花钱花得有道理，省钱省得有意义”的理念指导团队合理分配资源，兼顾研发投入和成本控制。

最终，李付宝团队成功完成10000空分原料机项目，与进口品牌相比，能耗降低100千瓦，压缩机效率从国内平均的82%~83%提升到88%以上，大型压缩机甚至达90%以上，为国家节省约5%的能源消耗。豪迈公司机器成功替代进口产品，常规机型价格降幅在10%~20%，推动了行业良性发展。

凭借突出的技术创新表现，李付宝先后获得山东省职工创新创效竞赛一等奖等荣誉，被评为潍坊市职工创新创效能手，拥有授权专利 23 项（发明 2 项），参与制定团体标准 1 项，2023 年获评公司“豪迈工匠”，2024 年荣获山东省“齐鲁工匠”称号。

## 锤炼工匠精神，领航技术创新

李付宝并未满足现有业绩，依旧在技术创新道路上奋进。他表示：“现在根据订单设计、优化，用软件模拟不断优化。以前老设计工依赖书本知识，设计后测试再修改，效率低。现在软件多，我们不断模拟，一天优化 10 多次，以便寻找更好方案。”“想好了再干，一点儿不慢”的理念时刻提醒他注重方案合理性和可行性。

近期，李付宝又将重点聚焦于空分气体性能的优化，力求让每一个零件，无论是叶轮、扩压器还是蜗壳，在 3 级、4 级、8 级的配置下都能达到最优匹配，誓要把空分领域的机器做到极致。

谈及下一个目标，李付宝眼中满是憧憬与坚定：“以后若有更好的机会，我希望能在透平机械方面取得更多成绩。比如储能等领域涉及的透平机械，如果我们有机会参与其中，定要全力以赴，为国家贡献自己的力量。”

回顾奋斗历程，李付宝感慨道：“调岗时领导说企业安全发展要有自主产品，所以我在模具设计时就思考为公司新产品开发做贡献。项目成立时，我投身新产品开发岗位，起初想做好设备投放市场，后来将提升设备性能作为目标，再后来希望为公司盈利、为国家节能减排出力。”同时，他始终铭记“抱怨是成长的天花板，是环境的污染源”，保持积极态度解决问题。

“爱员工，就是爱公司；爱工作，就是爱自己”的企业文化让李付宝感受到公司关怀，更加热爱工作。“对于个人而言，工作是永远也干不完的，所以家庭生活不能因工作而忽视；但干事创业的机遇，则常常是可遇而不可求的，若家庭条件允许当全力以赴”的理念，让他在家庭支持下全身心投入技术创新事业。

李付宝将工匠精神发挥到极致，其对技术的执着、对品质的追求以及面对困难的坚韧，展现了新时代工匠的精神风貌。

# 葛浩俊

## “创二代”的传承与创新，从百人小厂到千人上市公司

人物小传：葛浩俊，杭州福斯达深冷装备股份有限公司（以下简称福斯达）总裁，浙江省“万人计划”科技创业领军人才，杭州市“西湖明珠工程”特殊支持人才，临平区政协委员。毕业于浙江工业大学化工机械和国际经济与贸易专业，在2009年接任福斯达总裁后，制定了三个“五年”规划，引入卓越绩效管理模式，确立了“浙企风格　精益制造”的品牌定位，福斯达先后获得杭州市政府质量奖、“国家专精特新‘小巨人’企业”“国内首台（套）”称号等一系列荣誉，2023年，福斯达在上海证券交易所主板上市。

葛浩俊先后荣获浙江省“万人计划”科技创业领军人才、杭州市“西湖明珠工程”特殊支持人才、CAA科技进步奖等，并担任杭州市青年企业家协会副会长、建德市杨村桥镇岭源村名誉村长等职务。

传承，是家庭、企业、民族、国家乃至文明得以延续并发展的基石，同时是全球范围内的一大挑战。它不仅是对前辈智慧与经验传递的考验，更是对接班人能否成功继承和创新的关键试练。

葛浩俊的故事便是这一挑战的生动写照。自接手福斯达以来，他不仅秉承了老一辈浙商的务实精神，还融入了现代管理理念、国际视野和进取心，为自己家族的企业注入了新的活力。葛浩俊引入了卓越绩效管理模式，确立了“浙企风格 精益制造”的品牌定位，推动了一系列内部改革，大幅提升了企业的管理和技术水平，实现了质的飞跃。这些举措不仅巩固了福斯达在国内市场的地位，还促成了与国际巨头林德公司的合作，开启了通向全球市场的大门。

在技术创新方面，葛浩俊展示了新一代企业家的远见卓识。他与高校及科研机构紧密合作，开发了一系列具有自主知识产权的技术成果。例如，“园区安全风险评估与智慧管控系统”项目显著提高了工业安全管理的水平；而“芯片专用超高纯制氮成套装置”则解决了半导体制造中的关键难题，并荣获了包括CAA科技进步奖和浙江省科技进步三等奖在内的多项荣誉，这证明了福斯达不仅在管理上追求卓越，在技术研发上也走在行业的前沿。

为了确保公司的可持续发展，葛浩俊引入了企业战略管理，确立了福斯达的使命、愿景、目标和核心价值观，制定了三个“五年”规划，明确了各阶段的发展目标和路径。“小企业有大梦想”，在他的带领下，福斯达实现了销售额和利润的稳步增长，获得杭州市政府质量奖、“国家专精特新‘小巨人’企业”“国内首台（套）”称号等多项荣誉。

2023年，在上海证券交易所主板的成功上市，标志着福斯达迈入了一个全新的发展阶段。

通过15年的不懈努力，葛浩俊将一家不足百人的地方小企业发展成为千人规模的行业翘楚。他的故事体现了中国民营企业传承与发展的一个缩影：既保留了老一辈的务实和创新精神，又展现了改革开放后成长起来的新一代企业家的现代管理理念和国际视野。

## 从化工机械转至国际贸易，毕业后潜心打基础

20 世纪 70 年代出生的葛浩俊，如那个时代所有的孩子一样，由于信息相对闭塞，在大学之前并没有做明确的人生和职业规划。高考时，在父亲葛水福的建议下，他选择了化工机械专业，因为这个专业与福斯达的业务相配。

然而，在大学学习期间，葛浩俊逐渐萌生了转专业的想法。一方面，经贸类专业更符合他的兴趣；另一方面，他认为从化工机械到经贸类的跨越将是一种截然不同而有意义的体验。于是，他转向了国际贸易专业。而这一选择可以说是他后来带领家族企业拓展国际市场的萌芽。

出于专业背景，葛浩俊自然而然萌生了出国深造的想法。国际贸易专业学制为 5 年，大四时他参加了托福考试，为留学做准备。然而，面对英国和美国两个选择，他意识到托福成绩仅适用于申请英国的研究生课程，要想赴美还须准备 GRE 或 GMAT。考虑到这一实际情况，葛浩俊决定先步入职场，在实践中积累经验并继续思考未来的留学计划。

青年时期的葛浩俊

“尽管托福成绩 3 年内有效，但投身工作后，我便逐渐放弃了出国留学的念头，转而在实际工作中学习和积累宝贵的经验。”葛浩俊回忆道。

2001 年，葛浩俊大学毕业后，并未立即加入家族企业福斯达，而是选择了一条更为广阔的职场道路——加入浙江中大集团股份有限公司。作为浙江省重点上市的外贸公司，同时是国家对外经济贸易部（现商务部）推荐的首家上市公司，浙江中大集团股份有限公司为葛浩俊提供了一个学习和实践国际贸易的理想平台。

葛浩俊就在这家公司踏踏实实积累起来，从助理到主管再到经理，一步一个脚印，一做就是七八年，他对国际业务的认知在此过程中逐渐建立并夯实，大学时期对国际贸易的兴趣也在实践中得到了充分的发展。

## 初战告捷，促成国际龙头合作

2006 年，一则消息在工业气体行业内掀起了波澜：德国林德公司——全球最大的工业气体集团——有意在中国寻找合作伙伴，共同制造小型制氧机和小型空分设备，以降低生产成本。这一消息不仅吸引了众多国内企业的目光，也点燃了葛浩俊的斗志。

2007 年，葛浩俊正式加入福斯达，担任海外部经理，负责林德公司的合作项目。面对这个千载难逢的机会，福斯达全体员工全力以赴，整个团队都投入紧张的准备工作中。

当时，福斯达面临着强大的竞争对手——国内另外 3 家领先的工业气体企业。相比之下，福斯达仅是一个员工不足 100 人的小公司。然而，正是这家看似不起眼的小公司最终赢得了林德公司的青睐。

林德公司对合作供应商的要求极为严格，不仅要求有总包工程的经验，还会派人实地考察流程，并确保供应商的管理、质保体系和焊工水平符合其高标准。福斯达凭借真诚、专业和技术脱颖而出。

考察过程中，林德公司随机选择了福斯达的两名焊工进行现场测试，跟随考察的质保公司通过拍片、评片来评估焊工水平。葛浩俊回忆说：“虽然当时我们规模很小，只有 12 名焊工，但平时注重培训，我们的焊工水平很高。林德公司抽检后认为我们的焊工水平是 4 家竞选企业中最好的。”

另一个让福斯达获得加分的关键细节是，葛浩俊为考察人员准备了全套英文介绍材料，这是其他竞争者所没有的。此外，他的英语水平和国际贸易经验使他能直接与林德公司沟通，大大提高了效率。

葛浩俊总结道：“打动林德公司的不仅是管理层的理念和技术实力，还有我们团队从上到下的精干和高效。”

葛浩俊（中）带着客户参观车间

成为林德公司的合格供应商，作为福斯达发展史上的一个重要里程碑，标志着其开启了海外业务的腾飞之路。“你们能够成为国际龙头林德公司的合格供应商，做我们的工程肯定没问题。”在之后的项目承接中，葛浩俊经常能够听到这句话。与林德公司的合作，成为福斯达承接后续项目的有力背书。以此为契机，福斯达逐渐与更多全球领先的企业建立了合作关系，如美国空气化工、美国普莱克斯、意大利达涅利、法国德西尼布等。

通过与这些国际巨头的合作，福斯达不仅提升了技术水平和管理水平，还促进了企业文化的发展。正如葛浩俊所说，“向先进学习”一直是福斯达秉承的文化理念。

## 理念碰撞，新老交接

在时代浪潮中，企业传承始终是一道关键命题。2009 年，葛浩俊就任福斯达总裁，从父亲葛水福手中接过领导企业前行的“接力棒”，开始了新老两代企业家之间的交接。这一过程不仅是权力的转移，更是理念和管理方式的一次深刻碰撞。

然而，新老传承并非一帆风顺，观念差异的挑战如影随形。葛浩俊坦言：“我认为所有的传承，不管是父与子的传承，还是职业经理人的传承，多多少少都会有观念上的差异。第一代和第二代的成长历程不一样，所处的时代发展阶段不一样，看企业的维度也不一样，势必会产生很多的分歧，对同一件事物有着不一样的理解。”

这种观念差异不可避免地带来一些公司经营管理方面的分歧。好在这些分歧都在父亲葛水福的包容和支持以及葛浩俊的理性和坚持下消弭于无形。比如，2015年，经济形势下行，福斯达已有一定规模，管理的重要性凸显，"苦练内功"成为必然选择。葛浩俊开始带领公司探索精益管理之路，规范公司经营、销售、技术、项目管理。葛浩俊谈起当时的分歧，说："各种会议、各种活动、各种评比，对于一个很务实的父亲来讲，认为我在'天天搞虚头巴脑的东西'。一年半以后，当看到这一系列活动产生很多正向的效果后，父亲说'这个还不错'。"

相比管理思路的分歧，战略方向上的不同意见更具挑战性。葛浩俊回忆起公司曾经涉足的一块冲车泵业务时说道，自己接手父亲的工作后，很快意识到冲车泵这项业务偏离了公司的核心战略。冲车泵属于机械部件，而福斯达的战略重心在于成套设备和核心装备制造。

"当时，父亲对这块业务感情深厚，不愿意放弃。"葛浩俊说，"但我坚信，要想实现公司的长远目标，必须做出取舍，把资源集中用于符合主基调的业务领域。"

尽管这一决定让父亲难以接受，但在葛浩俊的坚持下，最终还是将冲车泵业务剥离出去。"如今回头看，父亲也承认这个决策是正确的。"葛浩俊感慨道，"然而在当年，做出这样艰难的选择实属不易。但正是这些艰难的选择，帮助公司在竞争激烈的市场中保持了清晰的战略定位。"

## 面对多重考验，临危不乱

经营企业不可能一帆风顺，葛浩俊与他带领的福斯达也不例外。

2005年前后，福斯达签署了其首个重要的海外订单——向伊拉克巴士拉的一家钢厂提供一套3000标准立方米制氧机的空分设备，合同金额达数千万美元。当时萨达姆政权已被推翻，福斯达的客户判断当地需要大规模基础设施建设，因此在当地投资建厂，并向福斯达订购了这套设备。然而，随后地缘政治形势急剧恶化，导致客户拖延提货。

对于当时年营业额仅数千万元的福斯达而言，这笔无法回款的大额订单带来了巨大的财务压力。公司不仅面临资金周转困难，还必须承担设备在港口滞留所产生的额外费用。幸运的是，在设备滞留港口6个月后，客户最终提货，并支付了相应的滞港费用。这次经历虽然充满挑战，但也为福斯达积累了宝贵的国际业务经验。

2015 年前后，福斯达又一次面临生死攸关的挑战。自 2007 年起，中国液化天然气行业蓬勃发展，作为国内最早涉足小型液化天然气装置的企业之一，福斯达的液化天然气业务也随之进入高速发展期。然而，天有不测风云，2012 年，鄂尔多斯金融危机爆发，以“全民放贷”著称的鄂尔多斯因房地产泡沫破灭引发严重金融危机，导致当地及周边省市大量企业资金链断裂，其影响一直延续到 2015 年。当时，福斯达在鄂尔多斯附近有 9~10 个项目，其中 6~7 个项目因客户资金链断裂而陷入停滞。公司面临两难境地：如果停工，这些项目将成为烂尾工程，前期投入将付诸东流，后续处理也极为棘手；如果继续推进，在客户无力付款的情况下，只能由福斯达垫资进行。尽管资金压力巨大，福斯达最终还是决定垫资推进项目。

这场资金紧张的危机持续了数年，直到 2019 年才随着客户应收账款逐步减少和福斯达业务扩大而完全化解。

当被问及如何走过困境时，葛浩俊将其归结为信心和魄力：“我从父亲身上学到了保持良好心态的重要性。无论面对何种挑战，他总是保持乐观的态度，这种心态和信心至关重要。当时，我对行业发展、企业前景和团队都充满信心。面对企业发展中遇到的困难，不仅要有坚定的信心，还要有做出关键决策的魄力，并且以长远的眼光看待这些问题。尽管那几年非常困难，但最终随着企业逐步回款，这些项目的综合收益明显优于中途放弃的情况，这也证明了坚持和长远规划的价值。”

## 迎来上市，持续“朝着标杆跑”

自 2009 年葛浩俊成为福斯达的掌舵人以来，他对公司进行了大刀阔斧的改革。通过调整战略目标、规划理念、经营策略和企业管理，葛浩俊成功建立起现代化的企业管理体系，领导并执行了全面的战略规划，制定了“五年”规划。从 2009 年制定第一个五年（2010—2015 年）规划起，即“一五”规划，到如今他已经领导制定了三个“五年”规划。这些规划确保了公司在明确的方向上稳步前行。在葛浩俊看来，“我们是战略驱动的企业，未来 5 年你想做什么，你要成为什么，你要达成什么目标……这些非常重要。”通过“五年”规划的推动，福斯达实现了可持续发展，并达到了预定的业绩目标。自“一五”规划起，公司的销售额和利润保持逐年稳步增长。

2015 年，葛浩俊带领公司导入卓越绩效管理模式，通过该模式整合内部各项管理体系，探索精益管理之路，确立了“浙企风格 精益制造”的品牌定位。

这一系列改革帮助福斯达加速前行，取得了显著的成绩：2016 年，公司获得余杭区政府质量奖；2021 年，公司的产品获得“浙江省首台（套）重大装备”称号；2022 年，公司被评为浙江省专精特新中小企业，并荣获浙江省科学技术进步奖；2023 年，公司荣获杭州市政府质量奖；2024 年，公司获得“国家专精特新‘小巨人’企业”“国内首台（套）”称号。

福斯达正式登陆上海证券交易所主板

值得一提的是，2023 年，福斯达正式登陆上海证券交易所主板，借力资本市场，迈入高速发展新征程；自 1984 年成立至这一刻，深耕了整整 41 年，团队也达到千人规模，广泛服务于天然气、石化、冶金、化工、电子、核电、医疗、造纸、食品、航空航天、新能源等行业的 600 多家客户，其中包括德国林德公司、美国空气化工、美国普莱克斯、荷兰壳牌、法国德西尼布、英国派特法、意大利达涅利、德国梅塞尔、韩国三星、日本东洋以及国内的中石油、中石化、中海油、国家核电等行业巨头。据行业统计，福斯达在空分领域已跃居国内第二，在海关出口统计中更是行业第一。

葛浩俊坚信团队的力量：“我一直不太主张企业在达到一定规模后继续依赖‘强管理者’模式，一把手过于强势会导致大树下面不长草。虽然这种模式可能适合创业企业和小公司，但对于成熟企业来说，团队经营才是关键，不能仅仅依赖于一个人或少数几个人。”

展望未来，葛浩俊认为，如果说此前工业气体和气体设备行业的外资称王是 1.0 时代，那么现在以国内企业为主就是 2.0 时代，而且很快将进入 2.5 时代，优胜劣汰将成为常态。

2024 年，恰逢公司创业 40 周年，也是“迈向国际化企业之征程”的元年，他有信心带领福斯达经历接下来的市场淬炼。他对公司经营的愿景不仅限于盈利等经营层面：“企业一定是以盈利为目标的，但盈利之后要考虑企业能为社会及相关方——股东、员工、客户、供应商、所属社区——做些什么。你给予社会和相关方越多，内心的幸福和愉悦感就会越多。”

葛浩俊对人生有着自己的思考：“人生是比较短暂的。与一群人共同努力，在有限的时间里为国家、行业、企业做一些事情，当我们在 60 岁回首往事时，会觉得这些努力是非常值得的。”他特别喜欢一句话——“朝着标杆跑”，人需要保持一种积极进取的精神，并且要有明确的目标感、使命感和方向感。无论是在工作还是生活中，这种精神都能指引我们不断前进，让我们的努力更有意义。

# 黎文宇

## 背着房贷创业，构筑中国气体行业的“隐形卫士”

人物小传：黎文宇，北京市华宇博泰科技发展有限公司（以下简称华宇博泰科技）总经理。北京林业大学环境科学学士、比利时列日大学工商管理硕士、法国布雷斯特商学院工商管理博士、北方工业大学集成电路学院产业导师、高级工程师、中共罗定市政协委员、广东省罗定市政府招商顾问、北京罗定企业商会会长、北京专精特新企业商会理事、北京林业大学校友会理事、北京林业大学环境学院校友会副会长。2011 年创办华宇博泰科技，深耕高端分析技术及仪器设备的研发、配套工作。其配套的“等离子发射气相色谱法”精密仪器设备及整体解决方案，创新了国内 0.1ppb~1ppb 级别的分析方法的应用，提高了效率和生产力，并在一定程度上帮助我国摆脱国外的“卡脖子”问题。他被聘为国家气体技术标准

化委员会委员以及国家气体技术标准化委员会分析分会委员，发表了多篇优秀论文。其公司是国家标准《气体分析 等离子发射气相色谱法》（GB/T 37182—2018）提出及主要起草单位。

在当今的科技时代，气体分析仪器如同工业领域的“隐形卫士”，默默地守护着人类的安全与进步。它们不仅是确保工作环境安全、预防事故的第一道防线，更是推动技术革新的关键力量。无论是保障航天任务的成功执行，还是支撑半导体产业的快速发展，气体分析仪器都在幕后发挥着不可替代的作用，为国家重大项目的实施保驾护航。同时，在钢铁冶金、特种气体、石油化工、制药、食品加工、文物保护等众多行业的发展进程中，高端及定制化的气体分析仪器始终发挥着不可或缺的作用。

黎文宇，是我国气体分析仪器领域中的一位建设者。他说话严谨，行事理智冷静，这或许与他所从事的专业领域有关。2002 年他从北京林业大学环境科学专业毕业后就从事这个行业，先后在两家专注于气体检测和分析的企业工作。工作 8 年积累了一定的行业经验后，2010 年，尽管当时还背着房贷，但黎文宇毅然决定拿出全部积蓄 30 万元作为启动资金，踏上了创业之路。从单枪匹马起步，到后来会聚了一群志同道合的伙伴，他们一直在气体分析仪器领域不断深耕。

创业至今近 15 年，黎文宇带领团队完善和研发“等离子发射气相色谱法”各种分析仪器的不同应用，在一定程度上帮助我国解决了该领域的“卡脖子”问题，减少了对国外技术的依赖。如今，黎文宇创办的华宇博泰科技已成为气体分析仪器领域的排头兵，为我国半导体行业、石油化工、航天航空、核能研究等多个关键领域提供了国际水平的检测技术和分析设备，更为国家重大项目的实施提供了强有力的技术支持和保障。

## 背着房贷，只身踏上创业路

2002 年，黎文宇大学毕业后应聘进入北京一家研究所，从事技术相关工作。这家研究所主要做室内气体质量检测，这使他有机会接触到了气体行业，对气体检测有了初步的认识。

一年后，他离开事业单位，进入一家企业上班。“我刚入职时，特种气体还没浮出水面。老一辈工程师虽然也做了一些相关的自主研发，但对气体纯度和质量要求并不高。公司那时主要做空分设备的专业分析仪器。”谈到刚就业时的行业背景他如是说。

之后，国家重点扶持了北京分析仪器厂、上海分析仪器厂、上海化工研究院等单位，我国开始进行初步研发，但技术尚不能跟国外同类技术媲美。“后来，我国开始引进国外技术，尤其是石油化工产业，采用了很多国外技术和设备。”黎文宇说道，公司的业务也逐渐扩展到石油石化、氯碱、煤化工等化工领域。

2004 年前后，我国特种气体进入初步发展阶段，黎文宇的业务范围也扩大到了这个新兴且重要的气体细分领域。工作中，他稳扎稳打，不断积累蓄能。

2009 年黎文宇离职，当时他有两个选择：一个是进入其他公司，担任技术销售，此时已有几家 500 强企业向他抛出橄榄枝，薪资待遇不错，但其所从事的工作不再专精于技术和仪器设备，这与他近 10 年的从业经验有偏差。另一个选择便是自主创业。

最终他选择了创业这条路。黎文宇解释道：“基于我对技术、产品和市场的了解，专用型科学仪器的发展前景好、空间大。我想继续在这个领域深耕，看看自己能走多远。”

带着这样的初心，黎文宇在 2010 年筹备成立华宇博泰科技。即便对行业和自己有信心，创业二字对他来说，依旧压力重重。

家里每个月还要还房贷，处在解决温饱的阶段，加之创业失败的概率通常比较大，黎文宇又无法给家人一个肯定能成功的答案，为此家人对他创业持模棱两可的态度。同时他还面临资金问题。当时黎文宇拿出了北漂这些年积攒的全部身家——30 万元，投入创业中。他租了一间小办公室，当支付完房租，以及一些日常开销后，手上已所剩无几。

此外，他还面临着专业技术人员不足的问题，由于所处行业特殊，对专业技术要求较高，他很难再花高薪聘请专业技术团队。

为此，创业前期，他不得不独自一人支撑起整个公司的运转，兼顾技术和销售工作。

要想让公司经营下去，当务之急，必须尽快接到订单。黎文宇对自己的境况进行了分析：“我有从业经验，所以不会没订单。不过，第一笔就签下几百万元大订单的可能性也不大，这类订单对团队、产品以及综合实力都有要求。”为此，他将目标锁定为中小型订单。

因为战略目标精准，又有近 10 年从业经历积累的人脉资源，一些老客户信任他的技术和产品，愿意与他的创业公司建立合作关系。

起步不到 100 天，他迎来了第一笔订单，30 万元左右的金额。就这样，市场局面慢慢被打开。在老朋友们的助力下，加上黎文宇自身的行业积累，创业第一年，他就实现了 200 万元的营业收入。

欣慰之余，他也发现了问题：“身兼数职容易分心，而且光凭我一个人做技术，力量是不够的，必须着重组建技术团队。”

第一年的营业收入让他只敢招 1 个人，不过他并没有将有限的人才全用到技术上。黎文宇有自己的考量：“人员增加就意味着各项开销翻倍，那么相应的业绩也要翻倍才能实现发展。”招来的人主要是加强技术售后服务，同时要开拓项目。

令人欣慰的是，两个人的团队第二年营业额接近 300 万元。

不过，黎文宇没有一丝的松懈：“中小企业的平均寿命不超过 5 年，我们仍处在动荡期，不能抱有一丝幻想。”

黎文宇参加半导体产业链培训班，分享半导体特种气体分析技术

## 跨越“死亡魔咒”，在气体分析领域站稳脚跟

在 5 年“死亡魔咒”期内，黎文宇诚惶诚恐，时刻提醒自己要谨慎再谨慎。

“虽然公司每年都小有盈利，但想要长久地发展下去，在扩大规模、拓展业务的同时，在很多方面要进行完善和提升。”黎文宇认为，“作为高精技术型企业，这一阶段最重要的是如何做好技术积累，这是我们这类企业得以发展的根基。”

黎文宇能想到的最直接、最有效的技术积累途径就是引进国外先进的气体分析设备和技术。2012 年，他将法国公司的微量痕量气体分析仪及技术引进国内，为我国大众工业气体、天然气和纯气等气体细分领域提供了更精密的仪器和更先进的专业技术。

在创业路上，当自己的“装备”升级后，遇到的挑战也会更大。

黎文宇的第一难，恰恰就与技术有关。“当时国内对微量痕量技术的掌握不完善，也不全面。”他坦言，“虽然我们团队不乏高学历人才，但在个别项目的调试过程中，仍无法做到完全按照国外的指标参数调整好。”

“在技术上差之毫厘，数据上就失之千里。”黎文宇说，“我国在气体分析仪技术上与国外存在较大差距。我们必须真正掌握微量痕量技术。”这种差距也成了助推黎文宇组建起专业技术团队的加速器。

然而，一波刚平一波又起，技术团队得到完善后，资金运作又出现了问题。虽然黎文宇的企业是盈利的，但有些订单未能如期支付账款，而他们对外又必须及时支付，以致公司当时出现了四五十万元的资金缺口，银行贷款却迟迟批不下来。

黎文宇压力非常大，无奈之下，只能找亲朋好友四处借钱。创业已有一段时间，又来借钱？亲朋好友起初是感到吃惊的，有些人甚至对他的公司业绩和后期发展都有了疑问。经过一番周折后，黎文宇终于凑了几十万元，把资金问题解决掉。

他说：“这是很多初创企业常遇到的问题，看似无伤大雅，但往往能压垮一家蒸蒸日上的创业公司。”

此外，对于创业者而言，想要运营好一家公司，不仅要掌握行业的专业技术，还应该关注和学习与工商、税务、外贸等相关的知识，为此，

黎文宇 2013 年前往加拿大 LDetek 总部参加为期 1 个月的技术培训，学习其系列产品知识，研究市场战略

黎文宇不断地学习企业所需要的技术之外的经营管理知识。

虽然困难重重，但黎文宇内心坚定、战略打法精准，公司逐步打开了局面。他带领公司一步一个脚印地稳健发展："我们跟一些大型知名企业建立了常规化的合作。比如美国空气化工、林德气体等外资企业，还有中国计量院、中国原子能科学研究院等国字头院所，我们的产品和服务获得了合作方的认可。"

与这些大客户的合作，使企业营业收入突破千万元，第六个年头就达到 1500 万元的规模，团队扩充到十几个人。

直到这一刻，黎文宇悬着的心才放了下来："到此时，创业才算是站稳了脚跟。"

## 持续"搬砖"，助力我国特种气体解决"卡脖子"问题

与初创期不同，在现阶段中国科学仪器市场大背景下，黎文宇认为今后的发展主要面临两大挑战。

第一大挑战是如何根据产业政策的变化，为企业把握好未来方向。"目前国家产业结构正在优化升级，科技型企业想选对赛道不落后，并不容易。"黎文宇分析认为，"有的产业可能刚冒头，马上又销声匿迹了；有的虽被大家认定会发展起来，但受国际政策限制，如何发展还需探索。"第二大挑战是如何创新。

面对第一个挑战，由于产业政策的变化和风向是不可控的，所以对企业带头人的市场敏锐性和判断力要求非常高。相对而言，第二个挑战是黎文宇可以把握的。

随着特种气体和超高纯气体在半导体、航空航天、核能，以及暗物质研究等领域的应用，气体分析仪器和技术的分量越来越重。"目前，国家非常重视尖端精密气体检测仪器和分析方法。由于特气的特殊性和痕量分析的高标准，分析方法必须既要确保数据准确，又要具备安全性。"黎文宇指出，"目前市场上的大部分产品是以氦气作为载气的离子化色谱。而我们公司的 PED 等离子色谱仪可以使用氖气或运行成本更低的氩气、氮气作为载气，这样可以进一步降低企业的采购成本。"

氦气是关系到国家安全、高新产业发展和民生健康的重要战略性资源。但我国氦气资源匮乏，仅占全球氦气总资源的2%，大部分依赖进口，价格十分昂贵。一旦国外在氦气出口上对我国“卡脖子”，我国的氦气供应将受到极大限制。

对行业和局势的敏锐感知，让黎文宇意识到必须攻克这个“卡脖子”的难题。在前人研究的基础上，他们团队创新推出了不同载气的等离子发射色谱仪、电子流量ppb级稀释系统等，不断完善和提升行业的应用水平。

“等离子发射气相色谱法和配套设备，除了能用氦气做载气外，还可以用高纯氩气、氮气、氖气。”黎文宇骄傲地说，“既节约成本，又在一定程度上助力了中国气体行业，攻克了‘卡脖子’难题。”

“行业发展到现在的ppb级和ppt级（$10^{-9}$到$10^{-12}$），分析难度大、门槛高。”他解释道，“不同于一般的分析技术，这个分析难度量级不仅涉及分析技术之外的内外部系统配套的科学性和合理性，还涉及人员的操作和应用经验。稍有差池，就达不到预期目标，甚至会得到相反的结果。”

高难度的分析技术，需要更高水平的技术团队。黎文宇说：“如果用时间来量化技术，要10年以上的从业经验，才能对这种技术有比较深入的了解和掌握。”

为了提高团队整体的业务水平，黎文宇规定公司每年都要进行培训。“我们同加拿大的LDetek是点对点的商业合作企业。”他解释道，“双方的高层和高级工程师会去对方企业进行培训，彼此了解学习。”这种培训，他前后参加过3次。

2017年黎文宇（前排左二）受邀参加加拿大LDetek总部为期1个月的技术培训，深入系统学习其新产品及新应用技术

通过培训，黎文宇团队收获颇丰，不仅学习到对方的先进技术，而且通过面对面交流，增进了彼此的感

情。此外，通过培训互通行业信息有无，推动彼此发展。

黎文宇在 2023 年在国际气体产业活动展位上和来自十多个国家的厂商交流

现在黎文宇的团队扩大到了 30 人左右，年产值在 6000 万元到 7000 万元。合作的企业广泛分布于国内外高精尖技术领域第一梯队，如华为、中芯国际、台积电、中国电科、三星等。此外，公司先后获得“国家高新技术企业”“北京专精特新企业”称号和全国气体技术标准化委员会委员单位的资质认证，还是国家标准《气体分析　等离子发射气相色谱法》(GB/T 37182—2018) 提出及主要起草单位。他个人也被聘为北方工业大学集成电路学院产业导师、国家气体技术标准化委员会委员以及国家气体技术标准化委员会分析分会委员。2015 年，他们团队联合中国计量院、中国测试技术研究院、中国原子能科学研究院等单位，向国家标准委提交了建立《气体分析　等离子发射气相色谱法》国家推荐性标准的草案，并获得批复，2018 年该国家标准正式颁布。

自己能顺利走到今天，黎文宇认为：“对于高精技术行业，深耕是成功的关键。”外行看热闹，内行看门道，他深刻体会到，“没有时间和经验的积累，就无法了解技术难点，也就找不到企业的发展方向和发力点。”

谈及气体分析仪器领域的未来，黎文宇认为：“挑战虽多，但机遇也很多。”2006 年之后，是我国特种气体的成长期，我国不断打破国外的技术垄断，硅烷、超纯氨等重要特气实现国产化，行业快速发展。与之相对应地，国产气体分析仪器在这一阶段也迎来了大发展。

“目前我国气体分析仪器处在中端位置，以普及型设备为主。对精度要求高的仪器，国外仍略胜一筹。”尽管如此，黎文宇却很看好国产气体分析仪器的高端市场：“当前国家正大力扶持自主研发生产，未来 15 年，国产气体分析仪器领域会有广阔的发展空间，我国企业大可以积极地去占领高端科学仪器市场。”他进一步推测，“未来很可能是朝着智能化、微型化、快速检测以及高精度方向发展。”

创业 15 年，华宇博泰科技从寂寂无闻的小企业，发展到如今掌握了国际先进气体分析技术的领军企业，用可靠的设备、技术和人才，托举中国气体行业前行。

黎文宇感恩自己能有这样的机遇，用技术和产品服务于行业，同时被行业洗礼。他深深感受到气体分析仪器的魅力，以及它对国家发展的重要性。推动企业高质量发展，需以精密分析得出的数据为导向，锚定发展航向。仪器如“眼睛”洞察生产细节，分析数据似“窗口”解码发展规律。二者不仅是筑牢国家安全的重要基石，更是提升企业生产经营质量的“中流砥柱”。他说：“国家强大需要一代又一代人坚持不懈的努力，我何其有幸在行业内一直坚守！未来我会继续为行业‘搬砖’做事，把市场、技术、国产化设备做得更好，为国家强盛添砖加瓦！”

# 王　莹

## 四十不惑正扬帆，人生新章始破晓

人物小传：王莹，2003 年成立简阳市中原低温设备配套有限公司并任总经理。凭借 20 多年的深厚积累，获评国家高新技术企业。公司拥有发明专利 1 项、实用新型专利 50 余项、外观专利 1 项，还参与编制国家标准《城镇液化天然气（LNG）气化供气装置》（GB/T 38530—2020）。公司配备 40 余台（套）生产、试压及检测设备，实现全自动化生产流水线。她带领团队研发的多项产品如液氢超低温微压止回阀、超低温电磁阀、超高压切换阀等填补了国内市场空白，稳定运行于国家检验、航天等重要部门。公司产品不仅服务国内众多知名企业，还凭借外贸出口经营权成功出口俄罗斯、新加坡、泰国等国家。

熊猫、郫县豆瓣、九寨沟是四川省在人们心目中的代名词。然而，真实的四川远不止这些。四川是国务院确定的我国发展的战略腹地，支撑新时代西部大开发、长江经济带发展等国家战略实施的重要地区。它还是全国三大动力设备制造基地和四大电子信息产业重镇之一，再加上食品轻纺、能源化工、先进材料、医药健康等产业，共同构成了四川省的六大支柱产业。鲜少有人知道，这些看得见的产业都被同一只无形的大手支撑着——工业气体，它被誉为“工业的血液”。而作为制造工业气体的气体设备行业的细分领域——低温阀门，则掌控气体设备的开关、流量、稳压等功能，看似不起眼却不可或缺。在这个领域里，像王莹这样的低温阀门制造商，不显山不露水，却用自己的创业故事谱写了女性奋斗的赞歌，成为行业中鲜有的女企业家。

王莹是典型的川妹子，说话行事干脆利落。2003 年，20 岁出头的她与人合伙凑了 5000 元启动资金，成立了简阳市中原低温设备配套有限公司。一年后，业务有了起色，但合伙人相继退出，她独自一人咬牙坚持。父亲对她的“女孩子要独立”的教导，以及刻在她骨子里不怕困难、敢于追求梦想的精神，支撑着她逐步在低温阀门领域深耕。尽管中途也有过对其他领域进行的探索，甚至延缓了她前进的步伐，但也让王莹坚定了要在低温阀门领域做大做强的决心。

如今，进入不惑之年的她，觉得前 40 年都是在打基础，她的人生才刚刚开始。

## 敢闯的 20 岁：果断开启创业路

王莹进入工业气体领域时，正值中国工业气体行业进入高速发展的关键时刻。自进入 21 世纪以来，中国逐步从制造业大国迈向制造业强国。在经济高速发展的带动下，钢铁行业蓬勃向上，为工业气体上下游提供了广阔的市场；同时，中国在空气分离设备领域实现的重大突破，进一步促进了工业气体行业的迅猛发展。

2000 年初，还在工厂实习的 20 岁出头的王莹，敏锐地捕捉到了商机。她发现低温阀门作为气体设备不可或缺的零件，“在当时的行业背景下，有一片足够广阔且待开发的市场”。不过，对于创业，她的想法比较简单：“如果创业失败，就当为成长积累经验，再回去工作就是了。”

当时，王莹唯一的固定资产就是父亲送的一辆永久牌 26 自行车，但她毅然决定尝试一把。

于是，2003 年，她与合伙人一起创业，凑了 5000 元启动资金，开始了创业之路。创业起步时，三个合伙人中，一位负责技术，另一位提供设备，采购和市场由王莹来抓。

当时，采购原材料的地方在成都一环路的生产资料市场，从简阳到成都约 60 千米，每天只有一趟两地直达的汽车。为此，王莹每次去成都都要买全所有东西，她在市场上挨家挨户地跑，饿了随便买份盒饭填饱肚子。因为舍不得花钱租货车，回程时她一个人拎着大包小包挤客车。

回想创业初期，王莹说道："那时有使不完的劲儿，再苦再累只要睡一觉就又精神抖擞了。"

跑市场也不容易，王莹说："当时市场信息闭塞，买卖双方合作靠的是长期往来建立起的信任。"为了破局，她想出了"先用后付"的办法。她让客户免费使用产品，并告诉对方："用着觉得好再给钱。"这一用就是半年。最终，通过这种方式，王莹签下了第一笔订单，并拿到了创业的第一桶金——3 万元的银行承兑汇票。三位股东按最初商定的每人每月 500 元工资，一次性发放了"拖欠"了半年的工资，每人 3000 元。

现在回想起来，王莹不禁感慨自己当年的"幼稚"："懂的和想的都少。别人引荐，我就去跑。"她满脑子就一件事——"谈下业务赚到钱！"当时她既没有企业发展目标，更不懂战略部署。

在边摸索边前行的过程中，外界有很多声音试图让她偏离自己的道路："身边很多人告诉我，男人负责养家，你一个女孩子没必要这么辛苦。也有人说，女性太能干了，男人会不喜欢。"旧观念与新女性思维的撕扯，让王莹很痛苦："一方面迫于压力，想顺从当个贤内助。可另一方面，我内心又十分渴望在社会上有独立的能力。"最终，她顺从内心，继续在事业上打拼。

可惜现实阻拦不断，排除了外部干扰之后，她又遇到了内部变故——王莹的两位合伙人相继离开。出于职业发展规划的原因，负责技术的股东在创业一年后选择退出，设备股东看到技术股东离开也心生退意，整个公司的担子都压到了王莹一人身上。

但她并不悲观，因为她坚信，只要脚踏实地地拓展业务，公司就能越来越好。“办法总比困难多，只要目标是对的，不放弃、从多个角度思考，总能化危为机。”

## 求索的 30 岁：尝试新的可能

2006 年，国家《西部大开发“十一五”规划》出台，明确提出要建设成渝经济区，以成都、重庆为龙头，共同将成渝经济区建成国家新的增长极，成渝区域进入快速发展阶段。经济的蓬勃发展，也成为工业气体行业的沃土。

为了满足快速发展的市场需求，2007 年，王莹购入土地建了厂房，当年公司的年营业收入已经超过 300 万元。她认为：“在我创业的年代，只要勤奋吃苦，就能拿到时代的红利。”她没有因为自己的成绩骄傲，还客观地评价：“我能赚钱，是因为在那个充满机遇的年代，做了正确的选择并抓住了时机。”

而立之年的王莹

我国工业气体领域的女企业家相对较少，能做出成绩的则更少。木秀于林，风必摧之，王莹太扎眼了，这也让她的企业在 2008 年两次遭遇危机，她坦言：“我是为自己的错误和无知埋单。”

时间来到 2010 年，汶川地震两年后，地震的生死冲击以及公司的劫后余生，让王莹心里有了一些变化，她清楚地感知到自己思想上的动摇。“我所处的行业，能赚到手的钱不多，很多是应收账款。”与行业同人打交道时无法融入的感觉也让她无法忽视。

于是，她萌生了一个想法：“去尝试一下其他行业，接触一下不同的群体。”

当然，原来的阀门业务还在持续推进。王莹分析认为，市场迅速扩大，现在自己所处的细分领域属于小众产业，目前公司与客户都建立了长期稳定的合作关系，这能让她分出一部分精力去尝试其他行业。

这段尝试持续了近 10 年。她先后涉足过餐饮、农业，还做过银行资产包。但探索体验了一圈后，她感受到“专业的事情还是要交给专业的人去做”。

她想找一个可以让自己内心安定的事去做。回到工厂继续深耕以前的行业后，她发现心落到了实处。“不论我个人，还是企业，都有明确可执行的短期计划和长期计划，这些明确的目标奋斗，给我内心带来了力量，人也变得更有定力。”

王莹（右二）赴日本学习液氢的低温阀门制造

话虽这样讲，但这段探索还是带给了她一些懊悔，因为错过了行业的高速发展期，与许多好的机会失之交臂，以致现在企业的市场占有率与她的预期不符。

“如果我的人生注定要走这一遭弯路，我宁愿选择在年轻时去经历。人教人教不会，事教人一下就会。只有真正体验过，才能确定自己想走的路是哪条。”她不后悔这条追寻人性可能性的求索之路。

## 坚定的 40 岁：打好地基，迎来人生发力时刻

自 2023 年起的后疫情时代，低温阀门领域进入产业升级期，市场的需求也有所不同。“产品从过去注重设计，升级到如今特别注重工艺。具体的信号就是，现在有很多非标自动化的生产。”王莹谈道，随着气体行业的发展变化，她的团队做好了技术和生产工艺的准备，同时她已大规模投资到自己的工厂。

王莹（右二）参观考察印度尼西亚最大的工业气体工厂

“前 20 年我能赚到钱，是搭了国家的顺风车，有巧合因素在，现在我

要开始做事业了！”王莹自信满满。回首过去20多年的创业历程，王莹感慨万千。从20多岁敢闯敢干踏入低温阀门行业，到30多岁在摸索中不断前行，她和团队一步一个脚印，为如今的发展奠定基础。

当前，他们团队专注于低压、中压、高压低温阀门的研发、设计、制造，产品涵盖高压、中压、低压超低温系列，如紧急切断阀、安全阀等，适用于液氙、液氢等多种介质。公司取得多项资质与认证，包括ISO 9001质量管理体系认证、高新技术企业认证等，还拥有TS特种设备相关制造许可证。现有40余台（套）生产、试压及检测设备，其中自动化设备25台，已实现全自动化生产流水线，保障产品一致性和实效性。拥有无损检测理化设备、低温阀门试验装置等，其中安全阀性能试验台能同步检测并记录多项产品数据，为国内首创。

在主要客户与业绩方面，她带领团队参与编制《城镇液化天然气（LNG）气化供气装置》（GB/T 38530—2020）国家标准，2021年开发的液氢超低温微压止回阀、超低温电磁阀稳定运行于国家检验与航天相关领域，超高压切换阀填补了国内空白，代替进口产品广泛应用于全国气体充装站。公司取得发明专利1项，实用新型专利50余项，服务于北京101所、中国石油等多家企业，拥有外贸出口经营权，产品已出口至俄罗斯、新加坡、泰国等国家。

王莹主持2024年销售分享会

如今，王莹公司的规模扩大到了60人左右，年营业收入将近3000万元。

她说：“下一步，我们计划在3年内让品牌进入行业第一梯队。”以前的一切是在打地基，现在地基打好了，她要展翅高飞。

眼下不管面临何种发展难题，王莹都不会觉得有困扰，而是以更松弛的心态去处理。“一旦遇到问题，我会想两件事：第一，告诉自己这件事有办法解决，别着急。第二，思考这个问题可能导致的一连串蝴蝶效应，我要如何系统地解决问题。”

她知道自己的短板——并非专业管理人员，更知道自己的长处——善于发现问题和困难。所以，在公司管理上，她能请到咨询公司入驻工厂做辅导，陪伴企业成长。王莹认为：“专业的咨询公司遇到的企业多，有系统的知识，能从不同的角度发现并解决企业发展中的各种问题。”

在中年女性如何平衡家庭与事业的问题上，王莹有自己的智慧。于她而言，成为女企业家并不意味着要放弃家庭。受启发于《人生有我》这本书，王莹将自己在家庭中的角色定位为——我一直都在。

王莹坦言，如果以时间来衡量，自己陪伴孩子的时间并不多。但是，“当孩子们需要我的时候，我可以 24 小时在线，这时孩子放在首位。”她继续解释，“当孩子们需要独处时，我们会各忙各的，这时工作是我的第一位。”

王莹倾向于言传身教，她会做孩子们的榜样：“我会跟孩子们分享我的困难和纠结。但是我也会告诉孩子们，这些事情都是可以解决的。即便当下解决不了，放一放或许会遇到转机。”

家长只是孩子人生路上的旁观者，远远陪伴着他们独自走自己的人生路。在孩子的教育上，王莹选择“放手”，把自主权交还给孩子。“我的理念是让孩子在经历中成长，不要轻易批评。”她说，“我会把事情交给她自己做，并告诉她去思考做事的最佳方案。这样的启发和引导，才是对孩子最有帮助的。”

说到健康，王莹觉得“企业家的健康”是一家企业稳定的三大根基之一。至于大家常提的经营策略、行业趋势、团队和设备等，她认为，“那都是万丈高楼之上再谈的了”。

回顾自己 20 多年的创业之路，王莹觉得：“创业跟打游戏一样，只不过玩家的对手在游戏里，而我的对手在现实中。自己手中的装备越先进，对手也会越厉害，玩游戏输了可以重新开局，而我的‘游戏’一旦开局就只能往前冲，没有退路。”

自小王莹的母亲就告诉她：“要把仇人当恩人待，恩人当先人待。”所以她感谢创业路上所有相帮的人。

从 20 多岁创业时敢闯敢干，到 30 多岁求索期，再到如今 40 岁出头的展翅期，王莹坚信：“勇敢和信念都是在锻炼中奠定的。自己前 40 年的人生就像在演花絮，如今我的人生才刚开始！”

# 刘　娟

## 坚守与奋进，见证中国气体装备的崛起之路

人物小传：刘娟，中鼎恒盛公司（以下简称中鼎恒盛）副总经理、营销中心总经理。在气体装备制造领域有20多年的从业经验。2000年进入北京第一通用机械厂，从助理工程师做起，积累了宝贵的技术经验后，又在销售领域崭露头角，历任北京京城环保产业发展有限公司销售部内勤主管、北京京城压缩机有限公司销售部部长。2016年，加入中鼎恒盛，开启了与企业共同成长的新篇章，先后担任销售部经理、监事会主席兼销售部经理、副总经理兼营销中心总经理。

在中国工业发展的宏大版图中，气体装备制造业是不可或缺的重要力量。起初，行业技术匮乏、经验短缺，发展之路荆棘丛生。企业依赖进口

技术艰难起步，在国际市场的竞争中苦苦追赶国外同行。但中国的产业开拓者们没有退缩，扎根钻研，从基础材料研究到工艺改进，再到核心技术突破，一步一个脚印，历经无数次失败与尝试，终于实现从模仿到自主创新的跨越，构建起完整的产业体系，产品质量和性能也达到国际先进水平。

在全球气体装备制造领域，中国企业已经脱颖而出。比如，中鼎恒盛已成为行业标杆，在其董事长罗克钦的带领下，开启了一段改变行业格局的征程。2008 年，他成功研发国内最大隔膜式压缩机，突破技术瓶颈，创立中鼎恒盛。此后，团队持续创新，推出大流量氢气充装和 45 兆帕高压力的隔膜压缩机，产品不仅满足国内市场需求，还在国际市场崭露头角。面对美国 PDC 等国外品牌的竞争，罗克钦立下“3 年实现隔膜压缩机国产替代”的目标，凭借技术优势和对市场的精准把握，仅用两年多就做到了。此后，美国品牌在国内市场份额大幅缩水，中鼎恒盛为中国气体装备制造业打开了局面，其生产的设备已在全球投入使用 5000 多台，其中 300 台分布在海外市场。

刘娟的职业生涯与中国气体装备制造业的发展紧密交织，尤其是在压缩机领域，她留下了不可或缺的一笔。大学毕业后，她一头扎进压缩机领域，一待就是 20 多年。在近 10 年的技术岗位积累中，她对压缩机的设计、生产等环节有了扎实的掌握；在 10 多年的销售岗位上，她凭借出色的沟通能力和对市场的敏锐洞察，不断拓展业务，用心维护客户关系，全力提升销售业绩，并创造出“100 天斩获价值 1.6 亿元的订单”的销售奇迹。

刘娟凭借自身出色的能力和不懈的努力，先后担任中鼎恒盛的销售部经理、监事会主席、营销中心总经理，直至公司副总经理。每一次角色的转变都是新的挑战，更是她职业生涯的一次升华。

如今，在刘娟这样的行业骨干和中鼎恒盛这样的行业排头兵的努力下，中国气体装备制造业正朝着更高的目标迈进。

## 从技术小白到销售舵手：思想上不妥协，永远有办法

在山西大同的悠悠古韵中成长起来的刘娟，怀揣着对知识的渴望和对

未来的憧憬，奔赴内蒙古开启了大学之旅，她大学期间攻读的是机械设计及制造专业。那时的她，或许未曾料到，命运的齿轮会在2000年悄然转动，将她带向北京，开启一段波澜壮阔的职场传奇。

校招的机遇如同一场及时雨，让刘娟顺利踏入北京第一通用机械厂（以下简称北一通），一头扎进了气体领域。起初，她就像一只羽翼未丰的雏鸟，要完成从青涩学生到成熟工薪阶层的惊险蜕变。“从学生转变为工薪阶层，适应过程中难免会有迷茫，我想每个初入职场的人可能都有过这种感受。”这段迷茫的时光，如同黎明前的黑暗，却也悄然磨砺了她的意志。

她进入技术岗实习，深入各个车间，熟悉从铸造、锻造到加工装配的压缩机全生产流程。实习结束后，她幸运地被分配到隔膜机设计室。在当时国内压缩机领域，北一通是骨干国企，压缩机研究所人才济济，而隔膜式压缩机虽小众，却能为企业带来较高毛利率和设计产能，“在几种压缩机中，它算是比较小众的，但这个产品能为企业带来较高的毛利率和设计产能，引得众多校招毕业生向往，当时30名校招毕业生中有很多人想进这个设计室”，刘娟的加入，无疑为她的技术生涯奠定了坚实基础。

2000年前后，国企改制浪潮袭来，北一通也进行了改革，“企业从两三千人的大厂改制成市场化运营的国企，规模变为200~300人，借着破产转制甩掉老旧包袱，让企业良性运行”。改制后，刘娟继续做技术工作。

2010年开始，天然气在交通运输领域的应用逐渐推广，国家对清洁能源也愈加重视，在此期间，天然气加气站建设快速发展。刘娟被调到加气站工程部，和其他设计室的七八个人组成项目部，进行新产品研发和市场开拓。但由于业务流程冗长，项目未能开展起来。之后，她转到运营部，负责大宗物资采购和企业日常运营。在经历多个岗位、积累丰富技术基础，又有了孩子后，在技术岗工作了8年的她转到了销售岗。

“销售岗位的挑战、压力、机遇在所有岗位里是最大的，是职业生涯挑战和机遇、压力的顶点。”刚转销售时，刘娟面临双重挑战：一是适应岗位转换；二是公司安排她担任销售管理岗，带领销售团队，而当时公司是国企，竞争力下降、业绩下滑，提升业绩迫在眉睫。

当时的销售团队有20多人，90%是从车间转岗的老业务员，大家虽了解市场，但销售方式传统。刘娟用3~6个月摸索出方法，她先让团队成员明白，“大家是为了共同达成公司业绩增长目标，是为了共同拿到公司需要的结果，拿到比原来增长的结果，让大家有比之前增长的收益”。在业务方式上，她摒弃单纯喝酒吃饭的传统模式，发挥技术优势拿下项目，赢得团队信任。同时，通过内部招聘补充技术岗人员，优化团队结构。在组织架构上，她打破原有的大区制，原大区设区长，区长对区业绩负责，她让个人独立承接省份业务，“一个独立的个人，去承接一个省的业务，比如能带来 1 千万元还是 2 千万元的订单和市场，这个省就归个人管，不归区管”，极大地调动了员工的积极性。

这次变革成效显著，团队业绩提升，刘娟荣获北京市机械局颁发的“巾帼标兵”证书。从 2010 年转岗销售后，刘娟在工作上逐渐得心应手，尽管销售业绩要求逐年上升，但她稳步应对，“销售不会停滞不前，每年公司给的业绩要求都在提高，经济形势不好的时候要增长，经济形势好的时候更要增长”。曾经对她有敌意的两位大区区长，也在她的努力下，和她成为好友，变革后的第一年，两人业绩出色，分别成为“状元”和“榜眼”。

刘娟在面对难题时，始终秉持“思想上不妥协，永远有办法”的信念。无论是家庭变故还是工作困境，她都积极应对，不断突破自我，实现从技术岗到销售负责人的转变，成为职场上的佼佼者。

## 离开国企投身行业变革浪潮，100 天斩获 1.6 亿元订单

在国企工作的 14 年里，刘娟积累了深厚的技术与销售经验。每攻克一项技术难题，每签下一份关键订单，都让她在行业里的根基越发牢固。但她始终保持积极进取，对新挑战充满渴望。

从毕业踏入国企的大门，历经技术岗的磨砺，再到销售岗的拼搏，这 14 年的漫长时光里，刘娟目睹了太多人的职场起伏。看着身边同事们沉浸在安稳的生活节奏中，她一度以为，压缩机行业就是她笃定的职业归宿。

命运的转折总是毫无征兆。那时，刘娟还在国企有条不紊地忙碌着，她敬重的大领导却因家中突发变故，一夜之间提交了辞呈。往昔与领导共

事的默契瞬间涌上心头，那些并肩作战的日子仿佛还在眼前。念及这份情谊，刘娟心中满是不舍，一番权衡后，她咬咬牙，做出了一个大胆的决定——换个环境。可惜，竞业协议如同一条不可逾越的鸿沟，将她与心仪的工作机会隔开。无奈之下，她只能踏入非行业内的企业，在那里度过了两年的时光。

直到有一天，一个消息如同一束光，照亮了刘娟心中对压缩机行业的眷恋。2016 年，中鼎恒盛正在招贤纳士，她没有丝毫犹豫，毅然决然地抓住这个机会，重新回到了心心念念的领域。彼时的中鼎恒盛还是一只刚刚振翅的雏鸟，正处于从北京搬迁至安徽芜湖的关键阶段，规模很小，整个团队一共也就十几个人。刘娟最初留在北京办公，可随着公司筹备 IPO，各项事务越发繁杂，两地办公实在不便。2022 年，她告别了熟悉的北京，奔赴安徽，由于家人和孩子都还在北京，她只能每两三个星期抽空回去团聚一次。

初入中鼎恒盛，刘娟担任销售部经理，这一待就是 5 年多。在这 5 年里，她像是一位不知疲倦的拓荒者，一头扎进工作，不断开拓客户资源，精心维护客户关系，努力提升销售业绩，为拓展公司业务而默默耕耘，为公司的未来发展打下了坚实的基础。

随着公司的发展壮大，股份制改革的浪潮席卷而来。出于合规性的严格要求，公司需要挑选一位中层员工担任监事会成员。刘娟凭借出色的工作能力、丰富的行业经验和良好的口碑成功入选，成为监事会主席。这个新的岗位对她来说既是认可，又是挑战，她需要站在全新的角度，为公司的规范运营保驾护航。

在监事会主席的岗位上坚守了两年后，刘娟的职业生涯再次迎来高光时刻。她凭借在过往工作中展现出的卓越领导才能和突出的业务成绩，被提拔为公司营销中心总经理。仅仅一年之后，她又凭借出色的管理能力和非凡的市场洞察力，晋升为公司副总经理。

谈及这段飞速晋升的历程，刘娟感慨万千，她特别提到2020—2022年，那是他们公司发展的黄金时期。“公司的规模、人员、市场占有率在这几年发展得非常快。”

那时候，隔膜压缩机这个小众产品的市场，正经历着翻天覆地的变化。

隔膜压缩机从最早的几百万级小市场，到逐步成长为千万级市场，再到2019—2020年，借着氢能行业和电子产业半导体特气高速发展的东风，一举迈入10亿级以下的大市场。中鼎恒盛就像一艘乘风破浪的帆船，借着这股东风，凭借自身深厚的技术实力和产品积累，实现了飞速增长。

2020—2022年，企业营收数据就像一串不断攀升的音符：从年营收1.6亿元到3亿元，又攀升至4亿元。2022年，公司新建投产二期工厂，一场热血沸腾的“大干100天”活动就此拉开帷幕。刘娟肩负重任，在大会上，她郑重宣誓，带着团队立下1.8亿元的目标责任书。那段日子里，整个团队像是一群并肩作战的勇士，日夜拼搏。最终，他们成功拿到1.8亿元的订单，以预付款到账计算，达到了1.6亿元，这个成绩让所有人都为之骄傲。

“100天拿下1.6亿元订单”，不仅是刘娟职业生涯的高光时刻，而且是罗克钦带领下的中鼎恒盛发展历程中的一座重要里程碑。此后，即便面对复杂多变的市场环境，他们也从未停下奋进的脚步。

## 见证“3年实现国产替代”，共同奏响气体装备制造强音

在隔膜压缩机领域，中鼎恒盛已成为极具影响力的头部企业，被业内普遍视为全球规模与影响力兼具的行业翘楚。这背后，离不开创始人兼董事长罗克钦极具前瞻性的眼光和决策能力。罗克钦毕业于哈尔滨理工大学机械设计专业，大学毕业后进入北一通压缩机研究所工作，从普通技术人员做起，一路做到北京京城压缩机有限公司的技术老总，积累了丰富的隔膜压缩机领域经验。2008年，罗克钦成功开发出国内最大的隔膜式压缩机，打破了行业的技术壁垒。怀揣着让中国隔膜压缩机技术追赶国外的理想，罗克钦成立了中鼎恒盛。2014年，为降低成本、扩大发展，他将公司搬到安徽芜湖，并建起一期生产基地，产能每年达500台。2017—2018年，中鼎恒盛又马不停蹄地推出大流量氢气充装的隔膜压缩机和45MPa高压力的隔膜压缩机，每一次都精准地在市场增长大势到来之前做好产品布局，抢占市场制高点。

在与国外品牌的竞争中，罗克钦带领下的中鼎恒盛展现出强大的实力。以美国PDC、PPI公司为例，早些年它们在中国加氢站示范站建设中占据

一定份额，然而随着氢能车数量增加，加氢站进入实际运行阶段，国外设备的性能指标、综合设备整体的先天问题逐渐暴露，在与中鼎恒盛产品的对比中，并无领先优势。中国大型国企甚至发文不允许美国 PDC 的隔膜压缩机再卖到其系统里。罗克钦曾立下“3 年实现隔膜压缩机国产替代”的目标，他从不满足于小成就，而是瞄准行业内的关键对手，志在彻底改变市场格局。罗克钦凭借其在行业里的技术积累、对产品的深度理解以及对国内市场需求的精准把握，仅用两年多便达成目标。他深知，只有追求高目标、敢于挑战强大对手，才能真正在行业中站稳脚跟。

“我们之所以能够取胜，关键在于多年的技术积累、对产品的深刻理解以及对国内客户需求的精准把握。国外设备虽有完善的基础理论，但在国内工况适配性上不足，不能根据国内需求进行调整。”刘娟说道，中鼎恒盛则积极响应国内客户的各种需求，让产品更好地适应国内市场，从而在竞争中脱颖而出。

中鼎恒盛的市场发展策略也独具特色。前些年，作为产品型公司，中鼎恒盛专注于把产品做好。“只要把产品做好，客户就会口口相传，有了一些口碑，就能实现二次销售。”刘娟分享道。中鼎恒盛前 10 年依靠产品质量和客户口碑不断开拓新客户，稳步发展。

随着市场竞争加剧，客户对产品价格和服务的要求越来越高。尤其是在氢能行业，新客户多是社会化招聘，或是来自电力等对动设备相对陌生的行业，他们对厂家的依赖程度更高，不仅要求更完善的售后服务，还对安装培训有更高需求。针对这些变化，中鼎恒盛积极调整策略，以适应市场新需求。

刘娟在 2024（第六届）高工氢电产业大会上进行主题演讲

在海外市场方面，中鼎恒盛一直有海外销售订单，不过前期多是通过成套商、集成商或经销商销售，并非直接销售。压缩机作为动设备，在海外销售须要进行安装调试指导，中鼎恒盛目前正在建立海外服务能力，虽尚未大规模探索，但已在为海外市场的进一步拓展做准备。

中鼎恒盛的企业文化和价值观是其发展的重要支撑。企业价值观以“以客户为中心，以进取者为荣”为核心，外部聚焦客户需求，内部激励进取员工。

中鼎恒盛的企业文化体现为简单务实、开放创新。务实在于不立虚无缥缈的目标，不做不落地的尝试，专注把产品和事情做好，沟通直白高效；开放创新则体现在包容、空杯心态，持续学习。公司每月安排学习，罗克钦自己也读 EMBA，不断学习产品知识和公司管理理念，只要有利于未来发展方向，就大胆创新。这种企业文化是管理层达成一致的认知，凝聚着全体员工的力量。

刘娟的职业生涯，是个人在行业中坚守奋斗的典范，也是中鼎恒盛发展的一个缩影，更是中国气体装备制造业发展的标签。回顾一路的奋斗历程，刘娟认为：“坚持是关键，无论经济环境好坏，行业兴衰，只要坚持在自己选择的行业深耕，就能有所成就。”

在对技术创新的不懈探索、对市场拓展的积极进取、对企业文化的精心培育以及全体员工的拼搏奋进下，罗克钦带着刘娟他们让中国气体装备企业实现了从国内市场的突围，吹响了进军全球市场的号角。在这一进程中，中国气体装备制造业正以昂扬的姿态迈向国际舞台，奏响强劲的发展乐章。

# 赵永文

## 单枪匹马“闯”业，靠诚信和进取踏浪立潮头

人物小传：赵永文，正高级工程师，山东省济南市商河县第十一届政协委员。济南华信自动化工程有限公司/济南华信流体控制有限公司总经理、山东省院士（陈佳洱院士）工作站主任；山东省、济南市“一企一技术”研发中心主任；济南市流体控制工程技术研究中心主任。2006年成立济南华信工贸有限公司，2008年更名为济南华信流体控制有限公司。从事流体控制及制造技术研究工作20多年，带领团队攻坚40余项发明专利、100余项实用新型专利，主导制定了多项国家标准和团体标准。多次承担国家级、省部级、地市级项目。先后获得“山东省优秀发明家”“济南市青年创新先锋”“济南工匠”“济南五一劳动奖章”以及第十四届“影响济南”年度经济人物——创业人物等荣誉。

济南，山东的“泉城”，除了以趵突泉为代表的泉水闻名外，更与“气体”有着千丝万缕的联系。它不仅是黄河流域的中心城市，而且是北方的先进制造基地，更是区域性科技创新高地。不论制造业还是高新科技产业，背后都被工业气体这只无形的大手推动着。气体充装设备作为工业气体生产中的重要一环，在整个社会生产生活的正常运转中起到了无可替代的作用。赵永文正是这一细分领域里，将一腔热血挥洒在自动化及气体事业繁荣发展上的一分子。

生于齐鲁大地，赵永文将山东人骨子里的忠厚、踏实、肯干展现得淋漓尽致。2006 年，在社会闯荡近 6 年后，他带着 10 万元积蓄勇敢创业。创业首年，跑业务、做方案、盯施工，事必躬亲，凭专业能力与契约精神，叩开市场大门。着眼企业和员工的长远发展，他豪掷 600 多万元用于企业员工培训学习，只为筑牢发展根基。面对国内高端领域产品依赖进口的困境，他率团队耗时数载，成功研发出高精度智能混合气体配比柜，填补了国内空白，展现出非凡的担当与智慧。如今，企业已手握 40 余项发明专利和 100 余项实用新型专利，这是他近 20 年创业征程的闪耀勋章。

## 5 年多的打工生涯，人生的认知觉醒被开启

2000 年，中国国内生产总值首次突破 1 万亿美元，西电东送工程全面启动，在中国的大地上，仿佛万物都在新的纪元翻开了崭新的一页，赵永文也是如此。

从学校毕业后，赵永文辗转几处打工，为他日后创业积聚能量。在他近 6 年的奔波生涯中，对他影响最大的是在海尔售后服务的工作经历。

他提到，海尔有一条服务理念是“客户永远是对的”，公司要求员工不折不扣地执行。最初听到这句话时，赵永文的第一反应不是像其他同事那样心存疑惑，而是在心中反复思考、琢磨。后来他有所领悟：“当客户提出一些不符合逻辑的问题时，说明产品、服务还有欠缺。”

对于这句话，他在实际工作中体会得更为深切。有一次客户的洗衣机不工作了，他上门维修时，发现是客户没有插电源。这既不是产品问题，也不是客户的问题。问题出在把产品交付给客户时，洗衣机的使用培训不

到位，企业需要改进方法让客户记住。做产品要重视售后服务，不仅质量要好，而且保证客户会用。他认为：“产品卖出去的那一刻，其实才是销售的开始。”

这种服务精神和理念，一直深深影响着赵永文。现在他把同样的理念传递给自己的员工：“产品卖出去后，出现任何问题都是企业的问题，得先从自身找原因。这样更有利于解决问题，提升产品和服务，企业也才能成长。”

在海尔工作的这段时间，赵永文虽然学到了很多，但过低的薪酬不足以让刚步入社会的他独立生存，无奈只能选择辞职。辗转几家企业后，他看到天津一家气体设备相关企业的招聘信息。对他而言，只要包吃住、有空调，工作环境不被风吹雨打就行了。

“那时干什么无所谓，生存下来是第一位。”赵永文说道。

于是，他就去了那家企业。命运之手的轻推，反倒改变了赵永文的人生轨迹。

他在这家企业干了 5 年半，从车间生产装配，到调试、售后服务，再到销售岗位。赵永文说，自己几乎把一条完整的生产、销售产品线干了个遍。这也为他后来创业打下了坚实的基础，因为对整个产品线各个环节都了如指掌，所以不论遇到什么问题，他都能处理得游刃有余。

转到销售岗位后，赵永文对工资变化不太敏感，只记得自己是 1000 元底薪加提成。他形容当时的自己就像一个高速旋转的陀螺，哪里需要去哪里，每天不是在出差，就是在出差的路上。

然而，这份辛苦换来的却不是成就感，而是无力感。赵永文从客户和市场的反馈中，发现了一些产品技术上的瓶颈。当他针对问题提出意见时，其他部门反应速度慢、产品技术更新滞后，不能快速地形成生产力。工作需要团队配合、协调，当解决方案不能快速落地时，让他有种浑身是劲儿却使不出的感觉。

于是，他萌生了创业的念头。

## 单枪匹马起步，一个人如同一支队伍

2006 年，赵永文拿着省吃俭用攒下的 10 万元积蓄创业。

这一年，也是我国经济进入起飞期后转型调整的一年。一方面，技术密集型产业逐渐成为主流，生物医药、新能源汽车等新兴市场扩张，给我国工业气体市场注入新的力量。另一方面，设备制造等新主导产业成为拉动投资的主流，给气体行业带来历史性的发展机遇，打破行业技术垄断，让我国工业气体行业稳步进入高速发展阶段。

创业初期时的赵永文（左三）

在赵永文看来，天时、地利、人和都有了，广阔天地大有可为。

但启动之后，他才发现自己把创业想简单了，租房子、买办公用品、做网站和宣传册等，这些杂七杂八的东西让10万元启动资金用起来捉襟见肘。

由于资金紧张，他没敢招聘员工，就自己一个人。赵永文敢于单枪匹马的底气，来自他5年半的工作经历。因为从事过生产、销售闭环上几乎所有的岗位，他虽然只有一个人，却能当一支队伍来用，他既能出方案，又能解决技术问题，专业性在线。

他每天7点左右起床，白天奔波于公司的运作——跑市场、做技术交流、盯施工等。等晚上大家都休息时，他又挤出时间恶补工作所需的一些技能，“我读的是函授大学，有的专业课程没学过，只能晚上通过QQ远程操作的方式，跟朋友学CAD制图、绘制电子表格”。

真学起来，赵永文总是忘记时间，凌晨两三点睡觉都是常规操作，甚至有时忙起来不知不觉天就亮了。他记得特别清楚：“我办公室楼下有个早点摊，他们每天一大早上班的时间，就是我睡觉的时间。”

这样昼夜不分、争分夺秒的作息，赵永文持续了相当长的一段时间。

彼时的他，心中满是创业的激情与冲劲，即便每日忙碌奔波，也未曾察觉丝毫倦意。但身体是诚实的，不会因为精神上的坚韧而不产生任何健康问题。在创业那年的秋天，身体的警报骤然拉响——他毫无防备地患上了疱疹。医生告知，这是长期劳累而使免疫力下降所致。谁能想到，正值 27 岁——风华正茂的年纪，创业的压力已在他的身体上留下了如此深刻的印记。但是，这样的压力还压不垮一颗立志向上攀登的心！

时间紧迫、人力不足，赵永文认为只进行线下拜访、跑客户是远远不够的。摆在赵永文面前的路只有一条：“加快市场开发。”除了地推式营销，他利用百度和阿里巴巴的网络推广拓展客户，4 个月后便通过这种方式接到了第一个订单——山东曲阜的一家福利性企业（民政部门为安置残疾人员而创办的企业）。

赵永文接触客户后发现，企业生产车间内气瓶摆放凌乱、耗品的消耗大，此外还存在许多安全隐患。客户的难题就是他的课题，于是他从节约成本、用气安全性、便捷性等几个方面入手，给客户做了方案，帮客户解决了气瓶统一收集、供气等问题，对方很满意。

这是赵永文创业的第一个订单，金额他记得格外清晰，是 27500 元。

第二个订单依旧是靠网络推广得来的。“那是杭州一家做玻璃制品的企业。”赵永文为客户做了一套气液自动转换设备。

也正是凭着这股拼搏的韧劲儿，创业仅一年赵永文就收回了投资成本。他坦言：“我没有创业经验，第一年自己的规划就是埋头干、摸索未来的方向。”经过一年的实践，验证了他创业前的一些想法是正确的，“我慢慢寻找到了方向，知道自己要怎么干。”

## “不管是赔还是赚，承诺了的事必须兑现”

紧接着，赵永文迎来了他的创业大单——波折与机遇并存的第三个订单。比起前两个订单的小打小闹，第三个订单的金额直接飙升到了 20 万元，这在当时的行业项目中算是一笔非常可观的订单，客户也是国字头企业。

赵永文凭借自身的专业，促成了这次合作：“我跟对方的总经理和一位负责设备的副总见面交流时，根据他们的实际情况，提出了一些适用的建议，对方觉得我非常专业。”双方很快就敲定了合作。

然而，事情的发展往往很难一帆风顺。2006 年钢材价格在 3000 元 / 吨至 5000 元 / 吨的区间内浮动，赵永文回忆道：“我签合同的时候钢材价格正好处于低位，谁知施工的时候钢材暴涨，直接导致原材料成本和设备价格大幅提升。”他特意去找客户谈此事，对方理解他的处境，知道他损失不小，甚至告诉他可以毁约不做。

但赵永文说：“即便赔钱，我也会完成这个订单。既然双方达成了协议，我就得承担后面发生的一切不可预测的后果。”那时他冒着连本金都无法收回的风险，选择了遵守契约精神。

“做企业跟做人一样，诚信第一，我公司的名字‘华信’就是由此而来——秉中华之传统，筑信誉于四海。”赵永文对履约的态度始终如一，“受人之托，忠人之事，不管是赔是赚，承诺了的事必须兑现。”

这一单虽然没赚到钱，却成了一次打开市场的契机。赵永文说道：“通过这次合作，客户的领导觉得我在做人做事，以及专业性上都值得信任，后来将很多订单都交给了我。”由此，赵永文也与这家国字头客户建立了长期的合作关系。

2005 年至 2007 年，庞大的市场需求为我国工业气体行业开辟了广阔的发展空间。这段时间，行业的市场规模和销售收入均显示出强劲的增长态势。身处其中，赵永文觉得行业大有可为，于是招兵买马、扩大经营，将公司规模发展到 13 人左右。

赵永文（左二）为来厂参观的客户介绍产品

从 2007 年开始，赵永文的公司进入快速发展期，年营业收入接近 300 万元，与很多知名企业如济南钢铁集团、九江同方造船厂等签约合作。

赵永文创业初期，气体设备的核心零部件一直依赖进口。“那时我向客户介绍产品，通常会特别说明设备的哪些核心零部件用的是进口产品，以此来证明自己的产品质量过硬。”每每这样讲的时候，虽然能取得客户的信任，但赵永文反而觉得悲哀，“中国人的设备，却要通过国际品牌的零部件来证明自己的价值。”

他下定决心，早晚有一天，不用这些进口零部件也能证明自己设备的优秀！

2010 年，他开始带领公司员工在能力范围内对可自制的零部件进行技术研发和突破。他们先后实现了配比阀、充装阀、平衡阀等设备核心零部件的自主研发和投产。

如今，赵永文的公司拥有 40 多项发明专利、100 余项实用新型专利，其中很多是关于核心零部件的。此外，团队还一直为获得高精度大流量混配器的技术突破而进行研发攻关，为早日实现此类技术的国产替代进口不懈努力着。

无数日夜的艰辛努力，换来了眼前来之不易的硕果，赵永文的心中满是欣慰。

## 为破一言堂自戴“紧箍咒”，掷 600 万元开启全员培训

2015 年，赵永文的公司已经发展到了四五十人的规模，年产值也超过 3000 万元。

公司渐入佳境的同时，迎来了创业路上的关键转折点。赵永文指出：企业想要长期持续、更好更快地发展下去，不能变成家庭作坊式企业，必须进行正规和标准化转型。

面对挑战，赵永文提出了两个举措：一是走出去向优秀的企业学习；二是对内找专业的团队来进行员工培训，让员工通过学习来提高自身技能。“通过学习，梳理总结公司的问题，并根据相应问题制定解决策略。同时，对照规模化企业，进行组织构架、工作内容上的优化，调整公司发展方向和管理模式。”

赵永文以身作则，先对自己“开刀”。“我创业初期随意惯了，做事既

没有流程，也没有监管制度。公司一旦发展到我一言堂的地步，任何事不经讨论、商议就执行，早晚会酿成大错。”他说自己身为企业领头人，必须率先调整，从自身办事规范化做起。他也要接受公司制度和流程的约束，成为被监督者，这如同是给自己戴上了“紧箍咒”。

赵永文不再担任“裁判长”。谈及对这种“壮士断腕”行为的感受，他说：“即便不适应，也要坚持改变。”

接下来组织架构的调整也就顺理成章了，公司很快成立了共同商讨决策的高层管理团队。这些人是赵永文从老班底中筛选提拔上来的：“他们一路陪伴企业发展，尽管大多数人的学历背景并不突出，但他们都渴望成长。”

调整完公司架构，只能算披上了正规的“外衣”。企业要想真正实现可持续发展，赵永文认为：“根源就是让员工不断地成长，而员工成长的有效途径就是学习和培训。”员工得到了学习成长的机会之后，对公司的归属感会增强，更愿意陪伴公司发展壮大，离职的意愿也会大大降低。

从寻找合适的培训机构开始，赵永文就直接锁定了全员培训，而没有选择当时比较流行的总裁培训班，他说：“一人强，不是强，再强也是一只羊。团队强，才是强，团结起来就是狼！”

实践证明，他的选择是正确的。第一批参与试听课的13名员工，课后复盘时抱头痛哭，赵永文说：“大家都看到了当时企业存在的问题，并一致认为如果我们再不学习、成长，就永远无法转型为一家正规化的公司。”除了痛定思痛，比起其他人赵永文还多了一层感情：“经过近10年的相处，我已经把他们看作老朋友。他们能为了公司发展而流泪，我真的特别感动！”

自2016年起，赵永文每年至少花费50万元进行全员培训，持续到现在总计投入超过600万元。

对于全员培训，赵永文不仅全力买单，而且全程参与，跟员工同步成长。“不论是公司哪个部门的培训课程，我都全程陪同、参与学习。”他说，“开展工作首先要思想认知上统一，我要是不和员工一起学习，培训内容落地执行时还得让员工来说服我，这种沟通就是无谓的浪费，而且政策落地也难。只有我跟员工一同学习，才有利于各项政策落实。”

有的课，赵永文甚至已经上过好几遍了，但仍会去听：“我想让员工感受到，我在跟他们一起学习成长。”而且，学习是常学常新的，他说：“哪怕是相同的课程，我每次听都会有不同的收获。”培训老师也称赞他是唯一一位每堂课都跟着团队来学习的老板，十分难得！

赵永文（左一）为销售业绩冠军颁奖表彰

2022年，赵永文开始建设全公司人才培养体系，并于2024年成立了人才培养中心——从公司内部选拔一批员工担任导师，对其他员工进行企业相关内容的培训。谈及这样做的目的，他解释道：“企业最大的财富是其成熟的经验，如果这些经验得不到提炼、传递，无法形成新的标准准则，将是巨大的浪费。新员工持续犯老员工的错，将会增加隐性成本。”

此外，赵永文还非常尊重员工，事事站在员工的角度考虑。他说：“我打工5年半，体会过底层打工人的委屈和艰辛。那时我就想，如果哪天自己当老板了，一定要尊重员工。”

## 耐得住寂寞，不畏艰辛勇往直前

赵永文所秉持的经营理念，给予了企业更高的格局和视野。2017年为公司做战略规划时，他把公司的战略愿景定位为成为全球先进制造业最值得信赖的合作伙伴。赵永文说：“产品做到全球第一，不一定能得到客户的信赖。我们的战略愿景是，既要产品好，又要服务好，还要在配套设施等各方面具备完善的能力。”

“虽然难，若想做到却也不难，归根结底就是一句话——实实在在做事。”他总结道。

作为民营企业，想要活下来，就得有能真正为客户和市场创造价值的能力。赵永文解释道：“如果做不到为市场和客户提供价值，企业慢慢就会被淘汰。”

谈及气体行业的未来，赵永文推测："前景会非常好。"下游应用领域发展稳定，以电子特气为代表的新兴用气需求不断爆发，行业将持续稳步发展。为了更好地满足市场及客户需求，赵永文守正创新，把心沉在技术第一线，把汗洒在现场第一关，历经数年的市场技术摸索，成功研发出数智化气体充装运营管理系统等行业领先技术；另外，他还看好氢能源的发展："氢气的应用尚处在起步阶段，大有可为，比如应用在农作物种植过程中，能够缩短生长周期、提高产量。"

赵永文的公司处在工业气体上游气体设备的细分领域，主要从事气体混配、气体充装设备的研发生产。其中气体充装设备领域，在改革开放初期到 21 世纪初期的这段时间里仍处在萌芽阶段，现代化程度还有待提高。随着进入工业 4.0 时代，气站 5G 技术运用 + 智能运营管控技术的不断普及，越来越多的工业气体相关企业享受到了科技发展带来的好处。

对于自己所在行业的未来，赵永文观察后认为："虽然目前行业实现了一定程度的自动化，但尚处于起步阶段，离真正的自动化还有一段距离，有差距就有发展的机遇。"

现在，赵永文团队规模已经有 180 人左右，年销售额突破了 1 亿元。

回顾创业路，对于创业中遇到的诸多挫折，赵永文没把它们当作难题。不论是资金、人才的短缺，还是生产质量和管理水平的提升，在他看来，这些都是企业向上发展过程中必然要经历的"阵痛"，也是必须解决的问题。

"创业中最大的挑战，其实是自身的惰性。"赵永文认为，"遇到困难，是选择停下来，还是继续走？如果继续走，需要不断进行研发、挑战新目标，可能要付出更多的努力和辛苦。如果将目标锁定在远方，脚下的困难就不叫困难了。"

20 多年来，从辛苦打工尝遍生活的艰辛，到单枪匹马创业，他攥着寥寥几张底牌毅然开局，硬着头皮往前闯，一路摸爬滚打。赵永文觉得自己之所以能坚持下来，是因为始终坚持初心："既然我选择了这个领域，那就一定要做出世界上最好的产品，取得让自己值得骄傲的成绩。人在做事的时候，除了要耐得住寂寞、经得起诱惑，更要有不畏艰辛的精神，唯有不惧怕、勇往直前，方得始终。"

# 陈亚平

## 追求卓越，打造世界级气体检测产品的追梦人

人物小传：陈亚平，现任上海昶艾电子科技有限公司（以下简称昶艾科技）总经理，高级工程师。自2004年公司创立以来，他带领昶艾科技团队研发出了多款高科技产品，包括3D离子流氧/湿传感器、燃料电池式（电化学）微量氧传感器、电容式露点传感器，以及脉冲放电氦离子化检测器（PDHID）和等离子发射检测器（PED）等。这些产品在航空航天、半导体、电子制程和气体分离（空分）等多个领域得到了广泛应用，并且实现了国产化替代，为相关检测技术领域填补了技术空白。同时，陈亚平也是全国气体标准化技术委员会及气体分析分会的委员，参与了多项国家标准的起草工作，拥有十余项发明专利和近百项实用新型专利。此外，他还参与了《现代在线分析仪器技术与应用》一书的编写，为行业的技术发展贡献了自己的智慧和力量。

在 2008 年我国向世界倡导的绿色奥运中，离子流高温湿度仪凭借其先进的科技力量，为奥运的绿色环保事业贡献了一份力量。在北京毛主席纪念堂这一庄严而神圣的地方，陈亚平带领团队研发的氮分析仪一直默默坚守着，为这里的特定环境提供着坚实可靠的保障。而当南极科考队踏上极地考察的征程时，离子流氧分析仪则成了他们科研路上的得力助手，一路保驾护航。昶艾科技的气体分析仪器，广泛活跃于空气分离、化工、环保等多个行业领域，不仅极大地提升了工作安全与效率，更让人们的生活更加健康、环保。这，正是陈亚平 20 余年来一直深耕的领域，也是他始终不渝追求的目标。

回溯往昔，面对未知且充满挑战的商业环境，陈亚平毅然选择了创业这条路。从最初的艰难起步到逐渐取得成果，每一道难关、每一次挫折，都在考验他的决心和毅力。怀着做出优质产品的初心，陈亚平坚持不懈，脚踏实地地工作，展现了勇于面对挑战、永不言弃的精神。无论是资金短缺还是技术难题，他都一一克服。在团队的支持下，他积极寻找解决方案，逐步建立起稳定的产品线。正是这份坚定的信念，如同指引方向的灯塔，带领他和他的团队在创业路上不断克服困难，稳步向着目标前进。

## 从小立下远大志向　两次创业不断勇攀高峰

陈亚平出生在浙江海盐的一个普通家庭。在物质相对匮乏的年代，有限的生活条件锻炼了他的吃苦耐劳精神；而书本里描绘的广阔天地，则让他心中萌生出一股强烈的渴望：要用自己的双手改写命运的轨迹。这颗梦想的种子深深扎根在他的心田，在岁月的滋养下暗暗积蓄着力量，等待着破土而出、茁壮成长的那一天。

大学毕业后，陈亚平进入了一家集体企业，从事机械设计工作，主要负责绘图以及产品相关的展会事务。尽管这份工作稳定，但按部就班的生活并未让他满足。几个月后，他开始反复思考，意识到自己需要更大的挑战和更多的发展空间，决定要做出改变。

机遇总是青睐有准备的人。这些年的学习与积累，终于为陈亚平带来了一个转折点。当时，他所在的公司计划开拓市场，鼓励年轻人自行创业、自负盈亏，将公司的产品和品牌推向全国各地。然而，这一方案风险较大，前期需要投入的资金也很多，因此大部分人选择了退出创业项目。面对这样的局面，陈亚平却丝毫没有退缩。他坚定地表示："就算其他人都不去，我也要去。"

2000 年，年仅 20 出头的陈亚平，怀揣着工作不到 7 个月攒下的几千元积蓄，踏上了创业之路。父亲当年的话言犹在耳："小伙子年纪轻，就该出去闯荡历练。"就这样，陈亚平带着对未来的憧憬和勇气，开始了他的创业征程。

根据前期参与全国展会积累下来的经验，陈亚平毅然踏上了奔赴各地的征程，开启市场调研之旅。他跑遍了北京、成都、武汉、深圳等诸多城市，每到一处，他都深入城市的商业脉络，认真细致地比对调研当地的市场需求、消费潜力、行业竞争态势等诸多要素。一路的风尘仆仆，让他对市场有了更准确的认知。在综合考量各方因素后，成都——这座充满机遇与活力的城市，成为他创业的"第一战场"。

在业务抉择的关键路口，陈亚平充分权衡了自身所深耕熟悉的领域以及一路沉淀积累的业务优势，决定投身电子市场这片蓝海。彼时，他手握全国首创的前沿创新技术，犹如持有开启成功之门的钥匙。

在首次创业过程中，陈亚平接触到了许多科技公司的工程师，彼此建立了稳固且良好的交流渠道。工程师们看待行业的视角为他打开了一个全新的窗口，让陈亚平再次看到了新的机遇。两年后，陈亚平再次审视自己的发展道路："目前行业体量多少？发展瓶颈在哪儿？"一番审慎考量之后，他开始为二次创业着手准备。

时间转向 2003 年，陈亚平的创业热情与执着以及对市场的敏锐捕捉，深深感染了他的搭档。2004 年，陈亚平与合作伙伴携手，正式创立了昶艾科技，初期重点开发空气检测、气体分析技术，并随着公司发展逐步拓展至气体分离、富氧环境、能源管理、生物制药、环境检测等各方面高科技技术领域。

创立之初，陈亚平满怀热情，事必躬亲，奔波于全国各地拓展业务、了解客户需求、分析解决方案。在公司运营上，他与合伙人联手管理，对产品、员工、各个工作流程都严格把关，力求每一个环节都能达到极致。

朋友们都说，陈亚平为人值得信赖，做事踏实肯干，更有着惊人的毅力与远见。陈亚平极为看重“诚信”二字，他将诚信视为“企业之魂”“立足之本”。无论是对商业伙伴还是客户朋友，他都始终坚持坦诚相待、实事求是，这也是他对企业品牌的根本要求。搭档间的默契和信任是事业成功的基石，在创业路上，陈亚平与他的搭档们同心协力，共同书写着辉煌篇章。

## 突破技术瓶颈，重塑国产精品形象

在世纪之交，分析仪器这一技术密集型领域在国内近乎空白，核心技术长期受制于进口，市场被德国、美国、英国等发达国家的品牌牢牢把控。事实上，早在20世纪80年代，国家就已倾注巨资与人才，力图通过引进国外技术和组建研发团队扭转这一局面。然而，尽管付出了巨大努力，国产产品的质量仍未能达到预期，与国际顶尖水平还存在较大差距。

研发人员在开发传感器

在陈亚平二次创业初期，核心技术仍然高度依赖进口，需要从国外采购后再进行二次开发和应用。这种模式导致产品实质上是基于国外技术组装而成，使公司在技术上受到外部制约，不仅缺乏定价自主权，还面临兼容性问题。更为棘手的是，国外技术在国内环境应用时常常出现“水土不服”的现象。面对这些挑战，陈亚平决心走上自主创新的道路。他深知，公司必须掌握核心技术，力求打造出品质卓越的“世界级”国产产品。唯有通过自主研发，才能真正打破对外部技术的依赖，确保产品的竞争力和适应性，从而在市场上赢得更大的发展空间。

陈亚平和他的团队始终专注于提升产品质量，从内部质量控制着手，不断研究、突破和开发核心技术，力求打破国外技术的垄断。他们特别注重产品的稳定性、精确性和可靠性，并且在技术创新方面持续投入。每年，团队都会推出新的科技产品，目标是不仅替代进口品牌，甚至在某些方面超越它们。他深知，创新是推动科技进步的关键动力。他带领团队攻克技术难关，解决产业瓶颈问题，为国家和行业的发展做出了积极贡献。通过不懈的努力和专注的研究，他们在提升国产产品质量和技术水平方面取得了显著成效。

然而，在掌握核心技术后，“如何赢得客户的认知、信赖并促使他们放心选购”又成为新的挑战。长期以来，行业内及用户对进口产品的依赖，以及对国产产品“低质价廉”的固有印象，使得这一目标越发难以实现。陈亚平的理想是让国内客户认同“中国制造”，信任“中国制造”。他坦言：“这不仅是某一家企业的使命，更是整个行业共同的责任。”

为了提升客户满意度和推广国产品牌，陈亚平实施了多元化策略。通过深入的行业洞察和分析，他带领团队为客户提供了一站式解决方案和全面的产品线，以满足客户的多样化需求。他认为，客户需求是公司发展的指南针，“某种程度上，客户在引领我们前行”。因此，陈亚平强调快速响应并解决客户的痛点，通过高效的服务建立良好的口碑。

对于那些对国产产品质量仍有疑虑的客户，陈亚平采取了免费试用的方式，给予客户充分的时间去了解和评估产品。这种方式不仅帮助客户消除顾虑，还让团队能够收集宝贵的反馈意见，进一步改进产品。同时，在产品设计和研发过程中，他注重细节，提出了“高科技产品、简易化操作”的理念，确保产品在技术领先的同时，还易于使用。这种设计理念，不仅优化用户的整体体验，还显著增强了产品的市场竞争力。

## 坚守初心，立志成为世界一流气体分析检测服务商

20 载光阴荏苒，陈亚平和他的团队始终坚守初心，矢志不渝地践行着“打造世界级产品”的宏伟愿景。回顾这 20 年的创业历程，陈亚平心中充满了无尽的感慨与深思。

他与合作伙伴携手同行，风雨同舟二十余载，分工明确，各司其职，

共同铸就了昶艾科技的辉煌成就。陈亚平凭借他的“闯劲”和勇气，带领公司不断开拓新领域、新市场；而他的合作伙伴则以冷静稳健的态度，为陈亚平的“闯劲”提供了坚实的后盾，确保公司在快速扩张的同时能够保持正确的航向。尽管两人性格迥异，但都在各自的职责范围内勤勉努力，追求卓越，并以严谨认真的态度对待每一项任务。

这种默契的合作源于二人之间建立了无条件的坦诚与深厚的信任，双方总是能够换位思考，从不利用职权谋取私利。他们将公司视为自己的家，全身心投入事业中，共同为企业的长远发展贡献力量。这种性格上的互补与共同的价值观，使他们的合作更加和谐高效，也奠定了他们成功的坚实基石。

品牌视觉升级会议

创业20余年来，陈亚平对行业动态的密切关注成为他成功的关键因素之一。在高科技领域，技术迭代迅速，唯有持续深入探究行业趋势，方能确保始终走在前沿。他始终保持对行业情况的敏锐洞察，致力于洞悉市场需求和用户期望。这种对行业的深度了解，为昶艾科技的产品研发提供了有力的方向指引，帮助公司不断开发出契合市场需求的产品，赢得了用户的信赖和市场的认可。

除了对行业动态的敏锐洞察，团队的力量也是创业成功的重要支柱。在陈亚平的带领下，团队始终保持锐意进取的精神，怀揣着共同的志向，以“为社会贡献创新技术、为客户提供一流产品、为员工创造事业平台”为使命，始终朝着研发“顶尖水平”产品的目标迈进。面对高强度的工作压力，团队成员毫不退缩，凭借坚定的信念和顽强的毅力，克服重重困难，逐步攀登科技高峰。

陈亚平深知，员工是企业最宝贵的资源和财富。因此，他为员工提供了优渥的工作和生活条件，让每一位员工都能感受到家的温暖。这种“以人为本”的管理理念，不仅提升了员工的工作热情，也激发了他们的创新潜力，为企业的持续发展提供了源源不断的动力。

作为一家科技型创业企业，高强度的工作压力是不可避免的，正常的上班时间往往难以完成所有研发任务。陈亚平意识到，虽然公司内部的竞争氛围浓厚，但过度的“内卷”不利于团队的长期健康发展。为此，他采取了一系列措施来改善员工的工作和生活质量。例如，设立了扶持基金，提供了购车购房补贴等福利，尽量将公司收益回馈给员工，帮助他们提高生活质量。这些举措不仅缓解了员工的压力，还使他们能够在工作中保持长久的创新力和战斗力。

陈亚平始终将员工视为企业最宝贵的资源和财富。在他的带领下，昶艾科技的团队充满激情，齐心协力朝着一个共同的目标——践行“立志成为世界一流气体分析检测服务商”的愿景——奋进。

在明确自身定位、推进国产品牌、打造“世界级产品”的道路上，陈亚平已经行稳致远。他不仅通过技术创新打破了国外技术垄断，还通过团队建设增强了企业的核心竞争力，使昶艾科技在全球市场上崭露头角，赢得了国际同行的尊重和认可。

在当前国内经济下行、众多行业产能过剩的大背景下，陈亚平也面临着前所未有的压力。高科技领域的技术迭代速度之快，产品更新之迅猛，使得行业竞争越发激烈。展望未来三到五年，行业的发展形势将更加严峻，挑战重重。面对这样的市场环境，陈亚平深知，企业若要生存并扩大市场份额，就必须找到一条适合自己的发展道路，精准定位自身的目标领域。经过深思熟虑，他决定集中企业的力量，主攻那些尚未被广泛开发的细分市场。这些领域不仅与公司现有的技术优势高度契合，而且能够切实解决客户的痛点，满足市场的真实需求。

陈亚平相信，通过深耕这些细分市场，将能够获得显著的增量收益，为未来发展开辟新的增长空间。

回顾 20 多年的创业历程，陈亚平感慨万千。他们是一群从零开始的草根创业者，没有雄厚的背景或资源支持，每一步都走得异常艰难。然而，在这条充满挑战的道路上，他们始终坚守初心，脚踏实地，谨慎前行。他们不追求盲目扩张，而是注重在自身能力范围内稳步发展。秉持着“客户第一”的信念，他们将客户需求放在首位，用心倾听、用心服务；秉持着“开拓创新”的精神，他们敢于尝试新事物，挑战传统，不断寻求突破；凭借“奋斗拼搏”的勇气，他们以坚定的信念和顽强的毅力面对每一个困难，迎接每一个挑战；依靠“团结协作”的基石，他们保持着紧密的团队合作，相互支持、相互鼓励；遵循“利他共赢”的理念，他们追求双赢，让客户、合作伙伴和员工都能受益；坚持“诚实守信”的原则，他们言行一致，赢得了客户的信任和尊重。

陈亚平坚定地表示，他将继续带领团队坚守初心，勇往直前。以更加务实的态度、更具创新的精神和更高的品质标准，为客户提供更优质的服务，并为行业的进步贡献更多力量，在打造“世界级产品”的道路上不断攀登新的高峰。

# 程小华

## 24岁创业，两度逆境重生

人物小传：程小华，现任杭州普菲科空分设备有限公司总经理、高级工程师，兼任嘉兴大学企业导师；2005年成立天津普菲科机械设备有限公司（杭州普菲科空分设备有限公司的前身）。2008年第二次创业，成立杭州普菲科空分设备有限公司。公司成立至今，程小华负责多项专利的研发，先后发表过3篇代表性学术论文（独著）、一篇国际论文（通讯作者）；多次获得杭州市、浙江省的科技进步奖。公司的广东飞南PFK-11000/90大型VPSA制氧项目成功实施投产，成为我国大型VPSA制氧项目的一个重大突破，获得了浙江省首台（套）装置认定；公司中国庆华35000Nm$^3$/h多塔多段的甲醇制氢副产二氧化碳系统，也成为该领域的一个重大突破，并完成了首台（套）公关化认定，正在申报浙江省首台（套）认定。杭州普菲科空分设备有限公司被央视誉为“工业用气的探索者”。

炎炎夏日解渴降温的冰镇汽水、新手机搭载的先进芯片、医院里病人吸的氧、汽车工厂里正被切割的钢板……这些在人们生产、生活中看似毫无关系的碎片，背后却被同一样东西串联在一起——工业气体。中国人说，它是工业的血液；外国人说，它是看不见的动力。总而言之，工业气体是工业生产中必不可少的物资，小到零食包气体填充，大到火箭发射，都有它的身影。这个听起来陌生的东西，一旦失去就会导致现代世界无法正常运转。

工业气体的特殊性，决定了保障其生产的上游设备产业格外重要。程小华正是气体设备领域里与众不同的一位创业者，在他身上，既汇聚了创业成功者的素养和借此创造的奇迹，又发生过命运弄人的危急时刻。程小华入职仅 7 个月，其业绩便突破了千万元；25 岁尝试创业，28 岁押上全部身家二次创业；公司创建初期，惨遭队友釜底抽薪，生死一线硬控翻盘；公司壮大期，深陷担保危机，直面困境不逃避，用坚韧和担当实现逆袭重生。

今年 44 岁的程小华，创业已近 20 年，他已经从当年一无所知的毛头小子，成长为中国气体行业手握接力棒的人。在当下气体行业转型升级的关键时期，他和队友们全力朝着更高的目标奋进。

## 初入职场，人生第一课是理想与现实的断层

程小华出生于 1980 年，彼时改革开放的浪潮刚在我国掀起，同时，随着股份制公司和民营制造业的出现，我国的气体分离与设备制造业破土而出。时代的浪潮，悄然将程小华和气体设备汇聚在一起。

程小华走入空分设备领域的过程充满了戏剧性。他大学的专业是服装生产与管理，上学期间有丰富的兼职经历，同时在校担任班长、学生会主席，能力突出。毕业前的校园招聘会上，程小华被多家公司录用，但最终将他“抢到手”的正是他入职的这家气体设备公司。

面试的老板透过程小华简单的履历，看出他是一名可塑之才，哪怕他后期还要回学校写论文不能全职，对方都没有犹豫，直接让人力资源部给他办了工资卡，并发了工资，提前“锁定”。

2003年初，正值中国空分设备领域快速发展期，时至年底全国已有9000多套空分设备，产能在1000立方米/小时以上的设备超过800套。这一年，程小华从大学毕业正式入职杭州这家气体设备公司，并被派往驻北京办事处开展销售工作。他对北漂满是憧憬，也对自己的事业格外有信心。

在去北京之前，程小华的内心是多少有些自豪和骄傲的，第一次踏上前往首都的火车，在途中就设想过无数种公司人员接站的情景。谁知，在北京站下车的那一刻他就被猛地拉回现实。“我拎着两个大包，彻底傻眼了，没人来接，还得自己去公司。”程小华突然就认清了步入社会后理想与现实的断层，在这座陌生的城市里，“什么都得靠自己。”

程小华没有被吓退。他入职公司期间，正值公司人事动荡，很多老业务员离开单干。他们的离职，给程小华带来了机会。

入职仅两个月，他一跃成为驻北京办事处的经理。“我有了更多接触客户的机会，这也为我以后做自己的企业奠定了基础。”入职7个月后，程小华的业务销售额突破了千万元，成为新销售队伍中第一个业绩破千万元的员工。

除了行业人脉资源的积累，北漂期间程小华还利用闲暇时间学习其他知识，比如当时被称为“华人管理教育第一人”的余世维的讲座，他全都听过。这些前期的知识储备，都转为命运的馈赠，在他创业关键期拉了他一把。

2005年，25岁的程小华选择创业，成立了天津普菲科机械设备有限公司，摇身一变成为老东家的代理商。

很多人20岁出头的年纪要么还在学校读书，要么还是刚入职场的“菜鸟”。而程小华用短短两年时间在北京站稳脚跟，并完成了初步创业的经验积累，速度之快令人咋舌。

## 搭建“草台班子”，“神奇的订单”降临

程小华的第一次创业，更像多种因素下的顺势而为。“我跟前老板商量好，我来做公司的代理商。”业务推进一段时间后，程小华发现前公司对自

己有诸多掣肘，十分影响企业发展。这是他第一次站在带头人的位置，面对企业发展的问题。

一筹莫展之际，“转机”自己找上了门。曾经离职单干的同事，了解到程小华的情况后，说服他一起合作。2005 年 7 月，程小华参股了朋友的公司，负责整个华北地区的销售。他的能力也通过这次合作凸显出来，华北地区的销售额占整个公司的 60%~70%，他成为挑起公司业绩大梁的人。

2007 年，既是程小华人生重大转折的一年，也是我国空分设备领域重大变革的一年。

这一年，开封空分集团研发的特大型双泵内压缩空分设备投入使用，这是我国空分行业达到国际水平的里程碑，也是我国空分设备领域从快速发展期进入稳步成熟期的标志。这一年，程小华回到杭州完成了自己的人生大事——成家，同年从参股的公司撤资。

撤资时，程小华是第三大股东。对于撤资的原因，他解释说：“我家乡有成家立业的观念，既然回到杭州结婚定居，那就要在当地立业。”于是有了独立成立一个新公司的想法。

2008 年是我国奥运之年，在举国上下如火如荼地为北京奥运会筹备时，程小华注册成立了杭州普菲科空分设备有限公司，正式开启二次创业之旅。他笑称自己当时搭起来的第一支队伍是一个“草台班子”——程小华负责销售，内勤交给自己的姐姐打理；只有一名技术员，原公司干燥车间主任，是他原公司实习时候的师傅，又拉来创业失败的表哥，辅助做技术，再找上几个电焊工，最终组建成了一支十几个人的小团队。

程小华说：“虽然我有两年的创业经历，但开始时还是比较困难的。”他二次创业的第一道坎，竟然是年龄。因为年轻，程小华租厂房时，对方总不正眼看他，心想：“一个小鬼头怎么可能办厂！”最后，他托同学帮忙，才租到了一个 2000 多平方米的厂房，外加一座 700 多平方米的办公楼。

第二道坎，就是资金。结婚几乎花光了程小华所有的积蓄，为了创业他只好动用了 16 万元彩礼，又加上从上个公司退股还回来的 50 万元，凑了 66 万元作为启动资金。即便如此，启动资金也是捉襟见肘，程小华说：“租厂房花了 15 万元，还得装修、招人，66 万元很快就没了，我必须在短时间内拿到业务，解决燃眉之急。”

程小华清楚地记得，新公司注册成功的日期是 2008 年 2 月 1 日。他在正月初九那天，从杭州跑到了冰天雪地的山西临汾谈业务，得到的回复却是北方习惯正月十五之后才上班。7 天的等待无比煎熬，车间工人不断追问程小华什么时候有订单，可临汾这边连客户都没见到。终于熬到了见面，但跟客户谈过之后，程小华悬着的心却更放不下了，因为对方没有明确表示是否合作，无奈之下他们不得不在临汾继续等待。

20 天的等待和煎熬，客户始终没有要签约的迹象，程小华的心态有点儿崩了，人也很焦躁。无计可施之下，他决定去五台山拜一拜，释放一下沉重的心情。哪知正是这次寻求慰藉之旅，让他得到了上天的“恩赐”。

程小华刚到五台山，无意中获悉五台山脚下的一家铸造企业需要采购制氮装置。他没有犹豫，直接出击，不仅见到了对方的关键技术和商务负责人，还顺利敲定了合作，最终以 57 万元的价格签下了杭州普菲科空分设备有限公司成立以来的第一个订单。

随后，老天爷像是要追着程小华喂饭一样，他很快又跟同样来自山西临汾的志强钢铁签订了两台 800 立方米制氮装置的采购合同，仅仅过了一周，惊喜又接踵而来，第一个拜访的客户终于确定了采购意向，通知他前往对方公司签订合同。

这三个“神来之笔”的订单，一共 200 多万元，成为杭州普菲科空分设备有限公司的第一桶金。“那时候非常开心。”程小华的喜悦溢于言表，“签了这三份合同，公司马上就能步入正轨了。”

偶然的背后，定有必然。看似是“五台山”带来的好运气，实则是杭州普菲科空分设备有限公司乘上了政策改革的顺风车。当时正值钢铁行业小高炉换大高炉的改革，“要求淘汰 500 立方米以下的高炉，全部换成 800 立方米以上的高炉，同时要求将以前用煤气反吹的布袋除尘工艺改成氮气反吹，高炉采用氮气炉顶密封”。政策的春风拂面而过，为程小华企业的发展提供了便利条件。

随着 2007 年中国空分设备的重大突破，一大批本土空分设备制造企业紧跟世界空分设备技术发展的步伐，在国产空分设备的技术和性能指标上开始与国外比肩。

这时，空分设备行业中变压吸附制氮还处在从无到有的过程，掌握这项技术的厂家并不多，程小华的公司不仅是行业稀缺企业，更是凤毛麟角的拥有相关生产经验的企业。更重要的是，有了带来第一桶金的三笔订单后，他们在山西钢铁企业中的口碑非常好。再加上大批量改造钢铁高炉的契机，程小华无意间抓住了行业需求，这让他将山西地区绝大部分高炉置换业务拿下，订单一个接一个，公司发展势如破竹，业绩更是一路开花。

这也在程小华心中埋下了一颗种子——企业要想发展，必须紧跟行业政策改革的风向。

## 遭遇两次生死转折，壮士断腕直面死局

2012 年是程小华在空分设备领域事业的分水岭，在此之前，他主要负责企业的销售，技术部分全权交给工程师。但在这一年后，他开始深入涉足技术，不论是杭州普菲科空分设备有限公司的课题项目，还是专利技术及论文。

能让一位企业带头人跳出舒适圈，跨界搞技术研究，一定是非同一般的原因。谈及第一次生死转折，程小华直言自己从销售员变“消防员”，这一切归根结底都是技术受制于人导致的。

2024 年中国国际气体展，程小华（左三）与外国客户进行技术交流

“最近几年，国家一直在鼓励企业提质增效，往高层次发展，因为低端竞争只会把企业越拖越垮。”程小华说，从 2008 年起，杭州普菲科空分设备有限公司开始给四川某大型研究院做 OEM 贴牌。随着他对行业先进技术的深入了解，他清楚地意识到他们公司卖出去的只是“简单的设备”，如果想要走得更远，必须重视技术创新，手里要握有行业领先的专利技术。

2010 年，程小华在成都成立技术研发中心，聘请了一对技术过硬的工程师夫妻，通过技术入股参与研发中心的经营。这种合作模式一开始很成功，公司产值一度到 7000 多万元，对方强悍的专业能力，使得程小华对他们十分信任，把技术中心全权托付给两人。可恰恰是这份信任，让他栽了大跟头。

一次偶然的机会，程小华发现工程师夫妻不仅接私单，还因此出现了重大纰漏。双方坐下来交涉时，对方竟狮子大开口，想吞下程小华的公司，否则就撂挑子不干了。

“如果彼此在这样的前提下合作，那肯定不合适。”程小华果断拒绝了对方的要求。工程师夫妻走得非常干脆，程小华知道，他们在等着看自己的笑话，想让自己去求他们。

憋着心中的这口气，程小华更加坚定了亲自操刀项目的决心。

可等到真的进入项目后，程小华傻眼了，他没想到自己遇到的是“地狱模式”，还极有可能带来灭顶之灾。“我们所对接的 600 多万元订单的背后，支撑着一个上亿元的大项目。如果我们出了状况，导致主装置有问题，后面的损失会达数亿元，哪怕赔上整个公司都不够。”

程小华努力让自己保持冷静，思考对策。他从杭州贷款 500 万元，专门用于成都技术研究中心的运营、解决现有的困难和聘请专家。为了能够尽快找到合适的专家，他开出了当时令人瞠目结舌的条件，30 万元的年薪，30 万元的离职保障金，4% 的干股。2012 年，这样的待遇已远高于高精尖科技公司的薪资水平了。

远超同行的高薪，既是程小华的大智慧，也是他的魄力。因为，大公司的专家一致认为跳槽到小公司没保障，程小华只有以丰厚的报酬才能吸引到专家。

一个月后第一位专家到岗，半年内四位专家陆续加入，程小华从销售员变身“消防员”，化解了这次灭顶之灾。吃一堑长一智，程小华正是吃了这样的哑巴亏，才会突然大变样，从销售跨界到技术。

在公司大步前行 3 年之后，程小华遭遇了人生的第二个生死转折。

2015 年，国际货币基金组织正式宣布，人民币将加入国际货币基金组织特别提款权（SDR）一篮子货币。也是这一年，程小华身上同样发生了一件与“钱”有关的事——财务担保危机。他为朋友担保的1380万元贷款，因朋友无力偿还，且跑路了，债务转嫁到他头上，直接对他和公司造成了毁灭式的影响。

担保危机只是开始，其引发的财务问题就像雪球一样越滚越大。

先是政府方面。当时程小华刚在开发区买了地，打算建新厂房。担保危机出现后，政府方面担心程小华资金不足，建议他把地退了，他没有同意，这意味着程小华要在偿还1380万元债务的基础上，再花2900多万元造厂房，压力可想而知。

紧接着，竞争对手迅速散布谣言——程小华担保出问题了，杭州普菲科空分设备有限公司要倒闭了！很快，供应商便来催要货款。小股东们见状，认为程小华的担保危机影响公司发展，前景堪忧，也要求退股。他的资金缺口，一度逼近7000万元。

有人建议程小华宣布破产，以此减轻一些经济压力。可他愣是咬紧牙关就不宣布破产，他说：“我要对客户负责，他们把那么大的项目交给我，我不能因为自己的问题搞砸了。”同时，程小华还一定要把厂房造起来，“我要告诉所有人，杭州普菲科空分设备有限公司没有倒闭，我们仍在建新厂房和办公楼。”这既是给他自己鼓气，也是为争一口气。

还款过程中，供应商想用公司的车抵货款，程小华没有犹豫，直接让对方开走。对小股东们，他也二话不说，要钱给钱，要抵押物给抵押物。最终，他的房产、公司的车全被用来抵钱了。

此外，他的婚姻也在这一时期发生了危机，可谓是人生遭遇全方位的暴击。

程小华没有被压垮，他顶着一口气，带着壮士断腕的魄力，直面死局。

他首先要做的是不内耗。“我没听别人的建议，去找欠债人追钱。”程小华说，“对方是走投无路才跑的，即便我找到他，也拿不回钱，还不如把精力放在自己的企业上，做好自己的事。”

其次是能抗压。哪怕是最难的那段日子，程小华也没有失眠。“睡觉的时候，我会把负能量撇开。”他谈道，“自己有了精神，才有精力去应对这些事。”没被干趴下才有资格东山再起，很多时候，打败人们的不是困难本身，而是当事人对待困难的态度和状态。

最后，是企业经营层面的策略。程小华非常看好行业的发展，他根据实际情况选择“壮士断腕”，为公司做瘦身，然后等待时机打翻身仗。在保障新厂房建设的情况下，程小华将石家庄分公司交给小股东打理，并解散了成都技术研发中心，把技术人员安排回杭州上班。

当时，程小华给自己划了一条底线——必须维持企业的正常经营，并且绝不能欠别人钱。

2016 年，杭州普菲科空分设备有限公司的新厂房终于建成，程小华仍深陷财务危机之中。恰在这时，他幸得人生中最重要的一位贵人出手相助。对方以入股及购买他房产的名义（程小华仍继续居住在房子里），打了 2000 万元到他账上，并且不要利息，帮助程小华化险为夷。

由此，程小华绝处逢生，得以渡过人生又一重大难关。在他缓过来后，朋友退还了公司股份。

扛过来后，程小华认为危机中也有利好的一面。小股东们为了及时摆脱困局，同意只用很少的钱就退还了持有的股份份额。现在程小华对公司 100% 持股，他说：“我进入这个行业，就要 100% 承担责任，我是无限连带责任。”此外，经过这次危机，银行对他和公司也更加信任，贷款无须抵押，全部是信用贷款。

轻舟已过万重山，程小华感谢那个在绝境中没有放弃、直面死局、不逃避的自己。

## 行业转型升级阶段不断蓄能，做好亮剑的准备

如今，在程小华的带领下，团队 80 多位员工创造出了过亿元的销售额，其中有一半人忙碌在湖北新工厂的建造中。提起现在的杭州普菲科空分设备有限公司，程小华满是骄傲：“公司的几项技术在行业中领先，在业界的口碑非常好。”

经过十几年的发展，变压吸附制氮装置、VPSA 制氧装置、甲醇制氢装置、天然气制氢装置等一系列产品，已经从程小华刚进入行业时的起步阶段，发展为“高竞争”赛道。同时，我国正在推进“双碳”目标，绿色化、智能化技术的应用，也将推动工业气体行业的发展。

“在这样的变革下，低端竞争已无法满足行业发展需要。”程小华举例，通过技术升级，以前1立方米氮气0.8元的生产成本，被压缩到现在的0.15元，在这个过程中能耗减少、碳排放得以控制，帮客户降低了成本、实现了“双碳”目标。因此，以往低效、高能耗、大众化的空分设备产品，会被节能、环保、绿色的设备产品慢慢取代。

“未来，空分设备领域的竞争一定是技术和创新的竞争，而非低价竞争。谁掌握了技术，谁就掌握了先机，谁就能成功。”程小华肯定地说。基于这样的考量，他开始推进湖北新工厂的建设，进行技术研发和升级，以求实现工业气体全产业链的发展和布局。

除此之外，国产替代也是空分设备领域的一大发展方向。

程小华说：“过去我国气体行业非常依赖进口，包括吸附剂、催化剂、材料等，但现在国产的品质也非常好。”以碳分子筛为例，他们先后用过德国的和日本的，现在国产的吸附剂不仅价格实惠，而且性能更好。一些他们自己产品的规模和性能已经超过了国外产品，如公司制氧系统的能耗，可以达到0.28度电即可生产一立方米氧气，远远低于某些国外公司的产品，而且单套规模也可以提升到20000标准立方米/小时以上，实现了真正的超越。

下一步，中国空分设备一定会在“卡脖子”的技术领域逐一实现国产替代进口。如空分设备里使用的“膜”，虽然目前被美国空分产品公司垄断，但程小华相信，在不久的将来国内企业一定可以做出“平替”，因为现在已经有性能相差无几的产品了。

“中国气体行业发展空间巨大，今后将进入黄金发展期。”程小华信心十足。

为了抓住黄金机遇，程小华已有清晰的规划，现阶段，他们要将自家公司打造成全产业链发展的平台，并逐步向集团型公司发展，以公司为平台，让人才充分发挥才干，当家做主。同时，不断进行技术研发，他们现在正研发的吸附材料和催化材料已具备雏形。

除了立足国内，程小华还要带着中国空分设备“走出去”。目前，他们已经跟印度尼西亚最大的气体公司达成战略合作，接下来还要开拓泰国、马来西亚等东南亚国家的市场，经过出海历练后，将跟随中国工业气体协会走向全球。

2024 年 1 月，央视《匠心智造》栏目播出了关于杭州普菲科空分设备有限公司的纪录片《工业气体的探索者》，这正是对程小华一路拼搏的最好诠释。

从 2003 年进入空分设备领域，程小华已经在这个行业摸爬滚打了 20 多年，经历了人生的大起大落。回顾过往，他认为："创业不能只局限于自身利益的得失，想要在一个行业脱颖而出，就要有牺牲精神。这样能换来更多人的幸福，因为一个企业除了领头人外，还有一群托举企业的员工。"

杭州普菲科空分设备有限公司团建活动

程小华还谈道："人必须有坚定的信念，以及勇于亮剑的精神。"与其抱怨环境，不如脚踏实地干事业，否则机会来了也抓不住。

在迈向工业气体新时代的征程上，程小华和他的小伙伴们紧握接力棒，亮剑前行！

# 黄　波

## 带着洞察与饥饿感，去做中国瓶装气的变革者

人物小传：黄波，现任四川新途流体控制技术有限公司总经理。2003 年从哈尔滨工业大学毕业后，先后在梅塞尔集团、林德集团担任工程师、市场技术研发专员、充装站主管等职务，兼具技术能力与业务能力。2019 年成立四川新途流体控制技术有限公司（以下简称新途流体），并完成第一套自动充装设备交付，开创中国瓶装气自动充装设备。拥有 1 项四川省重大技术装备首台（套）认定、20 余项专利技术、1 篇论文刊登在特气行业科技期刊《低温与特气》上，并参与编写《气体自动充装设备技术规范》行业标准。黄波团队为中国工业气体行业开拓出一条全新的赛道，他们引领了瓶装气行业自动化的变革，让行业呈现百花齐放春满园的态势。

我们生活在一个被气体包围的世界，从冶金、钢铁，到食品、医药，再到火箭上天、航母下水、芯片研制，各行各业都离不开“无迹可寻”却又“不可或缺”的工业气体。它被喻为“工业的血液”，对国民经济的发展起着战略性的支持作用。气体充装行业，作为工业气体上游的重要一环，直接影响着整个气体行业的运转。改革开放后，各行各业都迎来了翻天覆地的变化，唯独瓶装气充装领域一直停滞不前，直到自动化引入后才得以改变。

黄波，一名典型的“80后”，他一路所吃的苦，都是“自找的”。毕业后，进入一个不错的研究所工作，这是多少人渴望去的事业单位。然而他却不喜欢工作中舒缓的节奏和氛围，工作1年左右就果断地离开了舒适圈，先后在两家全球领先的气体公司工作了15年，从普通工程师做起，做到中国总部充装站主管，甚至还跑过市场业务。攒足经验后，放弃不错的待遇，他又选了创业这条不归路，切入无人开垦的瓶装气体自动化赛道。创业路上顺遂时，他不愿意“一枝独秀”，主动开发全产业链的信息共享平台，推动行业良性竞争；开发AI行业助手，以公益的形式对业内企业开放；他还研发了自动化设备配套的数字化解决方案，助力业内并购难题，希望行业春色满园。

## 走出舒适区，在行业一线摸爬滚打

1999年，是中国工业气体行业从初步发展阶段迈入高速发展阶段的转折之年，也是黄波的高考之年。高三的他跟同桌畅想，未来一定是自动化的世界，机器人主导生产。于是，黄波填报了哈尔滨工业大学的自动化专业，可造化弄人，他最终被调剂到热力与动力工程专业。殊不知，命运早已安排好一切，从这一刻开始，黄波的人生将与工业气体紧密相连。

2003年黄波大学毕业，进入一家发动机研究所。工作1年左右，他认为当前的工作状态与他的理想存在差距。他觉得：“按部就班并非年轻人理应追逐的目标，青年时期是极为关键且珍贵的成长阶段，应开足马力，让自己投身于事业之中，唯有如此，才能更迅速地成长与进步。”黄波决定去看看更广阔的世界。

进入21世纪，我国钢铁行业蓬勃发展，为上游的工业气体行业提供了广阔的市场。同时，我国在空分设备领域取得重大突破，进一步促进了行业的发展，我国工业气体行业步入高速发展阶段。

2004年，正是气体行业的“当打之年”，黄波因专业对口，入职四川梅塞尔气体产品有限公司担任工程师，负责空分工厂的维修，真正进入工业气体行业。

在这里，黄波遇到了职业生涯的领路人，这也让他从职场小白迅速成长为独当一面的人才。“每周总经理和生产部经理都会驱车从100多千米外的公司总部到我所在的工厂视察。他们很关照我，晚上吃消夜都会带上我。”黄波在一次次参与领导“围炉夜话”的过程中，迅速积累着职场经验，“从他们的闲谈中，我学会了如何开展工作，遇事怎样进行逻辑分析”。

2005年，黄波调到梅塞尔中国总部，一干就是5年。已经拥有足够技术经验的黄波，感觉自己进入了职业发展的瓶颈期——思维固化、爱钻牛角尖，技术上也没太大的进步，他想改变这种状态却又找不到突破口。刻在“80后”身体里的“反骨”蠢蠢欲动，黄波笑称自己“天生爱自由”。为了打破思维方式的限制、寻求突破，黄波动了去业务部门的心思。此时恰逢林德气体准备拓展西区业务，黄波因其技术优势顺利加入林德气体，担任市场发展技术专员，开始接触业务相关工作。

从技术岗位到业务岗位，黄波体会到：“销售与技术最大的区别是，在工作中，技术人员看到的是事情本身，而销售需要看到的是事情背后的人。”对已经在职场摸爬滚打了6年的人来说，适应突然转变的工作内容并不轻松。但黄波既不焦躁，也不畏惧，他冷静地分析出自己与老业务员的区别：“他们比我多一些业务经验和能力，效率高。但并非不可超越，哪怕效率低一点，我只要坚持愚公移山的精神，就一定可以做到。”黄波对自己“新手销售”的清晰定位，督促他秉持谦虚的态度更主动地开展工作，反而找到了机会为公司带来项目，顺利推动了工作。

林德气体作为国际头部气体公司，有一套完善成熟的培训和管理体系。黄波领悟到：“销售的最高境界是找到客户需求并满足他们，而非以低价策略迎合客户。”

这段业务开发的工作经历，对黄波后期创业助益良多。在他看来，一个好的销售要具备三方面素质。第一，想要一些事情发生的“饥饿感”。第二，理解客户。千金难买你懂我，销售要思考得比客户更全面，满足对方的真正需求，为其带来价值。第三，将客户需求进行有效转换，匹配到能满足对方需求的资源。

## 攒足经验后创业，选择无人开垦的瓶装气自动化赛道

作为一个“不安分”的“80后”，黄波上大学时就爱倒腾点儿小生意，他卖过电话卡、邮票，工作后利用业余时间尝试过餐饮行业。“创业”一直是他人生的必选项。2013年，黄波回到梅塞尔集团，担任中国总部充装站主管，一干又是一个5年。

2014—2019年，我国工业气体行业市场规模持续提升，由2014年的898亿元增加到2019年的1477亿元，复合增长率高达10.5%。但与气体行业高增长格格不入的，是气体充装领域长达几十年的停滞不前。

10多年工业气体行业的工作经验，让黄波发现了瓶装气行业这块待开发的荒地：“改革开放多年，自动化早已在其他行业普及，成为必须选项。而中国瓶装气领域，自新中国成立后就一直沿用从苏联引进的人工充装工艺，经营管理也是以纸质的形式来完成，从未改变过。”

国内气体充装站这种“全手动操作”和“全人工管理”的原始生产方式背后，遇到的首要问题就是极高的安全风险，以及繁重劳动对从业人员的伤害，这些都令管理人员身心俱疲。同时，这种生产方式导致产品质量受到影响，进而阻碍了其他行业的发展。

虽然业内都觉得自动化变革迫在眉睫，但对于该怎么变没有答案。“这是我们的机遇和责任。”黄波身在其中感触更深，“我希望从业人员可以在更安全的环境里更舒心地工作，让他们去做比充装、搬运更有意义的事。”于是，他有了创业的念头。

2017年，黄波开始规划瓶装气行业自动化、智能化解决方案。兜兜转转17年之后，黄波终于向着高中时自己畅想的方向奔跑了。

摆在黄波面前的第一个关卡就是技术难关。国内关于“如何通过热力学算法精准计算气体混合后在不同温度下的分压值”的研究几乎一片空白，

国外更是对此严格保密，而这是黄波必须攻克的。在无人区“拓荒”光靠一个人的努力是不够的，黄波通过校友会找到了师弟周廷志，对方毅然辞去工作加入黄波团队，并拉来了另一位关键成员 PLC 专家刘洋，加上与黄波拥有相同行业愿景的杨军，组成新途流体的核心创业团队。

他们利用周末讨论技术问题、交换意见，凭借着在行业 10 多年的积累，经过近 1 年的头脑风暴和技术研发，于 2018 年实现突破，并开启运营新途流体的征程。

攻克了技术难关，紧接着就是弥补启动资金的缺口。对于 4 位普通的工薪阶层而言，哪怕有一定积蓄，也凑不够创业的启动资金。黄波回忆道：“我们签订的是上百万元的合同，即便是购买原材料也是一笔不小的金额。”

然而，这个难题，却以充满戏剧性的方式解决了——合作方给钱。当时江浙一带的很多企业都做出口贸易，对产品品质要求高，进而对生产中所用气体的品质要求更高。黄波团队的第一位客户正是宁波的一家气体公司，因为国内瓶装气生产模式落后，导致他们此前的客户大量流失，对方迫切地需要设备自动化升级，以生产高质量的瓶装气。在了解了新途流体的气体充装自动化设备后，对方的合作意愿十分强烈，表示愿意支持他们。黄波说：“最终签订合同时，对方给了我们超过 70% 的预付款，让我们买原材料。”

紧接着，第一位客户就给黄波团队介绍了嘉兴的客户，对方以同样的方式支持黄波团队，给了高达 60% 的预付款。

已过不惑之年的黄波

创业前期之所以这么顺利，黄波分析认为：“气体充装行业迫切需要自动化变革，而我刚好洞察到这一需求。”当时国内瓶装气行业的从业者对自动化设备的需求非常紧迫。同时，这些企业多为中小型民营企业，如果自行研发，聘请一位能做高智能产品且有较高充装技术的人才，每年人工成本就至少需要 30 万元。不如花一两百万元买一套装置，公司几年内就能收回投资。

由于产品好，获得第一批客户认可后，行业中的大企业也随之愿意给予支持。2019 年广钢气体开始同黄波团队合作，2021 年便投资新途流体成为其大股东。

从 2017 年规划方案、2018 年完成研发，到 2019 年第一套自动充装设备交付，再到 2021 年广钢气体投资，短短 4 年时间，黄波团队在瓶装气自动化装备升级的市场份额已突破 49%。公司发展至今，拥有 1 项四川省重大技术装备首台（套）认定、20 余项专利技术，营业收入已超 1 亿元，年人均产值超 200 万元，服务了 100 多家公司，成为该细分领域的排头兵。

## “一枝独秀不是春”，助力中国瓶装气行业春色满园

随着我国冶金、化工、机械、半导体、新能源等产业的快速发展，国内工业气体市场规模正以每年约 10% 的增速发展。虽然势头大好，但我国工业气体行业正处在变革期。

黄波分析指出，第一，受地缘政治影响，国内各产业将发生变化，间接影响工业气体行业。第二，在经济下行压力下，很多气体企业正处于不饱和的状态。第三，新技术的出现，必然会对原有的生产经营模式产生触动，促进行业变革。

“未来几年，瓶装气行业一定是先进淘汰落后。”黄波分析认为，“在这个过程中，缺乏生产力和经营管理能力的公司会被淘汰或者兼并。企业想要在大浪淘沙中生存下来，自动化和数字化改革是必然选择。”

其实早在 2012 年前后，工业气体行业内便有资本想通过并购整合推动变革，但并未成功。黄波解释说：“如果没有自动化和数字化的帮助，企业很难把原本在生产和管理上的优势快速地复制到另一家公司。这也导致每一次的收购，反倒成为拉低企业效率的罪魁祸首。”

对此，黄波有更宏伟的职业愿景：“一枝独秀不是春，百花齐放春满园。”毕竟，一个人想改变行业很难，但一群人的话就会容易很多。

为此，他们研发了自动化设备配套的数字化解决方案，助力业内企业解决并购难题。这套解决方案拥有标准化的数据接口，全面向设备、软件

的供应商和政府平台系统开放，让企业生产信息和政府监管信息可以交互。

甚至对竞争对手，黄波团队也是抱着互惠互利的心态。“我们希望打造一个开放性的平台，从而推动气体行业全产业链的信息共享，推动行业良性竞争，促进产业更好地发展。”黄波说，“如果没有一个好的竞争对手，企业会很孤独。”

此外，黄波团队还基于大语言模型，打造了一款 AI 行业助手。社会的学科、门类众多，技术也层出不穷，工程师不可能对每一种知识都了如指掌，这款 AI 行业助手可以共享业内的各类专利信息，让有使用特定专利需求的人能跟研发人员沟通、学习，以便利用专利进行共创。未来，它将以公益的形式向业内企业开放。

谈及未来，黄波认为，有很多可发展方向及机遇。第一，瓶装气行业的机遇，或许在下游很多未被满足的需求中。如下游企业为制造出更精细的产品，需要更好的切割和焊接保护气。第二，为半导体行业用气引入物联网和机器人。半导体企业在使用特种气体的过程中，需要大量人工参与，每年为此花费超过千万元。黄波团队正在探讨用机器人替代人工，以及引入物联网技术的可行性。第三，瓶装气行业配送成本有巨大的节省空间。目前瓶装气行业的配送成本比国内物流成本占 GDP 的比重要高，与京东物流相比高得更多。

在黄波的设想中，瓶装气行业最理想的运行状态是客户在类似京东的瓶装气平台下单，订单匹配到对应的充装站，充装站有序生产和配送，从而实现利润最大化，客户也能以最低的成本购买气体。

不过，他也提及：“瓶装气行业很特殊，看不见的坑有很多。”一方面，瓶装气是易燃易爆的危险化学品，如果没有相应工作经验，很可能会意识不到其中的危险。另一方面，在销售气体的同时，要管理好造价较高的气体包装物资产。如何能既确保包装物不丢失，又能高效运营，还能跟业务相结合，没有一定的从业经验，很难处理好。

推进中国瓶装气行业的发展，任重而道远。黄波说：“瓶装气属于长链条循环业务，在这一过程中牵扯到的人特别多。若没有一定的洞察力，容易陷入闭门造车的困境，实际投入后无法使用。”

回顾 10 多年的职场生涯，以及自己 6 年的创业之路，黄波始终认为，一个人想要做成事，首先得有“饥饿感”，要眼里有活儿，能主动观察和思考行业还有什么未被满足的需求。然后，回归事物本身去思考——“这个需求究竟要解决什么问题？”再天马行空地想新技术或引进新方法。还有最重要的一点，人要有坚持不懈的精神，“对于自己选定的方向，坚持下去不放弃”。

即便遇到挫折，黄波觉得也不必气馁，“这是上天给予我们历练的机会，为了让我们突破自己，变得更好、更强大。面对命运的安排，我们应该永远抱持一颗感恩的心，相信这就是最好的安排”。

# 张 青

## 职场逐光者的多元进阶之路

人物小传：张青，源晗集团绿能低碳事业部总经理，遂宁源晗董事长兼总经理，杭州特盈能源总经理。西安交通大学工学学士，四川大学工商管理学硕士。在林德集团工作的12年里，历任SHEQ经理、现场主管、专业工程师等，积累了扎实的技术与管理经验，最终成长为中国西区运行负责人。之后，在英孚教育担任重庆城市总经理，带领50人团队，管理超3000名学生客户。在美国空气化工，他短暂作为西区商务运营负责人，管理超6亿元销售额的管道气资产。自2024年起，张青担任源晗集团绿能低碳事业部总经理等要职，全面负责气体板块业务，管理超100人团队。

在风云变幻的职场江湖中，张青宛如一位逐光的行者，以不断探索的精神，蹚出一条极具个人特色的职业发展之路。

他从广袤新疆的中学起步，凭借优异成绩考入西安交通大学，开启了自我认知与成长的重要旅程。在大学，他通过担任学生会主席锻炼自己的综合能力，还在与优秀同学的交流中明晰了自身优势，确定了不局限于技术专业路线，而是深耕技术领域、走综合管理路线的职业方向，本科毕业毅然投身职场。

2006 年，张青奔赴南方，加入气体行业龙头林德集团。12 年间，他从助理设备工程师起步，历经技术、业务、管理等多领域岗位历练，完成了令人瞩目的职业蜕变。其间，他不断审视职业方向，持续成长，为了深造，克服重重困难在四川大学攻读 MBA。

然而，职场的风云突变让 35 岁的他站在了十字路口。面对林德集团内部架构与业务布局的调整，他果断离职。随后，他跨界进入英孚教育，虽面临巨大挑战，却收获了全方位的管理经验。之后，他回归气体行业，加入美国空气化工，却因文化冲突只做了短暂停留。

这些波折并未让他却步，反而成为他成长的基石。2024 年，张青加入源晗集团，开启了新的征程。他凭借持续磨砺的领导能力和独特的管理理念，让源晗气体板块的工厂运营达到持续平稳运行状态。

张青的故事，是一部关于坚持、抉择与成长的奋斗历程。他用行动诠释了“人生没有白走的路，每一步都算数”，以及“做正确的事，把结果交给时间”的人生智慧。

## 从新疆中学到西安交大，心中已有“自我认知”

张青祖籍安徽，七八岁时，他随家人来到新疆，于新疆生产建设兵团的一所中学开启求学生涯，童年与少年时光都是在广袤的新疆度过。高中之前，张青在学业上成绩斐然，始终稳居年级第一名。他坦言，在相对小的范围内持续保持优秀，让他产生了一些自我优越感。这种状态既是动力，也在一定程度上限制了他对自身和外界的认知。

凭借优异成绩，张青考入西安交通大学，这成为他人生的关键转折点。进入大学后，他的生活发生了翻天覆地的变化。他凭借出色的领导和人际交往能力，担任了学校的学生会主席，组织参与各类校园活动，锻炼了自己的综合能力。同时，他结识了众多后续在各自专业领域出类拔萃的同学，多年来一直是保持交流和互动的好朋友。

在与这些优秀朋友的日常相处、交流和学术探讨中，张青对自己有了更清晰的认知。他意识到：“与他们相比，我的优势在于综合素质更全面些，除了专业知识，我还有一定的组织协调和沟通能力。”经过深思熟虑，他发现，走技术专业路线虽然能够让一个人按部就班地成为一名合格的工程师，甚至评上高级工程师，但这并非自己内心真正渴望的职业方向。

张青在大学

面临本科毕业后是继续深造还是步入职场的抉择时，张青十分明确自己的想法：“当时，我认真思考了继续读书和工作这两条路，综合自身的兴趣和能力，我更倾向于直接进入职场，在实践中积累经验、提升自己。”此外，面对他人基于他的性格和背景提出的从事销售工作的建议，他有自己的坚持。他认为，虽然很多人觉得专业与行业关联不大，但实际上两者紧密联。以气体公司为例，商业模式本质上是基于技术解决方案，而非单纯的业务行为。因此，他决定在技术运行领域深耕，为自己未来的职业发展打下坚实的基础。

张青在北方度过了他的求学岁月，在这片土地上，他从青涩走向成熟，逐渐明晰了内心的渴望。南方，对他而言，充满了未知与机遇，宛如一片亟待探索的新大陆。

2006年，当毕业的钟声敲响，张青毅然做出决定，一定要奔赴南方工作，去拥抱新的挑战与可能。彼时，中石油的西北公司向他抛出了橄榄枝，提供了一份颇具吸引力的工作。然而，内心对南方的向往过于强烈，张青没有丝毫犹豫，婉拒了这份邀请。最终，他选择了宁波，加入了气体行业的龙头企业——林德集团。

## 林德集团 12 年，从技术到业务再到管理的职业蜕变

进入林德集团后，张青从助理设备工程师干起。凭借扎实的专业知识和不懈的努力，他迅速在岗位上崭露头角。在工作两三年后，他便确立了清晰的职业规划："未来要从事综合管理岗位，最终成为行业领军人物。不单纯追求技术上的顶尖，而是致力于走综合管理路线。"

随着经验的不断积累，他先后担任客户服务工程师、工艺工程师。在这个过程中，他持续钻研技术、广泛积累经验，为自身的职业发展奠定了坚实的基础。当经验日益丰富后，张青敏锐地察觉到管理领域的发展契机，果断涉足其中。他先是担任现场主管，负责工厂的日常运营管理，后来又晋升为公司 SHEQ 部门经理，全面把控安全质量与环保工作。在这两个关键岗位上，他充分发挥自己的管理才能，展现出卓越的领导能力。

之后，张青进军业务领域，前往林德上海分公司投身于大型气体的管道业务。凭借出色的客户关系管理能力，他成功拓展了业务版图，并担任大客户经理。最终，他肩负起整个中国西区的工厂管理重任，完成了从技术到业务再回归工厂管理的职业循环。

张青在工厂的控制室里

频繁变动的岗位并非偶然，张青表示，所有岗位的选择都不是公司主动培养安排的，而是公司基于业务需求，发现他能够胜任相应工作。林德集团看中的正是他在工作中展现出的综合能力和丰富的过往工作背景。

每年元旦，张青都会对过去一年的工作和生活进行回顾，总结得失与不足，审视自己未来的职业发展方向是否正确。正是这种持续的思考与自我审视，让他在成长的道路上，一步步明确了自己的方向，走出了属于自

己的独特职业轨迹。对职业目标的清晰认知，使张青的职业发展始终沿着规划稳步推进。每次面临岗位变动，他都会经过慎重考虑，但最终都会果断做出选择。无论是举家搬迁到成都，还是在宁波、上海等地辗转，这些经历都是他迈向职业目标的坚实台阶。公司的业务需求与个人职业规划的高度契合，成就了张青在林德集团 12 年丰富而独特的职业经历。

在林德集团的职业生涯一路高歌猛进，可在张青内心的蓝图上，还缺少一块拼图——深造。身为工科本科生，父母的期许和自我提升的渴望，如同两颗种子，在他心底生根发芽。“母亲总念叨，你从小就聪明，怎么就只念了个本科呢？”这份来自家庭的期待，成了他心中的一股推力，而对丰富自身综合素质、完善知识架构的追求，则是那股源源不断的动力。

从林德宁波公司辗转至上海公司，张青所处的工作环境发生了巨大变化。身边会聚了众多精英，部门的同事基本是毕业于名校的 MBA。他们对业务的深刻认知和理解，以及围绕业务构建的成熟管理体系，都让张青深受触动。在这个高手云集的团队中，他深刻地认识到自身的不足，攻读 MBA 的决心也愈加坚定。“原本只是个想法，这下直接被点燃成行动的火焰了。”他这样形容自己当时的心境。

最初在上海工作时，复旦大学成为他深造的理想学府。这不仅是对不同学术氛围的向往，也是与他本科母校西安交通大学之间的一种平衡。在宁波工作期间，浙江大学又成为他的目标。然而，命运的齿轮不停地转动，工作调动至成都，让他意识到不能再等了。四川大学，作为西南地区的知名高校，最终成为他的选择。为了方便学习，他甚至将房子购置在四川大学附近，足见其求学的决心。

谈及职业心得，张青的感受是：“刚毕业或者职业生涯早期，不管拿多少钱，都要做超出报酬的工作。既然钱少，那就要在成长上找补回来，不然就太亏了。”他始终秉持这样的理念，工作中从不局限于职位范围，永远站在公司利益的角度。在跨部门沟通互动频繁的外资企业，他主动承担，打破部门壁垒，与不同部门的人产生交集。他笑称自己就像武侠小说里“借力打力”的高手，善于运用资源解决问题，让自己的工作成绩翻倍。

回忆起过往，他讲起一件趣事：“那时候我是新人，刚毕业，办公室空调坏了，我主动跟部门领导说我找人来修，费用我报销，领导同意了。其实我有私心，毕竟我自己也得在这里办公，没空调多难受。”看似简单的举动，却展现出他的担当与灵活。这种主动作为，不仅让他在工作中积累了人脉，还让更多人认识并认可了他。

张青的每一次职业转换，都像是水到渠成的自然流动。他时刻准备着，一旦时机成熟，便果断出手。无论是攻读 MBA，还是在职业道路上的每一次选择，他都用行动诠释对自我成长的执着追求。

## 跨行业磨砺，职业破局与自我重塑

2018 年，35 岁的张青处于职业生涯的关键转折点。彼时，他已在林德集团深耕了 12 年。在企业界，有一种普遍观点：若在一家公司工作 10 年却未取得显著成就，往往须要寻求新的突破与变化。这一观点在张青心中引发了深刻思考，成为他考虑职业变动的重要因素之一。

而林德集团与普莱克斯的合并，使公司内部的权力结构与业务模式发生重大调整。身处其中的张青敏锐地察觉到，这种复杂的内部环境对自身职业发展不太有利。他认为，35 岁正是个人职业发展的黄金时期，不应在碌碌中消耗宝贵的时光，于是毅然决然地主动选择离职，开启了全新的职业征程。

结束了在林德集团的 12 年的职业生涯，张青站在了人生新的十字路口，命运的转折悄然降临。一次猎头的邀约，为他打开了一扇通往全新领域的大门——英孚教育。多年前，张青在宁波工作期间，一次在杭州武林广场的购物中心偶然走进一家英孚学校。当时，英孚学校的教学氛围、师资力量以及管理模式给他留下了深刻的印象。

当猎头联系他时，张青起初感到十分疑惑，毕竟自己此前一直从事气体行业，与教育行业毫无关联。然而，猎头给出的三点理由，为他打开了新的职业视角：第一，张青来自欧洲知名企业林德集团，在长期的职业经历中形成的职业操守，是英孚教育最为看重的品质。英孚教育对人才充分信任，一旦录用，便会将所有业务、成本核算以及人员管理等工作完全交付给他，由张青自主决策。第二，张青具备丰富的管理经验和扎实的管理能力，而英孚教育需要他这样的人才来管理城市中重要的教育中心机构。

第三，教育行业是以人为核心的行业，英孚教育发现张青是关注人的，并且能够很好地与人沟通协作，这种特质对于英孚教育开展教育业务至关重要。这些观点让张青看到了新的职业发展机遇，而当时正处于职业变动期的他，仿佛在迷茫中找到了方向，仿佛瞌睡时遇到了枕头，带着一丝无知无畏、对未知领域的探索精神，他踏入了英孚教育。

然而，跨行业的挑战远远超出了张青的预期。中国有句俗语“隔行如隔山”，从熟悉的 B 端气体业务突然跨入极度 C 端的教育培训行业，他起初以为凭借自己的能力和学习热情可以轻松应对，“原本觉得自己很厉害，大不了学一下”，但实际工作后才发现，不同行业的运营模式、客户需求和市场规律存在巨大差异。英孚教育的业务主要面向个体消费者，每一笔业务都需要与客户逐一沟通洽谈，业务金额从几千元到几万元不等，且客户需求缺乏持续性；而气体行业面向企业客户，业务规模大、合作周期长。这一对比让张青深刻认识到气体行业商业模式的独特优势。

但在英孚教育近一年的工作过程中，张青也收获颇丰。“之前我在林德集团不管在哪个部门，都只是负责单一业务线；而在英孚教育，我真正承担起了综合管理（General Management，GM）的职责，这里并非仅指职位头衔，而是在实际工作中拥有充分的自主权，可以自由制订业务策略、调配资源。”这种全方位的管理实践极大地提升了他的综合管理能力。同时，他结识了一群志同道合的朋友，拓展了人脉资源。这段经历也让他更加明确自己的职业方向，意识到或许还是要回归到熟悉的气体行业。他感慨道：“没有白走的路，每一步都算数。这段经历让我感触特别深。”

离开英孚教育后，张青加入了美国空气化工，回归自己的本专业领域。然而，他在这家气体行业头部企业的工作时间不足一年。“我在工作中感受到了明显的文化冲突。此前就职的林德集团以及英孚教育（瑞典企业）都属于欧洲企业，企业文化相对温和、注重合作；而美国空气化工的企业文化与欧洲企业差异较大。我认为在中国市场做生意不仅要遵循合同契约，而且要考虑双方的感受。这种价值观的冲突给我带来了比较大的困扰。”

回顾这段经历，张青感慨万千。他深刻体会到：“职业生涯中最艰难的时刻，往往也是个人成长最快的时期。那些看似严厉苛刻的老板，实际上对自己的职业发展帮助最大。这就好比吃肉虽然美味，但不那么可口的粗粮和蔬菜对身体健康更有益——真正有挑战性的困难和经历，才是促进个人成长的关键因素。如今回过头来看，这些都是颠扑不破的真理。”

尽管离开林德集团后经历了诸多波折，但每一段经历都成了他职业道路上的宝贵财富。这些经历让他在挑战与困境中不断成长，逐渐明晰自己的职业定位，找到了更适合自己的发展方向。

## 用行动诠释“做正确的事，把结果交给时间”

张青进入源晗集团源于气体圈内校友的引荐。起初，他接到源晗集团人力资源的电话，简单交流后便没了后续消息。直到 8 个月后，电话那头传来的“老板想见你”打破了漫长的沉寂。他前往上海见到了现在的老板，经过初次见面，老板认可张青的专业素养和综合背景，张青也了解到老板的专业、大气，是值得追随的。几轮沟通之后，2024 年 1 月，张青正式加入源晗集团，负责集团气体板块，担任旗下遂宁和贵州两个公司的董事长兼总经理，同年 5 月 21 日，杭州公司的管理工作也交到了他手中。

张青上任后，开启了一系列卓有成效的工作。他首先着手理顺架构、统一管理，统一遂宁和贵州两个公司的组织架构、定岗定级以及工厂规则和要求，牵头制定适用于两个工厂的管理制度，推动遂宁和贵州整个技术团队互换交流，促进团队高度融合。在管理体系建设上，他培养团队的体系思维，建立适用于源晗集团自己的管理体系，建立工厂管理需要的关键制度，强化现场团队照章办事的工作习惯，借助医用氧、食品氮等工作推进体系的搭建。在团队文化塑造方面，他积极推进“相互欣赏、彼此成就”的集团文化，提倡愉快而不轻松的工作要求，将培训作为日常工作推进的抓手，促进人员发展和提升，培养和使用团队内部人员，增强团队的信心和凝聚力。他还特别注重细节，不放过工厂的任何一个小问题或小事故，对所有出现的问题进行根本原因分析，建立 RCA 分析方法和事故报告及分析制度，从小事故中举一反三，找出工作中存在的问题，制订可行、可跟进且有时间表的行动计划。

事实证明，这些工作取得了显著成效。公司气体板块的两个工厂运营达到了自 2021 年投产以来的最佳状态，为集团发展做出了重要贡献。

张青的管理理念以人为本，坚信“看人看优点，用人用长处”，秉持平等和尊重的态度，认为人人皆可用，关键在于如何挖掘和发挥每个人的优势。在他看来，人是被认可、鼓励和夸奖出来的，正面激励的效果远远大于负面惩罚，这一理念贯穿于他的管理和生活之中。

谈及人生感悟，张青感慨：“人生没有白走的路，每一步都算数。”他坚信只要努力，用正确的方式做正确的事情，全世界都会帮助你。就像气体板块2024年的工作，尽管过程中存在诸多不可控和不确定因素，但他和团队做好了自己能把控的工作，最终得到了客户和市场的支持，实现利润目标。

“在困难时刻坚持做正确的事虽难，但这本身就是最正确的选择，要做正确的事，把结果交给时间。”他分享道。

# 后　记

IG China 在我国工业气体产业高速发展的浪潮中，已走过 25 载奋斗征程。为纪念这波澜壮阔的发展历程，组委会谨以两重感恩之心致礼：其一，向多年来鼎力支持 IG China 的业界专家、参展商及演讲嘉宾致以诚挚谢意；其二，致敬产业界同仁的锐意进取，让中国气体产业与时俱进，不断拓展 IG China 产业链的外延边界，为其注入新质发展内涵。

带着这份情怀，组委会通过多轮次的走访征询，最终决定出版《气体人：中国气体人物志》一书，通过整理行业专家和产业新锐们的奋斗故事，向他们表达深深的敬意，更希望以他们在创新、创业征程上表现出的坚定意志和开拓精神，激励广大产业界在高质量发展的征途上砥砺奋进。

在此，我们要感谢以孙福楠为主任委员的各位编委会专家，感谢每一位受访者及其助手，感谢中国经济出版社的编辑，正是来自各方人士的不吝赐教、积极配合与专业编审，才保证了本书以高质量按时出版。

IG China 还将坚定地办下去，不断为促进工业气体领域的经贸合作搭建更大更强的平台，力争成为全球气体界最有影响力的年度盛会。我们也将适时推出更多“气体人”相关图书，为行业发展赋能，为产业合作助力！